Lucien Criblez, Jürgen Oelkers,
Kurt Reusser, Esther Berner,
Ueli Halbheer, Christina Huber

Bildungsstandards

Klett und Balmer Verlag Zug **Klett | Kallmeyer**

Bibliografische Information der Deutschen Nationalbibliothek
Die Deutsche Nationalbibliothek verzeichnet diese Publikation in der Deutschen Nationalbibliografie;
detaillierte bibliografische Daten sind im Internet über http://dnb.d-nb.de abrufbar.

Impressum

Lucien Criblez, Jürgen Oelkers, Kurt Reusser,
Esther Berner, Ueli Halbheer, Christina Huber

Bildungsstandards
In der Reihe Lehren lernen – Basiswissen für die Lehrerinnen- und Lehrerbildung
Herausgegeben von Lucien Criblez, Jürgen Oelkers und Willi Stadelmann

1. Auflage 2009

Das Werk und seine Teile sind urheberrechtlich geschützt. Jede Nutzung in anderen
als den gesetzlich zugelassenen Fällen bedarf der vorherigen schriftlichen Einwilligung des Verlages.
Hinweis zu § 52 a UrhG: Weder das Werk noch seine Teile dürfen ohne eine solche Einwilligung
eingescannt und in ein Netzwerk eingestellt werden. Dies gilt auch für Intranets von Schulen und
sonstigen Bildungseinrichtungen.
Fotomechanische oder andere Wiedergabeverfahren nur mit Genehmigung des Verlages.

© 2009. Kallmeyer in Verbindung mit Klett   und   Klett und Balmer AG
Erhard Friedrich Verlag GmbH   Baarerstr. 95
D-30926 Seelze-Velber   CH-6302 Zug
Alle Rechte vorbehalten.
www.friedrichonline.de

Redaktion: Michael Banse, Leipzig
Realisation: Friedrich Medien-Gestaltung
Druck: Messedruck Leipzig GmbH, Leipzig
Printed in Germany

ISBN D: 978-3-7800-8013-4
ISBN CH: 978-3-264-83848-0

Nicht in allen Fällen war es uns möglich, den Rechteinhaber ausfindig zu machen. Berechtigte
Ansprüche werden selbstverständlich im Rahmen der üblichen Vereinbarungen abgegolten.

Lucien Criblez, Jürgen Oelkers, Kurt Reusser,
Esther Berner, Ueli Halbheer, Christina Huber

Bildungsstandards

Klett und Balmer Verlag Zug   Klett I Kallmeyer

Vorwort der Reihenherausgeber — 9

1. Einleitung — 10
- 1.1 Zum Inhalt des Bandes — 11
- 1.2 Zur Verwendung von Band und CD-ROM — 13

2. Was sind Bildungsstandards? — 17
- 2.1 Der Begriff *Standard* — 17
- 2.2 Standards in der Schule — 19
  - 2.2.1 England — 20
  - 2.2.2 USA — 22
  - 2.2.3 Orientierung an den Ergebnissen – Einführung kriterialer Bezugsnormen — 24
- 2.3 Bildungsstandards: ein Begriff – viele Bedeutungen — 24
  - 2.3.1 Arten von Standards — 24
  - 2.3.2 Gütekriterien von Bildungsstandards — 33
- 2.4 Bildungsstandards – Bildungsziele – Kompetenzmodelle — 35
  - 2.4.1 Kompetenzen — 35
  - 2.4.2 Kompetenzmodelle — 36
- 2.5 Operationalisierung von Kompetenzen: Aufgabenstellungen und Tests — 38
  - 2.5.1 Schwierigkeitsgrade der Aufgaben — 41
  - 2.5.2 Gütekriterien von Tests — 43
  - 2.5.3 Funktionen von Tests — 45

3. (Historische) Kontexte der Reformdiskussion — 47
- 3.1 Standardisierung als wiederkehrendes Anliegen in der Schulgeschichte — 48
- 3.2 Die Curriculumdiskussion als Vorläuferin der Bildungsstandardsdiskussion — 58
- 3.3 Der Perspektivenwechsel hin zu den Resultaten von Schule und Unterricht — 63

4. Bildungsstandards und ihre Implementierung in Deutschland, Österreich und der Schweiz ... 67

4.1 Bildungsstandards in Deutschland: nationale Voraussetzungen, Zielsetzungen und Umsetzungen ... 67
- 4.1.1 Das deutsche Bildungssystem ... 67
- 4.1.2 Bildungsstandards im Kontext aktueller Reformdiskussionen ... 69
- 4.1.3 Die deutschen Bildungsstandards: Konzept und Funktion ... 71
- 4.1.4 Überprüfung und Implementierung von Bildungsstandards ... 75

4.2 Bildungsstandards in Österreich: nationale Voraussetzungen, Zielsetzungen und Umsetzungen ... 77
- 4.2.1 Das österreichische Bildungssystem ... 77
- 4.2.2 Bildungsstandards im Kontext aktueller Reformdiskussionen ... 77
- 4.2.3 Die österreichischen Bildungsstandards: Konzept und Funktion ... 81
- 4.2.4 Überprüfung und Implementierung von Bildungsstandards ... 84

4.3 Bildungsstandards in der Schweiz: nationale Voraussetzungen, Zielsetzungen und Umsetzungen ... 88
- 4.3.1 Das schweizerische Bildungssystem ... 88
- 4.3.2 Bildungsstandards im Kontext aktueller Reformdiskussionen ... 90
- 4.3.3 Die Schweizer Bildungsstandards: Konzept und Funktion ... 92
- 4.3.4 Überprüfung und Implementierung von Bildungsstandards ... 95

4.4 Fazit ... 98

5. Folgen der Implementierung von Bildungsstandards für Schule und Unterricht ... 105

5.1 Tests ... 106
- 5.1.1 Von der informellen, klassenbezogenen Lernstandsmessung zu schulübergreifenden Messungen ... 107
- 5.1.2 Messung von Kompetenzen mit Tests ... 109
- 5.1.3 Faire Vergleiche zu verschiedenen Zwecken ... 111

5.1.4	Mögliche Folgen von Leistungstests	112
5.1.5	Konsequenz: Pflege einer intelligenten und fairen Rückmeldekultur	114
5.1.6	Fazit	116
5.2	**Lehrpläne und Kerncurricula**	116
5.2.1	Vom Lehrplan zum curricularen Kern	117
5.2.2	Bildungsstandards und ihre Konsequenzen für die Lehrpläne	118
5.3	**Lehrmittel und Aufgaben**	120
5.3.1	Zur Bedeutung von Lehrmitteln im Unterricht	120
5.3.2	Auf dem Weg zu einer veränderten Aufgabenkultur	121
5.3.3	Bildungsstandards als Prozessstandards	124
5.4	**Fazit**	125

6. Bildungsstandards und ihre Bedeutung für die Unterrichtsentwicklung 127

6.1	**Ein verändertes Verständnis von Lernen …**	128
6.2	**… und Lehren**	129
6.3	**Zur Qualität von Unterricht**	131
6.4	**Schulische Innovation durch Unterrichtsentwicklung**	135
6.4.1	Unterrichtsentwicklung als Kernaufgabe	135
6.4.2	Kooperative Unterrichtsentwicklung in Netzwerken	137
6.4.3	Fachdidaktisch-pädagogisches Coaching	140
6.4.4	Videobasierte Unterrichtsentwicklung	142
6.4.5	Schülerinnen, Schüler und Lehrpersonen entwickeln ihre (professionelle) Rolle	146
6.5	**Fazit**	146

7. Kritik an Theorie und Praxis von Bildungsstandards 149

7.1	**Bildungsstandards: Ein Begriff erzeugt pädagogische Fronten**	149
7.2	**Ursprünge outputorientierter Evaluation in den USA**	152
7.3	**Grundlinien der Kritik an Bildungsstandards**	156

7.3.1	Bildungsstandards: Slogan statt Problemlösung	156
7.3.2	Bildungsstandards – wessen Standards?	158
7.3.3	Bildungsstandards und die Frage der Chancen(un)gleichheit	159
7.3.4	Teaching to the Test	160
7.3.5	Die Testqualität	162
7.3.6	High-Stakes-Tests	163
7.3.7	Accountability: Rechenschaftslegung in der Audit Society?	164
7.4	**Ausblick**	166

8. Bildungsstandards – zwischen hohen bildungspolitischen Erwartungen und pädagogischer Fundamentalkritik … 169

Abkürzungen	178
Verzeichnis der Tabellen und Abbildungen	179
Literatur	181
Die Autorinnen und Autoren	197

Vorwort der Reihenherausgeber

Kaum ein Thema hat im fachwissenschaftlichen und im bildungspolitischen Diskurs der letzten Jahre so hohe Aufmerksamkeit erzeugt wie die Bildungsstandards. Dabei war die Debatte um die Einführung von Bildungsstandards eine bildungspolitische Reaktion auf die Aufgeregtheit nach der Publikation der ersten PISA-Resultate im Dezember 2001: Dass in Deutschland und in der Schweiz im internationalen Vergleich nicht gerade gute Resultate erzielt wurden und dass diese deutschsprachigen Bildungssysteme die sozialen und soziokulturellen Benachteiligungen schlechter auszugleichen vermögen als andere, hatte die Bildungspolitik in Alarmstimmung versetzt.

Der vorliegende Band ist als Einführung ins Thema Bildungsstandards konzipiert. Er zeigt auf, was unter Bildungsstandards verstanden wird, gleichzeitig weist er aber auch auf die Varianz der Konzepte hin. Wenn auch Begriff und Konzepte relativ jung sind, so lassen sich doch in der Schulgeschichte verschiedene Diskussionstraditionen nachweisen: Das Anliegen, die Qualität in möglichst vielen, ja allen Schulen zu verbessern, ist durchaus nicht neu.

Nach dem „PISA-Schock" Ende 2001 wurde in allen deutschsprachigen Ländern die Einführung von Bildungsstandards auf die bildungspolitische Agenda gesetzt. Hinsichtlich Tempo der Einführung und Konzeption lassen sich jedoch große Unterschiede zwischen Deutschland, Österreich und der Schweiz feststellen, wie ein vergleichender Blick in diesem Band zeigt. Mit bildungspolitischen Programmen und Entscheiden verändert sich die Schulwirklichkeit aber noch nicht. Der Band reflektiert deshalb auch weitere Maßnahmen, die in Verbindung mit der Einführung von Bildungsstandards in Schule und Unterricht notwendig sind, um die erhofften Qualitätsverbesserungen tatsächlich erreichen zu können.

Letztlich wird auf die Kritik an Bildungsstandards eingegangen, die teils als berechtigt, teils als aufgeregte Rhetorik interpretiert wird. Fokussiert wird hier die Frage, wie negative Folgen von Bildungsstandards – etwa das viel genannte *Teaching-to-the-Test* – verhindert werden können. Denn die bildungspolitischen Entscheide zur Einführung von Bildungsstandards sind in den deutschsprachigen Ländern gefallen.

Sollen Bildungsstandards in der Schule überhaupt etwas bewirken, müssen sich Lehrerinnen und Lehrer zuerst mit den in diesem Band thematisierten Grundfragen auseinandersetzen und sich auf Bildungsstandards einstellen. Dieser Auseinandersetzung dienen neben dem einführenden Text auch Aufgaben, weiterführende Texte und Dokumentationen, die dem Band auf einer CD-ROM beigegeben sind.

Lucien Criblez, Jürgen Oelkers, Willi Stadelmann

1. Einleitung

Bildungsstandards gehören im deutschen Sprachraum zu den meistdiskutierten Themen der Bildungspolitik und der Erziehungswissenschaften der letzten Jahre. Der sogenannte „PISA-Schock"[1], also die Feststellung im Anschluss an die Veröffentlichung der ersten PISA-Ergebnisse im Dezember 2001, dass die erzielten Resultate in den deutschsprachigen Ländern, insbesondere in Deutschland und in der Schweiz, den Erwartungen eines hochentwickelten, viel diskutierten und auch teuren Bildungssystems nicht gerecht geworden sind, hat die Bildungspolitik in Deutschland, Österreich und in der Schweiz seither nachhaltig beschäftigt und beeinflusst. Den Diskussionen sind inzwischen auch „Taten" gefolgt. In allen drei Ländern sind verschiedene Maßnahmen in die Wege geleitet worden, wobei die Einführung von Bildungsstandards wohl die wichtigste und folgenreichste ist.

Wie Tillmann u. a. (2008) inzwischen in einer der wenigen und bisher umfassendsten wissenschaftlichen Studie zur Rezeption der PISA-Resultate und zu entsprechenden Umsetzungsmaßnahmen der Bildungspolitik gezeigt haben, ist in den letzten Jahren vieles, was in der Bildungspolitik diskutiert worden ist, mit PISA begründet worden. Dabei lassen sich drei Grundmuster unterscheiden: Erstens sind bildungspolitische Maßnahmen, die bereits vor der Veröffentlichung der ersten PISA-Resultate beschlossen worden waren, nachträglich mit diesen Resultaten zusätzlich legitimiert worden. Die PISA-Ergebnisse haben in diesem Sinne die Umsetzung und Implementierung bestimmter bildungspolitischer Entscheidungen – etwa der Förderung von Kindertagesstätten oder von Ganztagsschulen oder die Schaffung zentraler Abiturprüfungen – unterstützt. Zweitens sind entsprechende bildungspolitische Entscheidungen, die in einzelnen Bundesländern oder in einzelnen Schweizer Kantonen für die Zeit nach den ersten PISA-Publikationen terminiert waren, beschleunigt und wahrscheinlich auch vereinfacht worden. Drittens hat die Publikation der PISA-Resultate einzelnen Maßnahmen, die vorher gar nicht geplant waren, zu einem schnellen Durchbruch verholfen. Dazu gehört sicherlich die Einführung von Bildungsstandards, die zwar im Rahmen von Qualitäts- und Wirksamkeitsüberlegungen zur Schule bereits in den 1990er-Jahren diskutiert worden war. Aber erst die sogenannte Klieme-Expertise (Klieme u. a. 2003), mit der in Deutschland ein elaboriertes und theoretisch begründetes Konzept für die Einführung von Bildungsstandards vorgelegt worden ist, hat sehr schnell zu bildungspolitischen Entscheiden zur Einführung von Bildungsstandards geführt. Auch wenn dies in Deutschland noch sehr viel schneller der Fall war als in der Schweiz und in Österreich, kann doch für alle drei deutschsprachigen Länder gelten, dass sie einen wesentlichen Teil ihrer bildungspolitischen Bemühungen der letzten Jahre in die Realisierung von Bildungsstandards investiert haben.

---

[1] PISA: Programme for International Student Assessment; international vergleichende Schulleistungsmessungen bei 15-Jährigen, durchgeführt von der OECD; zu den Abkürzungen vgl. das Verzeichnis am Schluss dieses Bandes.

Die Einführung von Bildungsstandards ist nicht ohne Kritik erfolgt, im Gegenteil: Die Kritik an Bildungsstandards im Sinne einer Kritik an der „‚Vermessung' der Bildung"[2] setzt vor allem die Tradition der reformpädagogischen Kritik an Bildungspolitik und Schulsystem fort, indem ein unversöhnlicher Gegensatz von Individualisierung und Standardisierung geltend gemacht wird: Bildungsstandards liefen, so die Hauptkritik, den pädagogischen Bemühungen um die Individualisierung, dem In-den-Mittelpunkt-rücken des einzelnen Kindes entgegen, weil Bildungsstandards von ihrer Logik her für alle gleiche Normen setzen. Dies sei – pädagogisch – nicht zulässig, zumal die Verfahren zur Überprüfung des Erreichens der entsprechenden Standards einseitig auf kognitive Leistungen und auf einzelne Kompetenzbereiche eingeschränkt blieben. Damit werde jedoch einem verkürzten Bildungsbegriff zum Durchbruch verholfen.

Die Kritik ist ernst zu nehmen. Gleichzeitig sind aber Bildungsstandards in Deutschland bereits eingeführt worden und die Einführung in der Schweiz und in Österreich steht ebenfalls bevor. Es lohnt sich deshalb, sich nicht nur kritisch, sondern auch konstruktiv mit Bildungsstandards auseinanderzusetzen, zumal Schule und Unterricht davon maßgeblich betroffen sein werden. Hier setzt der vorliegende Band an.

Im Folgenden wird der Inhalt des Bandes in aller Kürze präsentiert; daran schließen Hinweise zur Verwendung des Bandes und der beiliegenden CD-ROM an.

1.1 Zum Inhalt des Bandes

Der Band stellt für die Lehrerinnen- und Lehrerbildung grundlegende Informationen zum Thema Bildungsstandards zur Verfügung, ist als Einleitung ins Thema konzipiert und führt mit vielen weiterführenden Texten, Beispielen und Aufgabenstellungen in die kontrovers geführte Diskussion um Bildungsstandards ein. Dabei wird der Blick über die Ländergrenzen hinweg auf den gesamten deutschen Sprachraum geöffnet, zudem wird die angelsächsische Diskussionstradition berücksichtigt. Der Band orientiert sich also nicht an einem nationalen Bildungssystem, sondern am Phänomen und Problem Bildungsstandards. Er bietet gleichzeitig eine Einführung in Grundbegriffe und Grundprobleme von Bildungsstandards, zeigt deren Diskussion und Implementierung in den drei Ländern Deutschland, Österreich und Schweiz auf, weist auf historische Kontexte der Diskussion hin, zeigt Folgen auf der Ebene von Schule und von Unterricht auf und setzt sich mit der Kritik, die an Bildungsstandards geübt worden ist, auseinander.

Kapitel 2 dient der Einführung in zentrale Grundbegriffe der Bildungsstandards-Debatte. Die Herkunft des Begriffes wird ebenso aufgezeigt wie die lange Tradition der

---

[2] So das Kongressthema des Jahreskongresses der Schweizerischen Gesellschaft für Bildungsforschung für ihren Jahreskongress 2007 in Kreuzlingen (vgl. http://sgbfcongress2007.phtg.ch; recherchiert am 07.12.2008).

Einleitung

Bildungsstandards in England und den USA. Bildungsstandards werden in ihren Bezügen zu Bildungszielen und Kompetenzen bzw. Kompetenzrastern dargestellt und es wird auf die verschiedenen Herausforderungen, die bei der Operationalisierung von Kompetenzrastern zu berücksichtigen sind, hingewiesen: auf die heikle Beurteilung von Schwierigkeitsgraden von Aufgaben, auf die Einhaltung von Gütekriterien sowie auf unterschiedliche Erwartungen (vom Bildungsmonitoring bis zur Schülerselektion), die mit Kompetenzmessungen verbunden werden, aber nicht mit den gleichen Tests bedient werden können.

In *Kapitel 3* wird der Blick auf die längere Entwicklung von Bildungssystemen geöffnet und aufgezeigt, dass Schule immer schon mit dem Anliegen der Standardisierung verbunden war, weil der Staat als Monopolträger der Schule die Qualität von Schulen flächendeckend und für alle Schülerinnen und Schüler sichern wollte. Das wiederkehrende Anliegen wird an zwei historischen Beispielen verdeutlicht, an der Einführung der Normalmethode Ende des 18. Jahrhunderts und an den schweizerischen Pädagogischen Rekrutenprüfungen im ausgehenden 19. Jahrhundert. Einige Grundprobleme, die mit der Definition von Bildungsstandards und Kompetenzrastern verbunden sind, wurden bereits im Rahmen der Curriculumdiskussion der 1960er- und 1970er-Jahre benannt. Am Beispiel des Operationalisierungs- und des Taxonomieproblems wird aufgezeigt, dass bei der Einführung von Bildungsstandards ähnliche Probleme zu bearbeiten sind, wie sie sich bei der Curriculumrevision stellten.

Die Einführung von Bildungsstandards ist in Deutschland am weitesten fortgeschritten, Österreich hat Standards in verschiedenen Versuchsphasen evaluiert und in der Schweiz ist zurzeit das politische Verfahren im Gang, um Minimalstandards flächendeckend einzuführen.

Das *Kapitel 4* gibt für die drei Länder je einen Überblick über die bildungspolitischen Diskussionen um Bildungsstandards, die entsprechenden politischen Entscheide und die Arbeiten zur Implementierung. Am Ende des Kapitels findet sich eine vergleichende Übersicht, an der deutlich wird, dass die nationalen Kontexte und die jeweiligen bildungspolitischen Präferenzen dazu führen, dass das, was überall als Bildungsstandards bezeichnet wird, durchaus nicht immer mit den gleichen Konzepten realisiert werden muss.

Kapitel 5 und 6 beschäftigen sich mit den Folgen der Einführung von Bildungsstandards. *Kapitel 5* fragt nach den Folgen der Implementierung von Bildungsstandards für verschiedene Bereiche des Schulsystems. Insbesondere werden Möglichkeiten und Grenzen der vergleichenden Lernstandsmessung aufgezeigt und es werden Kriterien für eine intelligente und faire Rückmeldekultur diskutiert. Anschließend werden die Zusammenhänge von Bildungsstandards mit Lehrplänen und Lehrmitteln thematisiert. Es wird davon ausgegangen, dass Bildungsstandards nicht einfach die zu erreichenden Ergebnisse von Schule und Unterricht definieren können, sondern dass Lehrpläne und

Lehrmittel auf die Bildungsstandards abgestimmt werden müssen. Dadurch, so die Hauptaussage des Kapitels, werden Bildungsstandards, die als Ergebnisstandards verstanden werden sollten, auch zu Input- und Prozessstandards.

Kapitel 6 zeigt auf, dass sich mit der Einführung von Bildungsstandards am Unterricht noch nichts ändern muss. Da Unterricht im Hinblick auf gute Schulleistungen aber ein wesentlicher Erklärungsfaktor ist, stellt sich die Frage, wie Unterricht, der auf die Erreichung von Bildungsstandards ausgerichtet ist, gestaltet werden muss. Das Kapitel zeigt Möglichkeiten der Unterrichtsentwicklung an einigen Beispielen auf: an der kooperativen Unterrichtsentwicklung in Netzwerken, am sogenannten fachdidaktisch-pädagogischen Coaching sowie an der videobasierten Unterrichtsentwicklung.

Kapitel 7 letztlich geht auf die Kritik an Bildungsstandards ein. Im Zentrum steht vor allem die Diskussion im angelsächsischen Sprachraum, weil hier bereits längere Erfahrungen mit Bildungsstandards vorliegen. Einige zentrale Argumente der Kritik werden aufgenommen, etwa dass die Einführung von Bildungsstandards die Chancengerechtigkeit nicht erhöhe, dass Standards Unterrichtsformen und -inhalte begünstigen würden, die optimal auf die Tests vorbereiten (*Teaching to the Test*) und dass mit der Einführung von Bildungsstandards neue, nicht wünschbare Formen der Rechenschaftslegung verbunden seien.

Das abschließende *Kapitel* nimmt die wichtigsten Aussagen des Bandes noch einmal auf und schlägt einen Mittelweg zwischen zu hohen Erwartungen und zu radikaler Kritik vor. Da Bildungsstandards in den deutschsprachigen Ländern eingeführt werden, ist zu überlegen, wie die mit Bildungsstandards verbundenen Problemlagen zu minimieren sind und die Chancen optimal genutzt werden können. Insbesondere muss aber die Einführung von Bildungsstandards in ihren Implikationen für das gesamte Bildungssystem genauer verstanden werden, wenn Bildungsstandards langfristig positive Effekte nicht nur für das Bildungssystem, sondern auch für die Lernleistungen der Schülerinnen und Schüler haben sollen.

1.2 Zur Verwendung von Band und CD-ROM

Dem Band ist eine CD-ROM beigefügt; Band und CD-ROM sind eng aufeinander bezogen, können aber auch ohne CD-ROM gelesen werden. Die Darstellung enthält neben der Einleitung sechs inhaltliche Kapitel und einen Ausblick. Die sechs inhaltlichen Kapitel sind in der Reihenfolge so angelegt, dass das erste Kapitel einen Überblick über die Grundbegriffe vermittelt, das zweite Kapitel das Thema in einem längeren zeitlichen Kontext situiert und das dritte Kapitel für die drei Länder Deutschland, Österreich und die Schweiz je einen Überblick über die Entwicklung von Bildungsstandards und deren Implementierung vermittelt. Kapitel 5 und 6 zeigen Folgen der Implementierung von Bildungsstandards einerseits für die Schule und andererseits für den

Unterricht auf. Kapitel 7 schließlich zeichnet die hauptsächlichen Kritikpunkte in der Diskussion um Bildungsstandards an englischen und amerikanischen Beispielen nach.

Jedes Kapitel enthält Hinweise auf weiterführende Dokumente, die sich auf der CD-ROM befinden. Die Hinweise auf Dokumente sind im Text einer fortlaufenden Nummer sowie einem Kurzstichwort versehen, was die Identifikation des Dokumentes auf der CD-ROM erleichtert. Ein Beispiel dafür: s. Dokument 13: *PISA-Resultate*.

Die Dokumente sind, soweit dies aus urheberrechtlichen Gründen möglich war, auf der CD-ROM zugänglich.[3] In einzelnen Fällen mussten wir uns auf einen www-link beschränken.

Die einzelnen Kapitel enthalten zudem Aufgaben, die der Intensivierung der Auseinandersetzung mit ausgewählten Themenbereichen dienen. Für die Bearbeitung einzelner Aufgaben sind wiederum weiterführende Dokumente notwendig, die auf der CD-ROM zugänglich sind. Die Aufgaben sind grafisch einheitlich hervorgehoben, mit einem Symbol kenntlich gemacht und mit einer Laufnummer versehen. Auch dafür ein Beispiel:

Aufgabe: Studieren Sie die Bildungsstandards eines Fachbereiches und beurteilen Sie deren Qualität aufgrund der Güterkriterien nach Klieme u. a. (2003, S. 24 ff.; vgl. Kap. 2.3.2).

▸ Bildungsstandards Deutschland: http://www.kmk.org/bildung-schule/qualitaetssicherung-in-schulen/bildungsstandards/dokumente.html [recherchiert am 17.03.2009]
▸ Bildungsstandards Österreich: http://www.bmukk.gv.at/schulen/recht/erk/vo_bildungs-standards.xml [recherchiert am 17.03.2009]

Die einzelnen Kapitel enthalten zudem am Schluss einige wenige Literaturhinweise für diejenigen, die sich mit einzelnen Themen des Kapitels detaillierter auseinandersetzen wollen.

Die CD-ROM enthält alle Dokumente und zu Kapitel 6 eine Filmsequenz mit einem Unterrichtsvideo. Zudem finden sich auf der CD-ROM alle Aufgaben, die mit den benötigten Dokumenten direkt verlinkt sind. Im Sinne eines Leserservice enthält die CD-ROM zudem ein Glossar, in dem die Grundbegriffe, die im Band verwendet werden, von „Accountability" bis „Zukunftskommission", kurz erklärt sind.

Die Einführung von Bildungsstandards ist mit großen Hoffnungen auf die Verbesserung von Schule und Unterricht verbunden worden. Der vorliegende Band zeigt in

---

[3] Wir bedanken uns an dieser Stelle bei allen Verlagen sowie den Autorinnen und Autoren für die Rechte, die entsprechenden Publikationen auf der CD-ROM elektronisch zur Verfügung stellen zu können.

aller Deutlichkeit, dass diese Einführung höchst voraussetzungsreich ist und die Definition und Operationalisierung von Standards lediglich einen Teil der Arbeit ausmacht. Sollen Bildungsstandards nachhaltig wirksam werden, müssen sie in Schule und Unterricht sinnvoll eingeführt und verankert werden. Dies bedeutet unter anderem: neue Lehrpläne, neue Lehrmittel, entsprechende Aus- und Weiterbildung der Lehrerinnen und Lehrer sowie die Veränderung von Unterrichts-, Lehr- und Lernkulturen. Der vorliegende Band soll dazu einen klärenden und weiterführenden Beitrag leisten.

2. Was sind Bildungsstandards?

Das folgende Kapitel führt in die wichtigsten Grundbegriffe, die in der Diskussion um Bildungsstandards verwendet werden, ein. Zunächst steht der Begriff *Standard* ganz allgemein im Vordergrund, dann wird aufgezeigt, wie der Begriff *Standard* in schulische Kontexte Einzug hielt, zunächst im angelsächsischen Sprachraum. Dabei wird insbesondere darauf verwiesen, dass unter *Bildungsstandards* ganz Unterschiedliches verstanden werden kann und auch verstanden wird. Anschließend wird das Verhältnis von *Bildungsstandards*, *Bildungszielen* und *Kompetenzrastern* thematisiert, um davon ausgehend eines der Grundprobleme von Bildungsstandards darzustellen, die Frage der *Operationalisierung* und des *Messens* von Standards, denn die Einführung von Bildungsstandards ist nur sinnvoll, wenn auch überprüft werden kann, ob Schülerinnen und Schüler die gesetzten Ziele erreichen. Beim Überprüfen des Erreichens von Bildungsstandards stellen sich vor allem Fragen der Schwierigkeit von Aufgaben und Gütekriterien von Tests.

2.1 Der Begriff *Standard*

Der international verwendete Begriff *Standard* ist dem Englischen entlehnt und stammt ursprünglich vom Französischen „estandart" (Feldzeichen, Banner) ab, also von einem Begriff aus der Sprache der normannischen Eroberer, die 1066 mit Waffengewalt einen Erbanspruch auf England durchsetzten (Möhren 2004). Da Banner damals dazu dienten, Herrschaftsgebiete zu bezeichnen, kann ein „Standard" als Zeichen oder Symbol einer Autorität verstanden werden. Im Laufe der Zeit wandelte sich die Bedeutung des Wortes hin zu dem uns heute geläufigen Verständnis eines Standards als Norm.

> *„Standard [englisch, eigentlich >Standarte<, >Fahne (einer offiziellen Institution)<] der, -s/-s,*
> *1) allgemein:*
>   *a) Richtschnur, Maßstab, Norm;*
>   *b) Normalmaß, Normalausführung einer Ware;*
>   *c) die im allgemeinen Qualitäts- und Leistungsniveau erreichte Höhe*
> *2) Eich- und Messwesen: das Normal."*
> (nach http://www.brockhaus-suche.de [recherchiert am 15.12.2008])

Dem Standardbegriff wohnen zwei Bedeutungen inne: Einerseits bezeichnet ein Standard ein *Ziel*, also einen zu erreichenden Ideal- oder Normalfall („was gemacht, erreicht werden sollte"). Andererseits kann aber auch ein erreichtes Qualitäts- oder Leistungsniveau gemeint sein, also die *Messung* einer Leistung im Hinblick auf ein bestimmtes Ziel oder Ideal („wie gut etwas gemacht wurde"). Im ersten Fall geht es um das Entweder-oder, im zweiten um das Mehr-oder-weniger bzw. Besser-oder-schlechter (vgl. Herzog 2008b, S. 3; Ravitch 1995, S. 7).

Was sind Bildungsstandards?

Im Alltag sind Standards allgegenwärtig. Die *International Organization for Standardization* (ISO) betont denn auch: „When standards are absent, we soon notice" (ISO 2008). So fällt es uns während eines Auslandaufenthaltes etwa auf, dass der Stecker des Haarföns oder Notebooks nicht in die Steckdose passt, weil Steckdosen nicht international standardisiert sind.

Standards machen verschiedene Systeme kompatibel zueinander und schaffen dadurch – so betont das *Deutsche Institut für Normung* (DIN) – Vertrauen und Sicherheit (vgl. DIN 2008). Dies gilt insbesondere für den Bereich des zwischenmenschlichen Verhaltens: Wir verlassen uns beispielsweise darauf, dass wir einen Fußgängerstreifen sicher überqueren können, wenn die Ampel auf Grün steht, weil die Verkehrsregeln vorsehen, dass Autofahrende in diesem Falle halten und Fußgängerinnen und Fußgängern Vortritt lassen müssen. Bei Verkehrsregeln, die in Form von Straßenverkehrsgesetzen festgehalten sind, handelt es sich – wie bei anderen gesetzlichen Vorschriften auch – um formell festgelegte Verhaltensstandards. Im zwischenmenschlichen Bereich trifft man häufig auch informelle Verhaltensstandards (soziale Erwartungen, Normen, Traditionen, Bräuche, Sitten).

Standards können als Kriterium für – respektive als Grenze zwischen – Einschluss (Inklusion) und Ausschluss (Exklusion) verstanden werden. Gesetzlich festgelegte Standards werden auf ihre Einhaltung überprüft und es werden Sanktionen ergriffen, wenn sie nicht eingehalten werden. Das Straßenverkehrsgesetz etwa sieht je nach Schwere des Verstoßes gegen die Standards Bußen oder den Entzug des Führerscheins und damit ein Ausschluss vom motorisierten Fahrzeugverkehr vor. Standards – oft in Form unausgesprochener sozialer Erwartungen – haben auch häufig den Ausschluss von Menschen aus einer sozialen Gemeinschaft zur Folge. Dies lässt sich etwa am Beispiel von Menschen mit Behinderungen häufig beobachten. Ebenso können Standards im technologischen Bereich als Selektionskriterium verstanden werden. Das Beispiel der Steckdosen verdeutlicht dies: Passt der Stromstecker des Haarföns an die Steckdose, wird dieser zugleich Teil eines gesamten Stromkreislaufs, der Haarfön wird also in diesen eingeschlossen. Passt der Stecker dagegen nicht, bleibt der Haarfön exkludiert.

Bisweilen wird die Einhaltung bzw. die Erfüllung von Standards durch Zertifikate oder Labels bestätigt. Im Bereich der Konsumgüter existieren heute zahllose Zertifikate, die bestätigen, dass ein Produkt gewissen Standards genügt. Die CE-Kennzeichnung (*CE = Communautés Européennes*) etwa ist das äußere Zeichen dafür, dass ein Produkt den Anforderungen der Europäischen Union (EU) genügt. Das FSC-Label (*Forest Stewardship Council*) bestätigt Konsumentinnen und Konsumenten, dass ein Produkt aus Hölzern hergestellt wurde, die nicht aus Raubbau stammen. Auch Menschen oder Organisationen können Zertifikate erwerben, die bestätigen, dass sie über bestimmte Voraussetzungen verfügen. So bestätigt ein Führerschein etwa, dass der Inhaber oder die Inhaberin über die notwendigen Kenntnisse und Voraussetzungen zum Führen eines Fahrzeuges verfügt. Wer eine Ausbildung erfolgreich absolviert hat, erhält in der Regel ebenfalls ein Zertifikat in Form eines Diploms oder Fähigkeitsausweises.

> **A** **Aufgabe 1:** Wo im Alltag treffen Sie auf weitere Standards? Können diese als Selektionskriterium für Ein-/Ausschluss verstanden werden? Gibt es Zertifikate für die Einhaltung dieser Standards?

2.2 Standards in der Schule

Lehrpläne, die Dauer der obligatorischen Schulzeit, das Schuleintrittsalter, Stundentafeln usw. sind Standards, welche die Praxis im schulischen Bereich reglementieren. Sie beschreiben Erwartungen, deren Erfüllung mehr oder weniger verbindlich festgelegt ist (Oelkers/Reusser 2008, S. 18f.; Oelkers 2004a, S. 11). Standards im Schulbereich betrafen bislang vor allem Struktur- und Programmvorgaben (Schulorganisation, Lehrpläne, Ressourcenzuteilung in Form von Personal, Finanzen, Infrastruktur usw.), d.h. den Input des Bildungssystems (Oelkers/Reusser 2008, S. 21). In Lehrplänen beispielsweise werden die Ziele der schulischen Bildung beschrieben und der Weg zur Zielerreichung strukturiert. Lehrpersonen sind dazu angehalten, ihren Unterricht daran zu orientieren.

> **A** **Aufgabe 2:** Wo im Bereich der Schule treffen Sie auf Standards/Standardisierungen?
> **Aufgabe 3:** Studieren Sie die Ausschnitte aus den historischen Lehrplänen (s. Dokument 1 *Historische Lehrpläne*) und vergleichen Sie diese anhand der folgenden Fragen:
>
> ▸ Welche „Fächer" sind aufgeführt, welche nicht? Wie werden die Fächer gewichtet?
> ▸ Welcher Typus Wissenskanon (Berufswissen, Kulturtechniken, Staatskunde etc.) ist dominant bzw. wo ist eine Predominanz erkennbar?
> ▸ Wie sind die Zeiteinheiten je Fachbereich verteilt?
> ▸ Welche weiteren Themen (zu Unterricht oder zu Schule) werden erwähnt?
> ▸ Wie detailliert sind die Vorgaben, die gemacht werden? Werden Ziele formuliert?
> ▸ Welche Veränderungen stellen Sie bei den Lehrplänen im Zeitverlauf fest? Worauf könnten diese Veränderungen zurückgeführt werden?

Derzeit ist im deutschsprachigen Europa ein Wandel von einer inputorientierten hin zu einer outputorientierten Steuerung festzustellen (vgl. Kap. 3.3). Standards beziehen sich neu nicht mehr nur auf die Inputs des Bildungssystems (Lehrpläne, Lehrmittel, Finanzen, Infrastruktur, Lehrerlektionen usw.), sondern der Blick wird vermehrt auf die Ergebnisse und die Wirkungen von Schule gerichtet (*Output* und *Outcomes*). In englischsprachigen Ländern hat dieser Wechsel hin zu einer verstärkt outputorientierten Steuerung des Bildungssystems und einer damit verbundenen Orientierung an Bildungsstandards schon früher eingesetzt als im deutschen Sprachraum.

2.2.1 England

Im englischen Bildungswesen kommt dem Begriff *Standard* bis heute eine große Bedeutung zu. Erstmals wurde er um 1860 im Zusammenhang mit der Einführung der erfolgsabhängigen Finanzierung von Elementarschulen verwendet. Damals wurden für die drei Fächer Lesen, Schreiben und Rechnen Leistungsstufen (Standard I–VI) festgelegt, welche die Schülerinnen und Schüler zu erreichen hatten. Schulinspektoren überprüften die Einhaltung dieser Standards und je nach Grad der Zielerreichung erhielten die Schulen mehr oder weniger Finanzmittel, was treffend als *Payment by Results* bezeichnet wurde (Aldrich 2000). Dieses System der erfolgsabhängigen Finanzierung wurde zwar wieder abgeschafft, doch wird der Standardbegriff in der bildungspolitischen Diskussion nach wie vor benutzt, wenn auch sehr unterschiedlich. Häufig wird er im Zusammenhang mit der Klage über die sinkenden Leistungen von Schülerinnen und Schülern verwendet und es wird gefordert, dass die Standards erhöht werden müssen. Der Standardbegriff wird also nicht in einem normativen Sinne gebraucht, sondern er bezeichnet das faktisch (im Durchschnitt) erreichte Leistungsniveau der Schülerinnen und Schüler (Klieme u. a. 2003, S. 31). Mit der *Education Reform Act* (s. Dokument 2: *Education Reform Act*), welche die konservative Regierung Englands 1988 beschloss, erhielt der Begriff neu eine normative Bedeutung. Im Zuge der damaligen Bildungsreform wurde in England ein nationales Curriculum (*National Curriculum*) eingeführt, das verbindliche Lernziele definiert, welche von den Schülerinnen und Schülern erreicht werden sollen.[4]

Das *National Curriculum* unterteilt die Schulfächer in Kern- (Englisch, Mathematik, Naturwissenschaften) und Basisfächer und ist in fünf Entwicklungsstufen gegliedert: eine Basisphase (*Foundation Stage*) und vier Schlüsselphasen (*Key Stages*) (vgl. Tabelle 1).

Für jedes Schulfach sind Unterrichtsprogramme (*Programmes of Study*) festgelegt, welche eher weit gefasst sind und relativ knapp beschreiben, was den Schülerinnen und Schülern vermittelt werden soll. Diese Unterrichtsprogramme werden durch Leistungsziele – sogenannte *Attainment Targets* – konkretisiert, welche aus jeweils acht Kompetenzstufen (*Attainment Levels* oder *Levels of Achievement*) bestehen. Für jede Kompetenzstufe wird beschrieben, über welche Fähigkeiten Schülerinnen und Schüler dieser Stufe typischerweise verfügen müssen, d. h. welche Leistungen sie auf dieser Stufe erreichen sollen (vgl. Beispiel 4 respektive Dokument 3: *Programme of Study*). Den Lehrpersonen werden zudem Beispiele von Schülerinnen- und Schülerarbeiten und deren Bewertung zur Verfügung gestellt, die es ihnen erleichtern sollen, die

---

[4] Das National Curriculum findet sich online unter: http://curriculum.qca.org.uk [recherchiert am 11.08.2008].

Standards in der Schule

Klassenstufe (Year Group)	Vorschule (Reception)	1	2	3	4	5	6	7	8	9	10	11
Alter der Schülerinnen und Schüler am Ende des Schuljahres	5	6	7	8	9	10	11	12	13	14	15	16
Entwicklungsphase	**Basisphase** (Foundation Stage)	**Schlüsselphase 1** (Key Stage 1)		**Schlüsselphase 2** (Key Stage 2)				**Schlüsselphase 3** (Key Stage 3)			**Schlüsselphase 4** (Key Stage 4)	
		Teacher assessments in English, maths and science		National tests and teacher assessments in English, maths and science				National tests in English, maths and science; and teacher assessments in other foundation subjects			GCSEs or other national qualifications	

Tabelle 1: Struktur der Entwicklungsphasen im englischen National Curriculum und nationale Tests (Huber u. a. 2006, S. 60)

Leistungen ihrer Schülerinnen und Schüler entsprechend den Kompetenzstufen einzuschätzen (s. Dokument 4: *Beispiele von Schülerleistungen*).

Außerdem wird festgelegt, welche Kompetenzstufen die Schülerinnen und Schüler in bestimmten Fächern am Ende einer Schlüsselphase erreichen sollten. Am Ende der *Key Stages* 2 und 3 werden überdies nationale Tests in den Fächern Englisch, Mathematik und Naturwissenschaften durchgeführt und am Ende der *Key Stage* 4 finden Prüfungen für das sogenannte *General Certificate of Secondary Education* (GCSE) oder äquivalente Prüfungen statt.

Ziel der Einführung des nationalen Curriculums, von Leistungszielen und nationalen Tests war es, die Qualität der englischen Schulen zu erhöhen. Eine weitere Maßnahme hierzu bestand darin, dass den Schulen größere Freiheiten zugestanden wurden, um den Wettbewerb unter den Schulen zu verstärken. Gleichzeitig wurde aber auch die Rechenschaftspflicht der Schulen erhöht: Englische Schulen werden seit Anfang der 1990er-Jahre regelmäßig durch das *Office for Standards in Education* (OFSTED) evaluiert, und die Resultate der nationalen Tests werden in sogenannten *League Tables* veröffentlicht, sodass es möglich ist, Schulrankings zu erstellen. Der Wettbewerb unter den Schulen wird zusätzlich durch die freie Schulwahl erhöht, denn Eltern können frei bestimmen, in welche Schule sie ihre Kinder schicken wollen.

Die in den 1980er-Jahren eingeleitete wirkungsorientierte Bildungsreform prägt das englische Schulsystem bis heute. „Alle Teile des Systems sind standardisiert und überall ist die Entwicklung auf Zielsteuerung eingestellt. Die Schulen sind operativ autonom, aber zugleich einem engmaschigen Netz von Vorschriften und Kontrollen unterworfen" (Oelkers/Reusser 2008, S. 175 ff. und 223; vgl. auch Huber u. a. 2006, S. 58 ff.).

2.2.2 USA

Die USA verfügen über eine ältere Testtradition als England: Schon anfangs des 20. Jahrhunderts wurden auf nationaler Ebene die sogenannten *Scholastic Assessment Tests* (SAT, früher: *Scholastic Aptitude Test*, *Scholastic Achievement Test*, s. http://www.collegeboard.com/prod_downloads/prof/counselors/tests/sat/2006-07-SAT-subject-tests-preparation-booklet.pdf [recherchiert am 11.08.2008]) eingeführt.[5] Beim SAT handelt es sich um eine Zulassungsprüfung zu den *Colleges* (Hochschulen), die eingeführt wurde, weil man feststellte, dass die Schulnoten unterschiedlicher *High Schools* (Mittelschulen) aufgrund des uneinheitlichen amerikanischen Schulsystems nicht miteinander vergleichbar sind, was zu Chancenungleichheit führte. Es handelt sich hierbei also um eine Maßnahme der Standardisierung der Zulassung zu den Hochschulen. Ende der 1960er-Jahre wurde in den USA zudem das *National Assessment of Educational Progress* (NAEP) eingeführt. Das sind nationale Tests, welche kontinuierlich prüfen, was amerikanische Schülerinnen und Schüler in verschiedenen Fächern

---

[5] Für weitere Informationen zum SAT siehe: http://www.collegeboard.com/student/testing/sat/about.html [recherchiert am 11.08.2008].

wissen und können. Ziel der Tests ist es, im Laufe der Zeit einen Längsschnitt über die Leistungen der amerikanischen Schülerinnen und Schüler zeichnen zu können.[6] Mit beiden Tests ist der Anspruch verbunden, den Output des amerikanischen Bildungssystems zu messen.

1983 wurde der Bericht *A Nation at Risk* (National Commission on Excellence in Education, 1983) publiziert, der – unter anderem an den Resultaten der SAT – aufzeigte, dass die Leistungen der amerikanischen Schülerinnen und Schüler seit Mitte der 1960er-Jahre kontinuierlich gesunken sind (online unter http://www.ed.gov/pubs/ NatAtRisk/index.html [recherchiert am 11.08.2008]). Der Bericht forderte eine grundlegende Reform des Bildungssystems und lancierte eine Debatte über die Einführung von Bildungsstandards, indem er unter anderem empfahl, dass Schulen strenge und messbare Standards einführen sollen. Als Antwort auf *A Nation at Risk* entwickelte der *National Council of Teachers of Mathematics* (NCTM) nationale Standards für den Mathematikunterricht, welche 1989 publiziert wurden und in der Praxis große Resonanz fanden. Im gleichen Jahr wurden im Rahmen der *National Education Summit*, einer Bildungskonferenz, sechs nationale Bildungsziele (sogenannte *National Education Goals 2000* verabschiedet, welche bis zum Jahr 2000 verwirklicht werden sollten. Unter anderem wurden für die Fächer Englisch, Mathematik, Naturwissenschaften, Geschichte und Geografie einheitliche Leistungsniveaus in den Jahrgangsstufen 4, 8 und 12 gefordert. 1991 wurde der *National Council on Education Standards and Testing* (NCEST) eingesetzt, mit dem Auftrag, curriculare Standards und Tests zu entwickeln.

Die standardbasierte Reform des Bildungssystems wurde auch nach dem Regierungswechsel weiter verfolgt. 1994 wurde unter Präsident Clinton der *Improving America's Schools Act* (IASA) erlassen, welcher die Bundesstaaten dazu verpflichtet, Standards zu erlassen sowie ein System der Leistungserhebung und -bewertung einzuführen.[7] Unter der Regierung von George W. Bush wurde 2001 ein neues Bildungsgesetz mit dem Titel *No Child Left Behind* eingeführt, welches u. a. die freie Schulwahl sowie eine größere Rechenschaftspflicht für die Schulen vorsah (online unter http://www.ed.gov/admins/ lead/account/nclbreference/reference.pdf [recherchiert am 11.08.2008]). Das Gesetz sieht – ähnlich wie in England – vor, dass sich die Leistungsbilanzen von Schulen an Standards orientieren müssen, dass die erreichte Qualität regelmäßig getestet wird und dass zwischen den Schulen Wettbewerb entstehen soll. Die Bundesstaaten sind dazu verpflichtet, die Schülerinnen und Schüler regelmäßig zu testen, um nachzuweisen, dass diese ein bestimmtes Leistungsminimum erreichen.

Auch wenn sich für die USA ähnliche Entwicklungen wie in England feststellen lassen, entstanden weder ein nationales Curriculum noch einheitliche, nationale Standards (vgl. Berner/Stolz 2006, S. 9 ff.; Oelkers/Reusser 2008, S. 67 ff.; Ravitch 1995).

---

[6] Für weitere Informationen zum NAEP siehe: http://nces.ed.gov/nationsreportcard [recherchiert am 11.08.2008].

[7] Die Improving America's Schools Act findet sich online unter http://www.ed.gov/legislation/ESEA/toc.html, [recherchiert am 11.08.2008].

2.2.3 Orientierung an den Ergebnissen – Einführung kriterialer Bezugsnormen

Die Idee der Orientierung an den Ergebnissen von Schule und Unterricht ist auch in den deutschsprachigen Ländern nicht vollständig neu, denn Leistungsmessungen hat es in der Schule – in Form von Prüfungen und Zensuren – immer schon gegeben (vgl. auch Kap. 3). Eine wesentliche Innovation besteht aber darin, dass die Bewertungskriterien bislang oft erst nach dem Vollzug der Leistung definiert wurden und dass die Kriterien oftmals implizit blieben, d. h. nicht transparent kommuniziert wurden. Bildungsstandards aber – so wie sie derzeit entwickelt und implementiert werden – zielen darauf ab, die Lern- bzw. Kompetenzanforderungen vorgängig transparent festzulegen, sodass jede Schülerin und jeder Schüler weiß, was erwartet wird.

Die bisherigen Leistungsmessungen erfolgten zudem meist im Vergleich einer Schülerin oder eines Schülers mit seiner Klasse: „*Gut* ist das, was über dem Durchschnitt (z. B. einer Klasse, Anmerkung der Autoren) ist, *schlecht* ist das, was darunter liegt" (Rheinberg 2001, S. 61). Diese sogenannte *soziale Bezugsnorm* enthält nur Informationen darüber, wo ein Schüler im Vergleich zu seiner Klasse oder im Vergleich zu bestimmten Mitschülerinnen oder Mitschülern steht. Sie vermittelt aber keine Information darüber, über welche Fähigkeiten, Kenntnisse und/oder Fertigkeiten eine Schülerin oder ein Schüler wirklich verfügt (vgl. Merkens 2007, S. 92). Teilweise vergleichen Lehrpersonen auch die aktuelle Leistung einer Schülerin oder eines Schülers mit früheren Leistungen. Diese Art der Bezugsnorm nennt man *individuelle Bezugsnorm*. Die Leistung einer Schülerin oder eines Schülers wird an zwei Zeitpunkten gemessen, um anschließend zu einer Aussage darüber zu kommen, ob sie oder er sich im Vergleich zu früher verbessert oder verschlechtert hat (vgl. Merkens 2007, S. 92; Rheinberg 2001, S. 61). Auch bei dieser Bezugsnorm gibt es einen blinden Fleck im Hinblick auf die Frage, über welche Fähigkeiten, Kenntnisse und/oder Fertigkeiten die Schülerin oder der Schüler tatsächlich verfügt. Um eine Aussage hierzu zu erhalten, muss man eine kriteriale oder sachliche Bezugsnorm verwenden. Die Vergleichsnorm liegt hier nicht in früheren eigenen oder fremden Leistungen, sondern in Anforderungen, die in der Sache selbst liegen. Die derzeit diskutierten Bildungsstandards beschreiben solche Anforderungen, sie legen zu erreichende Lernergebnisse und Leistungsstufen sowie die entsprechenden Bewertungskriterien vorgängig offen (vgl. Merkens 2007, S. 92; Oelkers/Reusser 2008, S. 38; Rheinberg 2001, S. 66).

2.3 Bildungsstandards: ein Begriff – viele Bedeutungen

2.3.1 Arten von Standards

Der Begriff Bildungsstandards wird unterschiedlich verwendet, deshalb ist es notwendig, die mit dem Begriff verbundenen Konzepte zu klären. Die Amerikanerin Diane Ravitch macht in ihrem Buch *National Standards in American Education* (Ravitch 1995,

S. 10 ff.) darauf aufmerksam, dass das Wort „Standard" manchmal verwendet werde, ohne dass es eine konkrete Bedeutung habe; in anderen Fällen werde es als Synonym dafür benutzt, dass etwas besser gemacht werden müsse („die Standards erhöhen", „die Standards sind zu tief"). Sie selbst geht von einem dreiteiligen Standardbegriff aus und unterscheidet dabei drei Arten, welche unterschiedliche Bedeutungen und Zwecke haben, aber dennoch zueinander in Beziehung stehen:

Inhaltliche Standards (*Content Standards*, *Curriculum Standards*)
Inhaltliche Standards bezeichnen die Lernziele und -inhalte schulischen Lernens (Maag Merki 2005, S. 12). Sie beschreiben, was die Lehrpersonen unterrichten und was die Schülerinnen und Schüler lernen sollen.

Im Lehrplan der Volksschule (Primarstufe und Sekundarstufe I) des Kantons Bern (Schweiz) zum Beispiel werden die inhaltlichen Standards in Form von ergebnisorientierten Grobzielen jeweils für zwei Jahrgangsstufen (im Beispiel 5. und 6. Schuljahr) formuliert (vgl. Beispiel 1). Zu jedem Grobziel werden Inhalte genannt, anhand derer die Grobziele erarbeitet werden sollen. Auch in Kalifornien (vgl. Beispiel 2, s. S. 26) werden die inhaltlichen Standards als ergebnisorientierte Ziele formuliert und sie beziehen sich – wie im Berner Beispiel – auf eine bestimmte Jahrgangsstufe (4. Klasse). Im Gegensatz zu den ersten beiden Beispielen gelten die Standards, welche die deutsche Kultusministerkonferenz (KMK) für das Fach Deutsch formuliert, für den ganzen Primarbereich (vgl. Beispiel 3, s. S. 27).

HÖREN UND SPRECHEN Grobziele	Inhalte und Hinweise
Begriffe In Gesprächen Unverstandenes durch gezielte Rückfragen klären. Begriffe umschreiben und definieren.	Auskünfte, Sachinformationen
Kommunikation Gespräche in Hochdeutsch und Mundart führen und dabei gesprächsfördernde Verhaltensweisen üben. Informationen erschließen.	Gesprächsregeln, Gesprächsleitung Gespräche mit Gesprächs- und Beobachtergruppe Einbezug der Kommunikationsaspekte Situation, Sprecherin/Sprecher, Medium, Hörerin/Hörer
Informationen nach bestimmten Gesichtspunkten weitergeben.	Genauigkeit, Abfolge, Kürze

Was sind Bildungsstandards?

Persönliche Vorhaben Mit Informationsquellen umgehen lernen. Persönliche Vorstellungen darlegen und begründen. Arbeitsergebnisse präsentieren.	Auskunftsdienste, Interviews, Bibliotheken Vermutungen, Pläne, Entschuldigungen Vortragstechnik, Medieneinsatz
Kultur Persönliche Haltungen und Meinungen erkennen und ausrücken. Beim Zuhören kulturelle Besonderheiten wahrnehmen.	Diskussionen, Ansprachen, Vorträge, Reden Aussprache, Wortwahl, Satzbau Gedichte, Hörspiele, Lieder, Tondokumente

Beispiel 1: Inhaltliche Standards für das Fach Deutsch (Thema: Hören und Sprechen), 5. und 6. Schuljahr, in Bern, Schweiz (Quelle: Erziehungsdirektion des Kantons Bern 1995)

LISTENING AND SPEAKING

1.0 Listening and Speaking Strategies
Students listen critically and respond appropriately to oral communication. They speak in a manner that guides the listener to understand important ideas by using proper phrasing, pitch, and modulation.

Comprehension
1.1 Ask thoughtful questions and respond to relevant questions with appropriate elaboration in oral settings.
1.2 Summarize major ideas and supporting evidence presented in spoken messages and formal presentations.
1.3 Identify how language usages (e. g., sayings, expressions) reflect regions and cultures.
1.4 Give precise directions and instructions.

Organization and Delivery of Oral Communication
1.5 Present effective introductions and conclusions that guide and inform the listener's understanding of important ideas and evidence.
1.6 Use traditional structures for conveying information (e.g., cause and effect, similarity and difference, posing and answering a question).
1.7 Emphasize points in ways that help the listener or viewer to follow important ideas and concepts.
1.8 Use details, examples, anecdotes, or experiences to explain or clarify information.
1.9 Use volume, pitch, phrasing, pace, modulation, and gestures appropriately to enhance meaning.

Analysis and Evaluation of Oral Media Communication
1.10 Evaluate the role of the media in focusing attention on events and in forming opinions on issues.

2.0 Speaking Applications (Genres and Their Characteristics)
Students deliver brief recitations and oral presentations about familiar experiences or interests that are organized around a coherent thesis statement. Student speaking demonstrates a command of standard American English and the organizational and delivery strategies outlined in Listening and Speaking Standard 1.0. Using the speaking strategies of grade four outlined in Listening and Speaking Standard 1.0, students:

2.1 Make narrative presentations:
   a. Relate ideas, observations, or recollections about an event or experience.
   b. Provide a context that enables the listener to imagine the circumstances of the event or experience.
   c. Provide insight into why the selected event or experience is memorable.
2.2 Make informational presentations:
   a. Frame a key question.
   b. Include facts and details that help listeners to focus.
   c. Incorporate more than one source of information (e. g., speakers, books, newspapers, television or radio reports).
2.3 Deliver oral summaries of articles and books that contain the main ideas of the event or article and the most significant details.
2.4 Recite brief poems (i. e., two or three stanzas), soliloquies, or dramatic dialogues, using clear diction, tempo, volume, and phrasing.

Beispiel 2: Inhaltliche Standards für das Fach Englisch (Bereich Zuhören und Sprechen), 4. Klasse in Kalifornien, USA (Quelle: California State Board of Education 2000, S. 26 f.)

3.1 Sprechen und Zuhören

Gespräche führen
▸ sich an Gesprächen beteiligen,
▸ gemeinsam entwickelte Gesprächsregeln beachten: z. B. andere zu Ende sprechen lassen, auf Gesprächsbeiträge anderer eingehen, beim Thema bleiben,
▸ Anliegen und Konflikte gemeinsam mit anderen diskutieren und klären.

Was sind Bildungsstandards?

zu anderen sprechen
- an der gesprochenen Standardsprache orientiert und artikuliert sprechen,
- Wirkungen der Redeweise kennen und beachten,
- funktionsangemessen sprechen: erzählen, informieren, argumentieren, appellieren,
- Sprechbeiträge und Gespräche situationsangemessen planen.

verstehend zuhören
- Inhalte zuhörend verstehen,
- gezielt nachfragen,
- Verstehen und Nicht-Verstehen zum Ausdruck bringen.

szenisch spielen
- Perspektiven einnehmen,
- sich in eine Rolle hineinversetzen und sie gestalten,
- Situationen in verschiedenen Spielformen szenisch entfalten.

über Lernen sprechen
- Beobachtungen wiedergeben,
- Sachverhalte beschreiben,
- Begründungen und Erklärungen geben,
- Lernergebnisse präsentieren und dabei Fachbegriffe benutzen,
- über Lernerfahrungen sprechen und andere in ihren Lernprozessen unterstützen.

Beispiel 3: KMK-Bildungsstandards im Fach Deutsch für den Primarbereich (Jahrgangsstufe 4), Kompetenzbereich Sprechen und Zuhören (Quelle: Kultusministerkonferenz 2005a, S. 9f.)

Ravitch betont, dass inhaltliche Standards idealerweise klar und eindeutig beschreiben sollen, welche Fähigkeiten und Fertigkeiten sowie welches Wissen den Schülerinnen und Schülern vermittelt werden soll (Ravitch 1995, S. 12). Die Standards müssen so formuliert sein, dass sowohl Lehrpersonen, Eltern als auch die Schülerinnen und Schüler problemlos verstehen können, was erwartet wird.

Aufgabe 4: Vergleichen Sie die drei Beispiele von inhaltlichen Standards. Welche Gemeinsamkeiten und welche Unterschiede entdecken Sie? Welches Beispiel erfüllt am ehesten die von Diane Ravitch geforderte Eindeutigkeit und Klarheit?

Inhaltliche Standards – auch wenn sie noch so präzise formuliert sind – machen aber keine Unterscheidungen zwischen Stufen der Zielerreichung. Implizit setzen sie voraus, dass alle Schülerinnen und Schüler dieselben Ziele erreichen müssen und können.

Angesichts der in allen Klassenzimmern herrschenden Heterogenität ist dies aber nicht möglich. Deswegen bedürfen inhaltliche Standards einer zusätzlichen Präzisierung in Form von Leistungsstandards.

Leistungsstandards (*Performance Standards*)
Leistungsstandards bezeichnen das, was im deutschsprachigen Diskurs gemeinhin unter Bildungsstandards verstanden wird. Sie beziehen sich auf den *Output* oder den *Outcome* des schulischen Lernens, d.h., sie legen fest, welche Leistungsziele und welches Niveau der Kompetenz die Schülerinnen und Schüler zu einem bestimmten Zeitpunkt erreichen sollen. Sie beschreiben insofern auch, welche Nachweise erbracht werden müssen, damit ein inhaltlicher Standard als erfüllt gelten kann (Maag Merki 2005, S. 12; Ravitch 1995, S. 12f.). Das Erreichen der Standards wird durch Tests überprüft.

Leistungsstandards können nach ihrem Zielniveau unterschieden werden. Dabei bezeichnen *Minimalstandards* das basale Erwartungsniveau, d.h., sie legen ein Minimum an Kompetenzen fest, das alle Schülerinnen und Schüler zu einem bestimmten Zeitpunkt in ihrer Schullaufbahn erreicht haben müssen. *Maximal- oder Exzellenzstandards* entsprechen dem höchsten Leistungsniveau, d.h., sie bezeichnen diejenigen Kompetenzen, welche die besten Schülerinnen und Schüler zu einem bestimmten Zeitpunkt erreichen können. *Regelstandards* schließlich bezeichnen ein durchschnittliches bzw. mittleres Erwartungsniveau. Sie werden in der Regel empirisch, d.h. aufgrund der tatsächlichen Leistungen der Schülerinnen und Schüler definiert (Maag Merki 2005, S. 12).

Während die deutsche KMK sowie das Bildungsministerium in Österreich sich für die Einführung von Regelstandards entschieden haben, ist in der Schweiz die Einführung von Minimalstandards beabsichtigt (vgl. auch Kap. 4). Maximalstandards standen in keinem der drei Länder zur Diskussion, dies wohl nicht zuletzt auch, da die Einführung von Maximalstandards dazu führen würde, dass Anforderungen an untere Leistungsniveaus negativ beschrieben werden müssten, also als Abweichung vom Ideal. Damit würde eine Defizitorientierung einhergehen (Klieme u.a. 2003, S. 28).

Gegen die Einführung von Minimalstandards spricht die Tatsache, dass es schwierig – wenn nicht sogar unmöglich – ist, diese so anzusetzen, dass sie für alle Schülerinnen und Schüler erreichbar sind. Zudem wird oft moniert, dass die Einführung von Minimalstandards dazu führen könnte, dass der Anreiz zum Erreichen besserer Leistungen verloren ginge, dass also Schülerinnen und Schüler, aber auch Lehrpersonen einem Minimalismus verfallen würden. Ebenso stellt sich bei der Einführung von Mindeststandards die Frage, was mit denjenigen Schülerinnen und Schülern geschieht, welche die Standards nicht erreichen. Im schlechteren Fall würden die Standards als Selektionskriterium missbraucht, um Entscheidungen bezüglich Repetition oder Versetzungen in Sonderklassen zu legitimieren. Im besseren Fall würden für diese Schülerinnen und Schüler besondere Fördermaßnahmen und zusätzliche Ressourcen eingesetzt, damit auch sie die geforderten Standards erreichen können. Solche Fragen stellen sich in Zusammenhang mit Regelstandards nicht, da sie auf einem durchschnittlichen Niveau beruhen. Regelstandards gehen aber implizit davon aus, dass die Kompetenzen normal verteilt sind, d.h., dass die Mehrheit der Schülerinnen und Schüler eben diese Regelstandards erreichen, und jeweils eine Minderheit bessere respektive schlechtere Leistungen erbringen (vgl. Abbildung 1). Regelstandards lassen letztlich also keine Aussage darüber zu, was man wissen und können muss, um erfolgreich zu sein. Sie legen keine absolute Grenze fest (vgl. Klieme u. a. 2003, S. 28), sondern gehen von einer sozialen und nicht von einer kriterialen Bezugsnorm aus (vgl. Kap. 2.2.3).

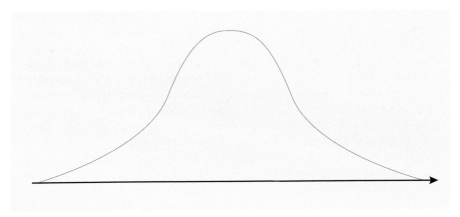

Abbildung 1: Normalverteilung

England hat sich – im Gegensatz zu Deutschland, Österreich und der Schweiz – für eine Mischform entschieden: Einerseits werden Mindeststandards festgelegt, gleichzeitig wird aber auch offengelegt, welches Leistungsniveau die Schülerinnen und Schüler im Durchschnitt erreichen. So wird für das Fach Geschichte beispielsweise festgelegt, dass Schülerinnen und Schüler im *Key Stage* 1 die *Levels* 1–3 (vgl. Beispiel 4) erreichen sollten, wobei betont wird, dass die meisten 7-jährigen Kinder am Ende von *Key Stage* 1 das *Level* 2 erreichen. Mit elf Jahren (am Ende von *Key Stage* 2, d. h. am Ende der Primarschulzeit) erreichen die meisten Kinder Level 4. Erwartet wird, dass sie *Level* 2–5 erreichen. Das *Key Stage* 3, welches mit ca. 14 Jahren abgeschlossen wird, sollte auf *Level* 3–7 abgeschlossen werden, wobei die meisten Schülerinnen und Schüler *Level* 5/6 erreichen (Departement for Education and Employment & Qualifications and Curriculum Authority 1999, S. 38).

> **Level 2**
>
> Pupils show their developing sense of chronology by using terms concerned with the passing of time, by placing events and objects in order, and by recognising that their own lives are different from the lives of people in the past. They show knowledge and understanding of aspects of the past beyond living memory, and of some of the main events and people they have studied. They are beginning to recognise that there are reasons why people in the past acted as they did. They are beginning to identify some of the different ways in which the past is represented. They observe or handle sources of information to answer questions about the past on the basis of simple observations.
>
> **Level 3**
>
> Pupils show their developing understanding of chronology by their realisation that the past can be divided into different periods of time, their recognition of some of the similarities and differences between these periods, and their use of dates and terms. They show knowledge and understanding of some of the main events, people and changes studied. They are beginning to give a few reasons for, and results of, the main events and changes. They identify some of the different ways in which the past is represented. They use sources of information in ways that go beyond simple observations to answer questions about the past.

Beispiel 4: Attainment Targets (Leistungsstandards) für das Fach Geschichte in England (Quelle: Departement for Education and Employment & Qualifications and Curriculum Authority 1999, S. 39 f.)

Standards für Lehr- und Lernbedingungen (*Opportunity-to-learn-Standards, School Delivery Standards*)

Diese Standards beziehen sich auf den Input und die Prozesse des schulischen Lernens. Sie definieren die Ressourcen, welche zur Verfügung stehen sollen, damit die Schülerinnen und Schüler sowohl die vorgeschriebenen inhaltlichen Standards lernen als auch die Leistungsstandards erreichen können (Ravitch 1995, S. 13). Unter Ressourcen werden dabei nicht nur finanzielle Mittel verstanden, sondern insbesondere auch die Kompetenzen der Lehrpersonen (und damit verbunden auch die Qualität der Lehrerinnen- und Lehrerbildung), die Qualität der Lehrmittel und des Unterrichts sowie die konkreten Lern- und Arbeitsbedingungen innerhalb einer bestimmten Schule (Maag Merki 2005, S. 12; Oelkers/Reusser 2008, S. 39). Ein international sehr bekanntes Beispiel für *Opportunity-to-learn-Standards* sind die *Principles for School Mathematics* des *National Council of Teachers of Mathematics* (NCTM), einer nordamerikanischen Interessenorganisation, welche sich im Bereich der mathematischen Bildung und Didaktik engagiert. Der NCTM beschreibt sechs grundlegende Prinzipien des Mathematikunterrichts, die als Leitplanken oder Orientierungsrahmen für einen guten oder professionellen Mathematikunterricht verstanden werden (vgl. Beispiel 5).

> **Principles for School Mathematics**
>
> Educational decisions made by teachers, school administrators, and other professionals have important consequences for students and for society. The Principles for school mathematics provide guidance in making these decisions.
> The six principles for school mathematics address overarching themes:
> - Equity. Excellence in mathematics education requires equity – high expectations and strong support for all students.
> - Curriculum. A curriculum is more than a collection of activities: it must be coherent, focused on important mathematics, and well articulated across the grades.
> - Teaching. Effective mathematics teaching requires understanding what students know and need to learn and then challenging and supporting them to learn it well.
> - Learning. Students must learn mathematics with understanding, actively building new knowledge from experience and prior knowledge.
> - Assessment. Assessment should support the learning of important mathematics and furnish useful information to both teachers and students.
> - Technology. Technology is essential in teaching and learning mathematics; it influences the mathematics that is taught and enhances students' learning.

Beispiel 5: Opportunity-to-learn-Standards für das Fach Mathematik (Quelle: National Council of Teachers of Mathematics, s.d.)

Unter Bildungsstandards lassen sich also mit Diane Ravitch Inhalte, Ziele respektive Maßstäbe und Rahmenbedingungen verstehen, mit denen die Lernprozesse von Schülerinnen und Schülern beeinflusst und verbessert werden sollen (Oelkers/Reusser 2008, S. 40).

Die drei Typen von Standards spielen zusammen und können nicht losgelöst voneinander betrachtet werden. Inhaltliche Standards definieren, was unterrichtet und gelernt werden soll, d. h., sie definieren den Inhalt und die Lernziele. Die Leistungsstandards legen fest, „wie gut" die Inhalte gelernt werden müssen respektive wie nahe ein Schüler oder eine Schülerin am Ziel ist. *Opportunity-to-learn-Standards* dagegen sind die Basis, auf denen inhaltliche Standards und Leistungsstandards aufbauen können. Ziel ist es nämlich, die Schülerinnen und Schüler überhaupt in die Lage zu versetzen, das zu lernen, was gelernt werden soll und diese Inhalte auch gut zu lernen, d. h. bestimmte Leistungsziele zu erreichen. So verstanden zielen Bildungsstandards nicht nur auf die Verbesserung der Schülerinnen- und Schülerleistungen, sondern immer auch auf die Verbesserung der Schulqualität und damit auf Schul- und Unterrichtsentwicklung (Ravitch 1995, S. 13; vgl. Kap. 6). Damit Qualitätsverbesserungen in Schule und Unterricht möglich werden, müssen die Standards regelmäßig überprüft und den Schulen, Lehrpersonen sowie den Schülerinnen und Schülern Rückmeldungen zu den tatsächlich erreichten Leistungen gegeben werden.

In der deutschsprachigen Diskussion um Bildungsstandards wird immer wieder auf die deutsche Expertise *Zur Entwicklung nationaler Bildungsstandards* (Klieme u. a. 2003; online unter: http://www.bmbf.de/pub/zur_entwicklung_nationaler_bildungsstandards.pdf [recherchiert am 11.08.2008]) Bezug genommen. Der dort definierte Bildungsstandards-Begriff unterscheidet sich von dem *dreigeteilten Standards-Begriff* von Ravitch insofern, als ein viel stärkerer Fokus auf das Konzept der Kompetenz gelegt wird (Oelkers/Reusser 2008, S. 41):

> *„Bildungsstandards formulieren Anforderungen an das Lehren und Lernen in der Schule. Sie benennen Ziele für die pädagogische Arbeit, ausgedrückt als erwünschte Lernergebnisse der Schülerinnen und Schüler. Damit konkretisieren Standards den Bildungsauftrag den allgemein bildende Schulen zu erfüllen haben.*
> *Bildungsstandards [...] greifen allgemeine* Bildungsziele *auf. Sie benennen die* Kompetenzen*, welche die Schule ihren Schülerinnen und Schülern vermitteln muss, damit bestimmte zentrale Bildungsziele erreicht werden. Die Bildungsstandards legen fest, welche Kompetenzen die Kinder oder Jugendlichen bis zu einer bestimmten Jahrgangsstufe erworben haben sollen. Die Kompetenzen werden so konkret beschrieben, dass sie in Aufgabenstellungen umgesetzt und prinzipiell mit Hilfe von* Testverfahren *erfasst werden können."* (Klieme u. a. 2003, S. 19; Hervorhebungen im Original)

Der Begriff Bildungsstandard enthält also die drei Dimensionen:
- Bildungsziele,
- Kompetenzen und Aufgabenstellungen
- sowie deren Überprüfung durch Tests (Oelkers/Reusser 2008, S. 42).

So verstanden konkretisieren Bildungsstandards die Bildungsziele, welche traditionellerweise im Lehrplan vorgegeben werden und machen sie pädagogisch – in Form von Kompetenzanforderungen – anwendbar. Das Medium, mit welchem diese Transformation von Bildungszielen in konkrete Leistungsanforderungen vorgenommen werden kann, sind Kompetenzmodelle. Kompetenzmodelle verknüpfen fachliche Wissensinhalte mit konkreten Handlungsbereichen und formulieren Anforderungen und Problemstellungen, die mithilfe bestimmter Kompetenzen bearbeitet werden können. Die Anforderungen werden systematisch nach dem Grad der notwendigen Kompetenzniveaus geordnet, so dass sich eigentliche Kompetenzentwicklungsverläufe nachzeichnen lassen (vgl. Klieme u. a. 2003, S. 19 ff.). Da Kompetenzmodelle wissenschaftliche Konstrukte sind, müssen sie für die Umsetzung in die Praxis operationalisiert, d. h. in konkrete Beispiele, Aufgabenstellungen und Testverfahren umgemünzt werden.

2.3.2 Gütekriterien von Bildungsstandards

Klieme u. a. (2003, S. 24 ff.) haben in ihrer Expertise zu Bildungsstandards sieben Gütekriterien definiert, denen gute Bildungsstandards genügen sollten. Bildungsstandards müssen erstens fachlich sein, d. h., sie sind jeweils auf einen bestimmten Lernbereich bezogen und arbeiten die Grundprinzipien der Disziplin bzw. des Unterrichtsfaches klar heraus. Die Aussage, dass Bildungsstandards fachlich sein sollen, wendet sich nicht gegen Interdisziplinarität und fächerübergreifendes Lernen. Es wird damit vielmehr betont, dass „in den Bildungsstandards [...] die Systematik, die lernbereichs- und fachbezogen entwickelt wurde, genutzt werden" (Klieme u.a. 2003, S. 26) muss. Bildungsstandards sollen die Kernideen eines Faches klar herausarbeiten, hierzu gehören etwa grundlegende Begriffsvorstellungen, Verfahren sowie das Grundlagenwissen eines Faches.

Zweitens sollen Bildungsstandards nicht die gesamte Breite eines Lernbereiches oder Faches in allen Verästelungen abdecken, sondern sich auf einen *Kernbereich* fokussieren. Bildungsstandards legen fest, welches zentrale Wissen für alle Schülerinnen und Schüler verbindlich ist. Was darüber hinaus gelehrt wird, liegt im Ermessens- und Handlungsspielraum der Lehrpersonen.

Drittens zielen Bildungsstandards auf *kumulatives*, systematisches Wissen. Bildungsstandards beziehen sich auf einen längeren Zeitraum und nicht nur auf einzelne Schuljahre oder gar einzelne Unterrichtseinheiten. Damit soll kumulatives Lernen gefördert werden, d.h. Lernen „bei dem Inhalte und Prozesse aufeinander aufbauen, systematisch vernetzt, immer wieder angewandt und aktiv gehalten werden" (Klieme u.a. 2003, S. 27).

Viertens sollen die Bildungsstandards als Minimalstandards definiert werden, die für alle Lernenden – und zwar schulformübergreifend – gleichermaßen verbindlich sind und deren Erreichen erwartet wird. Damit kann ein Beitrag zur Sicherung der Bildungsqualität geleistet werden. Mindeststandards dürfen aber nicht ausschließen, dass an leistungsstärkere Schülerinnen und Schüler höhere Anforderungen gestellt werden. Daran schließt das fünfte Kriterium, die Differenzierung, an. Bildungsstandards sollen Differenzierung ermöglichen, d.h., es soll nicht nur eine „Messlatte" (Mindestniveau) angelegt werden, sondern es sollen Kompetenzstufen differenziert werden, welche über und unter bzw. vor und nach dem Erreichen des Mindestniveaus liegen.

Sechstens sollen Bildungsstandards klar, knapp und nachvollziehbar formuliert werden, d.h. Bildungsstandards sollen verständlich sein, damit alle Beteiligten den Standard auch in gleicher Weise auffassen und verstehen.

Und schließlich sollen siebtens die Bildungsstandards so gestaltet sein, dass sie eine für alle Lernenden und Lehrenden realisierbare und mit realistischem Aufwand erreichbare Herausforderung darstellen. Denn unrealistisch hohe Erwartungen bergen die Gefahr von Demotivation und gefährden damit auch die Akzeptanz der Bildungsstandards.

> **A**   **Aufgabe 5:** Studieren Sie die Bildungsstandards eines Fachbereiches (Dokument 17: *Bildungsstandards Deutschland*; Dokument 19: *Bildungsstandards Österreich*) und beurteilen Sie deren Qualität aufgrund der Gütekriterien nach Klieme u.a. (2003, S. 24 ff.).

2.4 Bildungsstandards – Bildungsziele – Kompetenzmodelle

Die Entwicklung von Bildungsstandards kann nicht unabhängig von gesellschaftlichen und pädagogischen Entscheidungen bezüglich der Bildungsziele gesehen werden. Die Frage danach, was in der Schule gelehrt und gelernt werden soll, ist eine grundsätzliche Frage, die sich zu jeder Zeit immer wieder neu stellt und je nach vorherrschendem Bildungsverständnis und historischen Kontexten unterschiedlich beantwortet wird (Messner 2006, S. 229). Dies zeigt sich zum Beispiel darin, dass in schweizerischen Lehrplänen teilweise andere Themen und Inhalte vorgegeben werden als in deutschen oder österreichischen; aber auch darin, dass sich die Bildungsziele und ihre Prioritätensetzung im Laufe der Zeit verändern. So haben die alten Sprachen Griechisch und Latein in der zweiten Hälfte des 20. Jahrhunderts an Bedeutung verloren, die Bedeutung moderner Fremdsprachen, insbesondere des Englischen, dagegen hat zugenommen. Die Definition von Bildungszielen ist als Selektionsprozess zu verstehen und ist – zumindest implizit – immer mit einem Entscheid über den Stellenwert und die Bedeutung eines bestimmten Faches oder eines Lernbereichs einerseits für die Entwicklung der Schülerinnen und Schüler und andererseits für Gesellschaft und Wirtschaft verbunden. Deshalb erfordert die Festlegung von Bildungszielen auch eine Verständigung darüber, was den Kern von Lernbereichen und Fächern ausmacht (Klieme u. a. 2003, S. 20).

Da Bildungsziele relativ allgemein formuliert werden, müssen sie in konkrete Anforderungen umgesetzt werden. Damit dies möglich wird, benötigt man ein Medium. Traditionellerweise sind dies die Lehrpläne, welche die Bildungsziele konkretisieren und die allgemeinen Bildungsziele in Richtziele, Grobziele, teilweise auch Feinziele herunterbrechen. Sie sollen nun durch Kompetenzmodelle ergänzt werden, d. h., die allgemeinen Bildungsziele werden in Form von Kompetenzanforderungen konkretisiert (Klieme u. a. 2003, S. 20 f.).

2.4.1 Kompetenzen

Unter dem Begriff der *Kompetenz* kann in einem ganzheitlichen Sinne die Fähig- oder Fertigkeit verstanden werden, komplexe Anforderungen und Aufgaben in einem konkreten Kontext erfolgreich zu bewältigen, indem man *Ressourcen* mobilisiert. Unter Ressourcen werden dabei *Wissen* (also Kenntnisse, die in einer konkreten Situation abgerufen werden können), *Fertigkeiten* (also Verfahrensweisen und Techniken wie Lesen, Schreiben oder Umgang mit Informationsquellen usw.), *Fähigkeiten* (wie Empathie, Solidarität, Kommunikationsfähigkeit, Flexibilität usw.) und *Ressourcen des Umfeldes* (Infrastruktur, persönliches Netzwerk usw.) verstanden (vgl. Furrer 2000, S. 14; Rychen/Salganik 2003, S. 43). Kompetenzen beschreiben also Dispositionen zur Bewältigung bestimmter Anforderungen. Über eine Kompetenz verfügt ein Schüler oder eine Schülerin dann, wenn er oder sie:
▸ zur Bewältigung einer Situation vorhandene Fähigkeiten nutzt;
▸ dabei auf vorhandenes Wissen zurückgreift und sich benötigtes Wissen beschafft;

- die zentralen Zusammenhänge eines Lerngebietes oder Fachbereiches verstanden hat;
- angemessene Lösungswege wählt;
- bei seinen oder ihren Handlungen auf verfügbare Fertigkeiten zurückgreift;
- seine oder ihre bisher gesammelten Erfahrungen in seine oder ihre Handlungen mit einbezieht (Kultusministerkonferenz 2005a, S. 16).

Mit der Verwendung des Kompetenzbegriffs ist eine neue Sichtweise verbunden. Indem nicht mehr wie bisher konkrete Lerninhalte oder -ziele beschrieben, sondern vielmehr längere Kompetenzentwicklungsverläufe in verschiedenen Lernbereichen oder Fächern dargestellt werden, wird es möglich, über längere Ausbildungsphasen zu planen.

Kompetenzen stehen immer in Verbindung mit den grundlegenden Handlungsanforderungen, vor welche Schülerinnen und Schüler in einem Lernbereich bzw. Schulfach gestellt sind. Durch die Kumulation von Lernfortschritten und mithilfe der erworbenen Ressourcen, u. a. des erworbenen (expliziten und impliziten) Wissens, werden die Schülerinnen und Schüler in die Lage versetzt, mit den an sie gestellten Handlungsanforderungen sinnvoll umgehen zu können (Klieme u. a. 2003, S. 22; Oelkers/Reusser 2008, S. 28).

2.4.2 Kompetenzmodelle

Um die Beziehung zwischen Bildungsstandards und Kompetenzen zu konkretisieren, müssen theoretische Kompetenzmodelle entwickelt werden, welche den kumulativen Kompetenzaufbau beschreiben und die Kompetenzen systematisch ordnen (Moser 2005, S. 2). Kompetenzmodelle erfüllen im Hinblick auf Bildungsstandards zwei Zwecke: Einerseits beschreiben sie die Teildimensionen von Domänen oder Schulfächern, in denen die Schülerinnen und Schüler Anforderungen zu bewältigen haben (Komponentenmodell) und andererseits liefern sie Vorstellungen darüber, welche Abstufungen eine Kompetenz annehmen kann bzw. welche Niveaustufen sich bei den Schülerinnen und Schülern feststellen lassen (Stufenmodell) (vgl. Klieme u. a. 2003, S. 74).

Das in Österreich verwendete Kompetenzmodell „Sekundarstufe I – Mathematik" (vgl. Abbildung 2) verdeutlicht dies. Das Modell wird in eine Handlungs-, eine Inhalts- und eine Komplexitätsdimension aufgeteilt. Die Handlungsdimension umfasst die Kompetenzkomponenten: Modellieren und Darstellen, Operieren (Rechnen), Interpretieren und Dokumentieren sowie Argumentieren und Begründen. Die Inhaltsdimension umfasst die Bereiche: Arbeiten mit Zahlen und Maßen, Arbeiten mit Variablen und funktionalen Abhängigkeiten, Arbeiten mit Figuren und Körpern sowie Arbeiten mit statistischen Kerngrößen und Darstellungen. Die Komplexitätsdimension umfasst drei Levels oder Stufen kognitiver Komplexität. Die drei Levels beschreiben die Anforderungen an Ausmaß, Intensität und Vielschichtigkeit der Denkvorgänge beim Lösen von mathematischen Problemen (Kubinger u. a. 2006, S. 9). Für jedes Level oder Niveau werden also kognitive Prozesse oder Handlungen beschrieben, welche Schülerinnen und Schüler auf dieser Stufe bewältigen können, nicht aber Schülerinnen und Schüler auf niederer Stufe (Weiland 2003, S. 391).

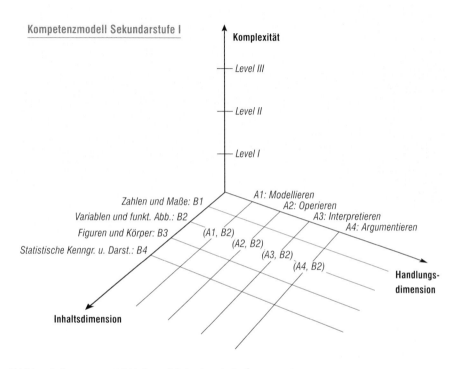

Abbildung 2: Kompetenzmodell Mathematik Sekundarstufe I in Österreich (Quelle: Heugl 2004, zit. nach Kubinger u. a. 2006, S. 6)

Ausgearbeitete, empirisch abgestützte Kompetenzmodelle liegen bisher erst für einzelne Lernbereiche, Altersgruppen und Schülerpopulationen vor (Klieme 2004c, S. 13; Thies 2005, S. 13). Denn während sich die Kompetenzbereiche (Teildimensionen) für viele Fachbereiche auf der Basis von fachdidaktischen Erkenntnissen relativ gut bestimmen lassen, ist die Festlegung von Kompetenzniveaus wesentlich schwieriger. Grundlage für die Unterscheidung von Niveaus ist eine genaue Analyse der Anforderungen, die mit einzelnen Situationen und Aufgabenstellungen verbunden sind. Die Festlegung verschiedener Kompetenzniveaus erfolgt einerseits auf der Basis theoretischer Überlegungen. Dabei können unterschiedliche Aspekte eine Rolle spielen, z. B. zunehmende Routine oder Flexibilität in der Anwendung des Wissens, zunehmende Vernetzung der einzelnen Wissenselemente oder das Bilden von Meta-Wissen. Es muss dabei allerdings beachtet werden, dass der Schwierigkeitsgrad respektive das Kompetenzniveau nicht allein von der Komplexität des Denkprozesses abhängt, sondern ebenfalls von der Komplexität und der Anforderungshöhe der Inhalte sowie den Anforderungen an Kontext- und Orientierungswissen (vgl. Regenbrecht 2005, S. 72). Zudem ist es keineswegs zwingend, dass die Kompetenzniveaus in jedem Fall hierarchisch gestuft werden. Denn vor allem in Kompetenzbereichen, die affektive Aspekte und Einstellungen einschließen, wie der sozialen oder interkulturellen Kompetenz, gibt es möglicherweise keine klar abgrenzbaren und auf einer Skala von ‚niedrig' bis ‚hoch' bewertbaren Niveaus, sondern eher unterschiedliche Kompetenzmuster oder -typen. Schließlich müssen die Kompetenzniveaus auch empirisch erprobt werden, d.h. es muss überprüft werden, ob die Modelle die Niveaustufung sowie die Kompetenzentwicklung angemessen widerspiegeln und ob die Erwartungen präzise und realistisch angesetzt wurden (Klieme 2004c, S. 13; Klieme u.a. 2003, S. 82; Staatsinstitut für Schulqualität und Bildungsforschung [ISB] 2006, S. 30f.). Es ist fraglich, ob der Anspruch, Kompetenzen in Form von gestuften und dimensionalisierten Kompetenzmodellen abbilden zu können, eingelöst werden kann. Bisher liegen erst im Bereich der Mathematik Erfolg versprechende Arbeiten vor. Doch „bleibt vorerst offen, inwieweit es gelingen wird, sie in analoger Weise auch auf andere Fächer (Naturwissenschaften, Deutsch, Fremdsprachen) zu übertragen" (Oelkers/Reusser 2008, S. 312).

2.5 Operationalisierung von Kompetenzen: Aufgabenstellungen und Tests

Kompetenzmodelle sind wissenschaftliche Konstrukte, mit denen Bildungsstandards für die Umsetzung in der Praxis operationalisiert, d.h. in konkrete Beispiele, Aufgabenstellungen und Testverfahren umgemünzt werden müssen.

Wie oben ausgeführt, befähigen Kompetenzen zur Bewältigung verschiedenster Situationen. Sie können letztlich nicht direkt gemessen, sondern nur indirekt aus Handlungen, Verhalten oder Entscheidungen (also Operationen) abgeleitet werden. Ein und dieselbe Kompetenz kann zudem in unterschiedlichen Situationen angewendet werden. Aus diesem Grund müssen Aufgabenstellungen und Testverfahren entwickelt werden, die sich auf verschiedene Anforderungssituationen beziehen. Es geht in den Tests nicht nur darum zu prüfen, ob die Schülerinnen und Schüler die richtigen Antworten auf bestimmte Fragen kennen. Vielmehr geht es darum, dass die Schülerinnen und Schüler zeigen können, dass sie wissen, weshalb eine Antwort richtig ist, und dass sie zeigen können, was sie wissen.

Mit Tests werden Kompetenzen unter kontrollierten Bedingungen gemessen. Für die Konstruktion von Tests sind insbesondere folgende Aspekte zu berücksichtigen (Schneider/Lindauer 2007, S. 127):
- Aufgabenformat: Es sind verschiedenste Aufgabenformate denkbar, z.B. schriftliche Aufgaben, Gruppenaufgaben, computergestützte Aufgaben oder mündliche Verfahren wie Kurzvorträge und Präsentationen, Gruppendiskussionen oder Interviews. In einem Test muss das Aufgabenformat so ausgewählt werden, dass es erstens aus-

wertbar ist, und zweitens muss berücksichtigt werden, dass das Aufgabenformat einen Einfluss auf die Schwierigkeit einer Testaufgabe haben kann.
▸ Aufgaben: Für jede Testaufgabe muss genau abgeklärt werden, welche Denkoperationen und welche Kompetenzbereiche mit den Aufgaben geprüft werden sollen. Zudem sollte darauf geachtet werden, dass dasjenige Wissen und Können getestet wird, das die Schülerinnen und Schüler auch wissen und können sollten, d. h., dass getestet wird, was den Schülerinnen und Schülern auch tatsächlich im Unterricht vermittelt wurde.
▸ Leistungserwartungen: Tests müssen einer breiten Leistungsheterogenität gerecht werden. Das setzt voraus, dass verschiedene Testversionen vorliegen, die unterschiedliche Leistungsspektra abdecken. Zudem müssen Tests geeicht werden, d. h., der zu erwartende Leistungsumfang einer bestimmten Zielgruppe muss vorher bestimmt werden. Für jede Teilaufgabe muss bekannt sein, wie viele Schülerinnen und Schüler diese in etwa richtig lösen können.

Beim schweizerischen „Stellwerk-Check", welcher die Fachbereiche Mathematik, Deutsch, Natur und Technik, Französisch, Englisch sowie das Vorstellungsvermögen testet, werden die Aufgaben beispielsweise *online* bearbeitet und die Tests vom System so gesteuert, dass die Aufgaben dem momentanen Leistungsstand und den Fähigkeiten des einzelnen Schülers respektive der einzelnen Schülerin entsprechen (sog. adaptives Testen).[8] Der Vorteil solcher adaptiver Tests besteht darin, dass sie effizienter sind als klassische Papier-Bleistift-Tests (Frey/Ehmke 2007). Ein weiterer Vorteil ist darin zu sehen, dass die Lösung passgenauer Aufgaben sich positiv auf die Motivation der Schülerinnen und Schüler auswirkt, da sie weder über- noch unterfordert werden. Die durch adaptives Testen mögliche Individualisierung der Testverfahren wirft aber auch Fragen der Chancengleichheit und der Vergleichbarkeit der Testergebnisse auf. Die Verwendung von Resultaten aus adaptiven Tests ist demzufolge nur eingeschränkt möglich. So sind adaptive Tests beispielsweise als Selektionsinstrument nur bedingt geeignet, da jeder Test individuell anders ausgestaltet wird.

In Nordrhein-Westfalen werden seit dem Schuljahr 2004/05 in der Sekundarstufe I zentrale Lernstandserhebungen in den Fächern Deutsch, Englisch und Mathematik durchgeführt[9]. Damit die Lernstandserhebungen der breiten Heterogenität der Leistungen innerhalb der und zwischen den verschiedenen Schulformen gerecht werden, stehen jeweils zwei unterschiedliche Testversionen zur Verfügung, die eine unterschiedliche Anzahl von Aufgaben im unteren und oberen Anforderungsbereich enthalten. Damit werden Leistungsunterschiede zwischen den Schulformen berücksichtigt und es wird verhindert, dass ganze Schülergruppen systematisch unter- oder überfordert werden. Beide Testversionen enthalten jedoch einen gemeinsamen Satz an Aufgaben, welche über das gesamte Leistungsspektrum streuen, um dem großen Überlappungsbereich zwischen den Schulformen Rechnung zu tragen (vgl. Abbildung 3).

---

[8] Vgl. http://www.stellwerk-check.ch [recherchiert am 11.08.2008]
[9] Vgl. http://www.standardsicherung.schulministerium.nrw.de [recherchiert am 02.02.2009]

Was sind Bildungsstandards?

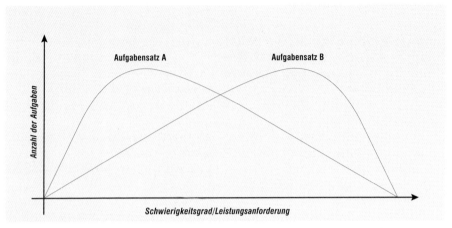

Abbildung 3: Testversionen mit unterschiedlichen Anforderungsbereichen (Quelle: Ministerium für Schule und Weiterbildung des Landes Nordrhein-Westfalen, 2008)

Die Lernstandserhebungen arbeiten mit unterschiedlichen Aufgabenformaten (Multiple Choice, halboffene, offene Aufgaben) und es wird darauf verzichtet, komplex vernetzte Aufgaben in die Tests aufzunehmen, um den Schülerinnen und Schülern zu ermöglichen, dass sie immer wieder neu ansetzen können. Weiterhin werden die Aufgaben so gestellt, dass die Lösungen eindeutig als richtig oder falsch eingeschätzt werden können. Dies ist zentral, wenn man wissen will, ob eine Schülerin oder ein Schüler etwas kann oder nicht. Das kann an folgendem Beispiel verdeutlicht werden:

> Um herauszufinden, ob eine Schülerin oder ein Schüler verstanden hat, was das arithmetische Mittel ist, werden drei Aufgaben gestellt:
>
> **Aufgabe 1:**
> **Berechne den Mittelwert der folgenden Körpergewichte (in kg):**
> **37; 39; 42; 42; 43; 45**
> **Die Lösung der Schülerin lautet: 41 kg**
> Diese Aufgabe ist – je nach Erwartungshaltung – richtig oder falsch gelöst. Das arithmetische Mittel beträgt $41\,1/3$ kg. Vielleicht hat die Schülerin dieses Resultat erhalten und auf 41 kg gerundet, weil die vorgegebenen Zahlen auch ganzzahlig sind. Bei dieser Messgenauigkeit hat sie die Aufgabe richtig gelöst.

> **Aufgabe 2:**
> Eine Reihe von vier Zahlen hat den Mittelwert 8.
> Schreibe eine Reihe von möglichen Zahlen auf!
> Die Lösung der Schülerin lautet: 6 7 9 10
> Diese Aufgabe – eine Umkehraufgabe – ist eindeutig richtig.
>
> **Aufgabe 3:**
> Aishe behauptet: „Die Summe von vier Zahlen, deren Mittelwert 8 ist, beträgt immer 32." Hat Aishe recht? Begründe!
> Die Lösung der Schülerin lautet: 4 6 9 12. Nein, hat sie nicht, denn diese Reihe hat die Summe 31.
> Hier gibt die Schülerin eine Datenreihe an, deren Summe 31 beträgt. Hat sie das Konzept „Mittelwert" nicht richtig verstanden? Oder hat sie die vier Daten genommen, den Mittelwert 7 ¾ erhalten und im Sinne der „Messgenauigkeit" auf 8 gerundet? Vielleicht hat sie hier eine kreative richtige Bearbeitung gefunden, die nur im Sinne der engen Erwartungshaltung beim Stellen der Aufgabe falsch erscheint. Zusammen mit der Bearbeitung von Aufgabe 1 entsteht der Eindruck, dass die Bearbeitung konsistent und richtig sei.

Beispiel 6: Aufgabenstellungen, deren Lösung nicht eindeutig als richtig oder falsch gekennzeichnet werden können (Quelle: Landesinstitut für Schule/Qualitätsagentur 2006, S. 7f.)

2.5.1 Schwierigkeitsgrade der Aufgaben

Bei der Entwicklung von Aufgaben stellt sich stets die Frage nach dem Anforderungsniveau, also die Frage danach, welche Aufgaben schwierig und welche leicht sind. Pollitt u.a. (1985, zit. nach Fisher-Hoch/Hughes 1996, S. 2) gehen von drei Aspekten aus, die eine Aufgabe schwierig machen:
- Konzeptschwierigkeit, das ist die einem Konzept innewohnende Schwierigkeit;
- Prozessschwierigkeit, das ist die Schwierigkeit der kognitiven Operationen (Denkvorgänge) und der Anforderungen, welche an die kognitiven Ressourcen gestellt werden;
- Schwierigkeit der Fragestellung, welche in der Formulierung oder Darstellung einer Fragestellung gründet.

Lindauer/Schneider (2007, S. 120) verdeutlichen diese drei Aspekte am Beispiel von Aufgaben im Bereich Lesen. Die Konzeptschwierigkeit bezieht sich hier auf die Schwierigkeit von Texten. Diese ist erstens abhängig von formalen Faktoren wie beispielsweise der Schriftgröße, dem Zeilenabstand oder dem Satzspiegel (Flatter- oder Blocksatz). Zweitens spielt die Sprachstruktur eine Rolle, d.h. Texteigenschaften wie Wortschatz, Satzstrukturen und -verknüpfungen, Textstruktur und die literarische Gestaltung. Und drittens hat schließlich auch die Erzählweise, die Handlung oder die Sachlogik einen Einfluss auf die Schwierigkeit eines Textes. Hierzu gehören etwa das

Erzählmuster, die Vertrautheit des Themas, die Orte der Handlung, die Unterscheidbarkeit der Figuren oder die Erzählperspektive.

Unter Prozessschwierigkeit wird die Komplexität der beim Lesen notwendigen kognitiven Operationen verstanden. Lindauer/Schneider (2007, S. 120) verwenden in Bezug auf das Leseverstehen folgende Denkoperationen:

- *Isolieren* von Informationen, die zur Beantwortung der Textverständnisfrage notwendig sind;
- *Erinnern*: Das aus dem Lesen entstandene Satz- und Textverständnis muss mit eigenen Wissensbeständen und Erinnerungen verknüpft werden;
- *Transformieren*, d. h. das Gelesene in anderer Form darstellen;
- *Klassifizieren*, d. h. Textstellen zueinander oder das Gelesene zu eigenem Wissen in Beziehung setzen;
- *Argumentieren* und *Interpretieren*.

Die Anforderungen dieser Denkoperationen steigen tendenziell vom Isolieren zum Argumentieren und Interpretieren an:

> *„Die Fähigkeit, Hypothesen zu erstellen (Kategorie: Argumentieren und Interpretieren; Anmerkung der Autoren), setzt die Fähigkeit voraus, Informationen isolieren, transformieren und klassifizieren zu können. Allerdings weist jede hier aufgeführte Operation in sich wieder verschiedene Anspruchsniveaus auf, so dass eine einfache Schlussfolgerungsaufgabe durchaus leichter zu lösen sein kann als eine Aufgabe zum Isolieren, wenn die zu isolierenden Elemente zum Beispiel nicht explizit an der Textoberfläche erscheinen."* (Lindauer/Schneider 2007, S. 124)

Die Schwierigkeit der Fragestellung bezieht sich v. a. auf die Offen- respektive Geschlossenheit des Aufgabenformats. Dies spielt insofern eine Rolle, als geschlossene Aufgabenformate (d. h. Aufgaben mit vorgegebenen Lösungen, Multiple-Choice-Aufgaben) in der Regel mehr richtige Lösungen produzieren als halboffene oder offene Formate und deshalb tendenziell als einfacher einzuschätzen sind (Lindauer/Schneider 2007, S. 122). Außerdem spielt die zur Lösung der Aufgabe zur Verfügung stehende Zeit eine Rolle. Lindauer/Schneider betonen, dass etwa Schülerinnen und Schüler mit Migrationshintergrund in Leseverstehenstests mit Zeitbeschränkung oftmals daran scheitern, dass sie deutsche Texte weniger schnell und mühelos lesen können. In Tests ohne Zeitbeschränkung dagegen erreichten sie ähnliche Resultate wie Schülerinnen und Schüler mit deutscher Muttersprache (Lindauer/Schneider 2007, S. 123).

Im Rahmen einer empirischen Untersuchung von Mathematikprüfungen haben Fisher-Hoch/Hughes (1996) diverse Schwierigkeitsquellen (*Sources of Difficulties*, SODs) von mathematischen Aufgaben ausgemacht. Ihre Untersuchung zeigt, dass ein großer Teil der SODs im Bereich der Formulierung der Fragestellung liegt. Es zeigte sich unter anderem, dass mehrere Faktoren den Schwierigkeitsgrad beeinflussen: unterschiedliche Kommandowörter (erkläre, finde, schätze usw.), das Szenario bzw. der Kontext, in den eine Fragestellung eingebettet ist; und die verwendete Sprache, z. B. mathematische Begriffe, die alltagssprachlich eine andere Bedeutung haben.

Weiter stellten Fisher-Hoch/Hughes fest, dass Aufgaben, die mehr Arbeitsschritte benötigen, höhere Anforderungen an die *Working Memory Capacity* stellen, als Aufgaben mit wenigen Arbeitsschritten. Das heißt, dass Aufgaben, die mehr Denkarbeit erforderten, auch schwieriger waren. Dementsprechend spielt es auch eine Rolle, ob ein oder mehrere mathematische Konzepte zur Lösung der Fragestellung notwendig und ob ein oder mehrere Lösungswege denkbar sind. Denn unterschiedliche Lösungswege benötigen unter Umständen unterschiedlich viele Arbeitsschritte, sodass je nach Lösungsweg mehr oder weniger Denkarbeit geleistet werden muss bzw. mehr oder weniger *Working Memory Capacity* notwendig ist.

2.5.2 Gütekriterien von Tests

Tests müssen bestimmte Gütekriterien erfüllen, und zwar (a) Objektivität, (b) Reliabilität und (c) Validität. Unter *Objektivität* wird verstanden, dass die Ergebnisse eines Tests unabhängig sind von der Person, die den Test durchführt und auswertet, und unabhängig von der Testsituation. Dies impliziert, dass Durchführung, Auswertung und Interpretation eines Tests weitgehend standardisiert werden müssen (Giegler 1992, S. 783). Die *Reliabilität* meint die Zuverlässigkeit eines Tests respektive die Genauigkeit der Testergebnisse. Als zuverlässig kann ein Test dann gelten, „wenn er das, was er zu messen vorgibt, zuverlässig, genau, exakt, gut misst" (Bundschuh 1999, S. 76). Das bedeutet, dass ein Test bei einer Wiederholung unter gleichen Bedingungen zum gleichen Ergebnis führen muss. Die *Validität* schließlich bezeichnet die Gültigkeit eines Tests. Es geht hierbei „um die Frage, ob ein Testverfahren wirklich das misst, was es messen soll" (Bundschuh 1999, S. 82). So ist beispielsweise bei mathematischen Aufgaben darauf zu achten, dass sie einfach, verständlich und klar gestellt werden, da ansonsten die Gefahr besteht, dass Schülerinnen und Schüler, die zwar durchaus in der Lage wären, die Aufgabe mathematisch korrekt zu lösen, die Aufgabe nicht lösen können, weil sie sie sprachlich nicht richtig verstehen; es würde also nicht das mathematische Wissen und Können erfasst. Es ist deshalb darauf zu achten, dass die sprachliche, bildliche und zeichnerische Darstellung der Aufgaben eindeutig ist. Die Aufgabe in Beispiel 7 verdeutlicht, was damit gemeint ist. Die Wendung „unterschiedlich dick" irritiert, denn durch sie wird nahegelegt, dass das Blech ungleichmäßig ausgewalzt wird (Linneweber-Lammerskitten/Wälti 2006, S. 209).

Weiter muss darauf geachtet werden, dass den Schülerinnen und Schülern alle notwendigen Informationen zur Lösung der Aufgaben zur Verfügung stehen und dass auf irrelevante Informationen verzichtet wird. In Beispiel 8 etwa fehlt ein expliziter Arbeitsauftrag; den Schülerinnen und Schülern wird nicht gesagt, was sie mit den Informationen zu tun haben.

Was sind Bildungsstandards?

In einem Walzwerk wird ein Eisenblock, dessen Grundfläche 0,25 m² beträgt und der 80 mm hoch ist, zu einem Blech ausgewalzt. ‣ **Welche Möglichkeiten gibt es bzw. wie groß wird die Fläche, wenn das Blech unterschiedlich dick ist?** ‣ **Vervollständige die Tabelle und stelle eine Formel zur Berechnung auf!** ‣ **Fertige ein Diagramm an!**	mm	m²
	80	0.25
	0.5	
	1	
	2	
	3	
	4	
	5	
	6	

Beispiel 7: Sprachlich ungenaue mathematische Aufgabenstellung (Quelle: BMBWK 2003, S. 22)

Lisa soll beim Bäcker einen mittelgroßen Zopf für € 5,20 und eine Packung Milch kaufen. Sie gibt der Verkäuferin einen 10-Euro-Schein und erhält € 2,30 zurück.

Beispiel 8: Aufgabe ohne expliziten Arbeitsauftrag (Quelle: Linneweber-Lammerskitten/Wälti 2006, S. 211)

Außerdem muss auch darauf geachtet werden, dass ein Test *kultur-fair* ist, d. h. dass Schülerinnen und Schüler – unabhängig von ihrem sozialen und kulturellen Hintergrund – gleichermaßen in der Lage sind, eine Aufgabe zu lösen. Je nach Hintergrundkultur entwickelt sich beispielsweise das Wahrnehmungs- und Symbolverständnis eines Menschen unterschiedlich. So ist es für uns problemlos möglich, das perspektivisch gezeichnete Huhn in Beispiel 9 zu erkennen. Nepalesen und Nepalesinnen dagegen, deren Wahrnehmungsorganisation sowie Symbolverständnis kulturell bedingt anders entwickelt ist, sehen in Abbildung 4 ausnahmslos nur ein Huhn (Lanfranchi 1998, S. 37 f.).

Operationalisierung von Kompetenzen: Aufgabenstellungen und Tests

Abbildung 4 (Beispiel 9): Aufgabe, die nicht kultur-fair ist (Quelle: Tages Anzeiger Magazin, 1977 zit. nach Lanfranchi 1998, S. 37).

Die Qualität eines Tests ist zudem auch abhängig davon, dass unterschiedlich schwierige Aufgaben gewählt werden. Denn bestünde ein Test einzig aus Aufgaben, die so einfach sind, dass alle Schülerinnen und Schüler sie problemlos lösen können, dann wäre es nicht mehr möglich zu unterscheiden, welche Schülerinnen und Schüler kompetenter und welche weniger kompetent sind.

> *„Ist die Mehrheit der Testaufgaben zu einfach, so stellt sich ein sogenannter Deckeneffekt ein: Viele Testpersonen befinden sich am obersten Rand des Kompetenzspektrums. Sind umgekehrt viele Aufgaben zu schwierig, so ist oft ein Bodeneffekt beobachtbar: Viele Testpersonen befinden sich im untersten Segment des Kompetenzspektrums."* (Schneider/Lindauer 2007, S. 131)

2.5.3 Funktionen von Tests

Testverfahren und -aufgaben haben letztlich mehrere Funktionen, die sich auf unterschiedlichen Ebenen ansiedeln lassen: Auf der (Makro-)Ebene des Bildungssystems leisten Tests einen Beitrag zum Bildungsmonitoring. Tests bzw. Leistungsmessungen sind eine Quelle von empirischen Daten, welche – in Kombination mit anderen Daten – Aussagen zur Qualität eines Schulsystems, d.h. zu seinen Stärken und Schwächen, erlauben.

Auf der (Meso-)Ebene der Schule oder Schulgemeinde erlauben Leistungsmessungen/-tests Aussagen darüber, ob die Schule ihren Auftrag erfüllt hat oder nicht. Hier leisten Tests einen Beitrag zur Schulevaluation. Im Idealfall tragen Tests auf der Ebene der Schule auch zur Schul- und Unterrichtsentwicklung bei. Denn stellt sich heraus, dass Schülerinnen und Schüler die erwarteten Leistungsniveaus nicht erreichen, muss geprüft werden, ob die Rahmenbedingungen (im Sinne von *Opportuni-*

ty-to-learn-Standards), in denen die Schülerinnen und Schüler unterrichtet werden, ausreichend sind und ob externe Interventionen und Unterstützung notwendig sind, um die Wirksamkeit der Schule zu erhöhen (vgl. Burkhard/Orth 2005, S. 140f.).

Auf der (Mikro-)Ebene der Klasse und des Unterrichts schließlich können Tests als diagnostisches Instrument verwendet werden, um diejenigen Schülerinnen und Schüler ausfindig zu machen, die besondere Unterstützung benötigen, weil sie die Leistungsziele nicht erreichen. In sonderpädagogischen Kreisen wird immer wieder moniert, dass Leistungstests zu mehr Selektion führen. Erfahrungen aus den USA zeigen, dass diese Befürchtung nicht vollständig aus dem Weg geräumt werden kann. Dennoch muss bedacht werden, dass Tests nicht zwingend zu mehr Selektion führen müssen. Denn Selektionsmethoden hängen nicht von den verwendeten Instrumenten ab, sondern vielmehr von der Absicht, die hinter der Verwendung solcher Testinstrumente steht (Moser Opitz 2006, S. 6).

Ebenfalls auf der (Mikro-)Ebene der Klasse und des Unterrichts können Tests dazu beitragen, dass Lehrpersonen ihre diagnostischen Kompetenzen verbessern können, indem sie – zusätzlich zu ihren eigenen Leistungseinschätzungen – Resultate aus unabhängigen Leistungsmessungen erhalten. Lehrpersonen können so überprüfen, ob sie die Leistungen ihrer Schülerinnen und Schüler zu tief oder zu hoch einschätzen. Teilweise wird befürchtet, dass Leistungsmessungen dazu verwendet werden könnten, die Leistungen der Lehrpersonen zu beurteilen. Von Seiten der Bildungspolitik wird derzeit jedoch betont, dass keine diesbezüglichen Absichten bestünden: Leistungsmessungen sollen weder für die Evaluation der Lehrpersonen noch zur Beurteilung und Selektion der Schülerinnen und Schüler genutzt werden, sondern vielmehr zur Generierung von Daten zur Steuerung des Bildungssystems (EDK 2004, S. 14f.).

Neben der eigentlichen Leistungsmessung kommt den Tests indirekt aber eine weitere Funktion zu. Die Testverfahren dienen nämlich auch der empirischen Validierung der theoretisch entwickelten Kompetenzmodelle. D.h., die Kompetenzmodelle, aber auch die festgelegten Bildungsstandards können erst aufgrund von Testergebnissen bestätigt werden.

Weiterführende Literatur
Klieme, E. u.a. 2003: Zur Entwicklung nationaler Bildungsstandards. Eine Expertise. Berlin [http://www.bmbf.de/pub/zur_entwicklung_nationaler_bildungsstandards.pdf; recherchiert am 27.11.2008]
Maag Merki, K. 2005: Wissen, worüber man spricht. Ein Glossar. Friedrich Jahresheft, 12–13.
Ravitch, D. 1995: National standards in American education. A citizen's guide. (Updated with a new introduction) Washington

3. (Historische) Kontexte der Reformdiskussion

Die Diskussion um Bildungsstandards ist im deutschen Sprachraum relativ neu: Sie begann kurz nach der Publikation der ersten PISA-Resultate, also 2002/2003, wurde inhaltlich stark von der sogenannten „Klieme-Expertise" (Klieme u. a. 2003) geprägt und führte in Deutschland, Österreich und der Schweiz zu unterschiedlichen Reaktionen, die sich in unterschiedlichen bildungspolitischen Programmen manifestieren (vgl. Kap. 4). Geht man allerdings nicht einfach vom Begriff „Bildungsstandards" aus, sondern von den verschiedenen Anliegen, die damit verbunden werden, lassen sich historisch verschiedene Vorläuferdebatten identifizieren, die sich mit unterschiedlichen Schlagworten mit ähnlichen Anliegen auseinandersetzten. Insbesondere im angelsächsischen Sprachraum hat die Diskussion um Bildungsstandards eine viel längere Tradition (vgl. Kap. 2 und 7), auch wenn unter Bildungsstandards in unterschiedlichen nationalstaatlichen Kontexten sehr Unterschiedliches verstanden wurde und wird.

Das folgende Kapitel geht der Frage nach den längerfristigen Kontexten der mit Bildungsstandards verbundenen Anliegen nach und reflektiert die Entstehungskontexte der Debatten um Bildungsstandards in den 1990er-Jahren und anfangs des 21. Jahrhunderts. Zunächst (vgl. Kap. 3.1) wird auf die längerfristigen Bemühungen um die Qualitätssicherung und Qualitätssteigerung durch Standardisierung hingewiesen und an zwei Beispielen aufgezeigt, dass die Anliegen, die mit den Bildungsstandards verbunden werden, in der Schulgeschichte sehr lange Traditionen haben. Zweitens wird auf die Tradition der Diskussion um Lehrpläne, insbesondere auf die Curriculumdiskussion der 1970er-Jahre verwiesen: Die Ausrichtung der neuen Lehrplangeneration der 1970er- und 1980er-Jahre an Lernzielen war mit Fragen der Taxonomie (Gruppierung und Hierarchisierung von Lernzielen) verbunden, ähnlich wie sie sich bei den Kompetenzrastern in den Diskussionen über Bildungsstandards wieder stellen. Erstmals wurde zudem das Problem der Überprüfbarkeit von Lernzielen unter dem Stichwort „Operationalisierung" diskutiert (vgl. Kap. 3.2). Damit war ein Perspektivenwechsel eingeleitet, der sich im deutschen Sprachraum seit den 1990er-Jahren weiter vollzogen hat: Die Ergebnisse von Schule und Unterricht sind sehr viel stärker in den Vordergrund gerückt. Die verstärkte Orientierung an den Resultaten und Wirkungen erhöhte die Nutzen- und Verwendungserwartungen an Bildung in einer Zeit, in der Wissen und damit die Humanressourcen zum wichtigsten Faktor erfolgreicher Volkswirtschaften erklärt wurden. Verwertbare Bildung wurde zum Schlüsselfaktor für Unternehmen, die sich in globalen Konkurrenzsituationen bewähren müssen. Als wesentliche Kontexte der Diskussionen um die Einführung von Bildungsstandards in den letzten zwanzig Jahren wird vor allem auf zwei Entwicklungen verwiesen (vgl. Kap. 3.3): auf die Neuausrichtung der öffentlichen Verwaltungen an Modellen der wirkungsorientierten Verwaltungsführung bzw. des New Public Managements sowie auf die Diskussionen über Schulqualität und Schulwirksamkeit.

3.1 Standardisierung als wiederkehrendes Anliegen in der Schulgeschichte

Die Qualitätsverbesserung von Schule und Unterricht war immer schon ein Anliegen von Schulreformen. Auch wenn der Begriff „Standards" nicht verwendet wurde, zielten Schulreformen oft auf Standardisierungen (zur Begriffsdefinition: vgl. Kap. 2) in doppeltem Sinne: Erstens sollten bestimmte Qualitätsmerkmale erreicht werden und zweitens sollten diese Qualitätsmerkmale flächendeckend – d. h. in allen Schulen – erreicht werden. Während das erste Anliegen als Qualitätsdiskussion in der Schulgeschichte permanent vertreten ist, wird das zweite Anliegen periodisch immer wieder unter Stichworten wie Harmonisierung, Koordination, Vereinheitlichung oder Zentralisierung vorgebracht. In zentralstaatlich organisierten Schulsystemen wie dem österreichischen, französischen oder italienischen ist die flächendeckende Standardisierung in der Regel weiter fortgeschritten als in föderalistisch organisierten Bildungssystemen wie denjenigen Deutschlands oder der Schweiz. Standards bzw. Standardisierungen haben in diesem Sinne immer eine inhaltliche und eine geografisch-räumliche Dimension.

Das Einfordern von Standards bezog sich im Verlauf der Geschichte auf alle Dimensionen von Schule, wobei sich durchaus Konjunkturen der Aufmerksamkeit ausmachen lassen. Mit der aktuellen Bildungsstandardsdiskussion ist die Aufmerksamkeit wiederum auf das Erreichen bestimmter Zielsetzungen gelenkt. Dabei wird die Relation zwischen zu erreichenden Zielen und Inhalten im Gegensatz zur Curriculumdiskussion der 1970er-Jahre eher lose definiert: Nicht ein eindeutiges Set von Inhalten führt zur Erreichung eines bestimmten Bildungsstandards.

Am häufigsten richteten sich Standardisierungsansprüche in beiden erwähnten Bedeutungen für Schulen auf folgende Bereiche:
- die zu erreichenden Ziele – in der Bildungsstandardsdiskussion als Kompetenzen formuliert;
- die Inhalte des Unterrichts (Stoffpläne, Lehrpläne, aber auch Lehrmittel, verbunden mit Selektions- und Legitimationsfragen);
- die Methoden des Unterrichts (Frage der richtigen und wirksamen Methode);
- die Ausbildung, das Verhalten, die Stellung und die Entlöhnung des Personals;
- das Verhalten von Kindern und Jugendlichen bzw. deren Eltern (Schulbesuchspflicht, Absenzenordnungen, Hygienevorschriften usw.) sowie
- die Infrastruktur der Schulen (Schulbauten ganz allgemein, Schulzimmer, Turnhallen, Bibliotheken, Mobiliar, Schulmaterial usw.).

Um Standards durchzusetzen, wurden sie in aller Regel in hierarchisch gegliederten gesetzlichen Erlassen (Gesetzen, Dekreten, Verordnungen, Verfügungen usw.), die mit abnehmender Hierarchiestufe immer detaillierter werden, festgeschrieben und die Schulaufsichtsbehörden wurden mit der Kontrolle des Vollzugs beauftragt. Als wichtige Kontrollinstanz wurden in den deutschsprachigen Ländern (aber nicht nur da) im 19. Jahrhundert meist Schulinspektoren eingesetzt. Die Durchsetzung von einheitlichen Standards setzte in diesem Sinne einen funktionierenden Verwaltungsstaat und die Repräsentation staatlich-hoheitlicher Vorschriften in den Schulen vor Ort voraus. Oder anders formuliert: Erst der moderne Verwaltungsstaat mit flächendeckenden Kontroll- und Aufsichtsorganen war überhaupt in der Lage, bestimmte Standards – ob in der Schule oder anderswo – durchzusetzen.

Das Festlegen und Durchsetzen von Bildungsstandards in den erwähnten Bereichen war immer schon konfliktreich und ist es auch heute noch, weil mit schulischen Standards Wertvorstellungen und Weltanschauungen eng verbunden sind. Nicht selten standen und stehen sich unterschiedliche Expertenmeinungen gegenüber. Auch alle bisherigen Versuche zur wissenschaftlichen Fundierung von Standards etwa im Sinne einer „rationalen Bildungspolitik" (Widmaier 1966) im Rahmen der „Bildungsplanung" der 1960er- und 1970er-Jahre oder einer wissenschaftlich begründeten Curriculumentwicklung (Robinsohn 1969) der 1970er- und 1980er-Jahre können nicht darüber hinwegtäuschen, dass das Festlegen von Standards im Bildungsbereich letztlich ein normativer Akt bleibt: Die Ziele der Weiterentwicklung von Schulsystemen müssen bildungspolitisch ausgehandelt werden. Wissenschaftliche Forschung kann der Bildungspolitik und -verwaltung zwar Hinweise auf mögliche Weiterentwicklungen geben, aber nicht die notwendigen politischen Entscheide fällen. Wissenschaft kann zwar verfügbare Kompetenzen und das Erreichen von Zielen im Unterricht messen, aber daraus lassen sich keine eindeutigen Normen für das Festlegen von Schulfächern, Lehrplänen und Bildungszielen ableiten. Daran dürften auch die jüngsten Forderungen nach einer stärker evidenzbasierten oder evidenzinformierten Bildungspolitik kaum etwas ändern.

Im Folgenden werden exemplarisch zwei historische Versuche vorgestellt, eine Art Bildungsstandards einzuführen. Beim ersten Beispiel handelt es sich um Versuche der Standardisierung der Methode im ausgehenden 18. Jahrhundert, beim zweiten Beispiel um erste Versuche der flächendeckenden Schulleistungsmessung im ausgehenden 19. Jahrhundert.

Beispiel 1: Johann Ignaz Felbigers „Normalmethode"
Der schlesische Abt Johann Ignaz von Felbiger (1724–1788) (s. Dokument 5: *Kurzbiografie Felbiger*) entwickelte in der 2. Hälfte des 18. Jahrhunderts eine Methode, von der sich unter anderem die österreichische Kaiserin Maria Theresia die Verbesserung des gesamten Schulwesens erhoffte. Sie berief Felbiger 1873 nach Wien und beauftragte ihn mit der Schulreform der deutschen Schulen. Felbigers Methode umfasste insbesondere vier zentrale Elemente: eine Buchstabiermethode, bei der die Klasse die Buchstaben von einer Buchstabentafel erlernte; die Tabellenmethode, bei der der Lehrstoff systematisiert und mit Abkürzungen in einer Tabelle dargestellt wurde, damit er besser einzuprägen war. Felbiger modernisierte zudem das Katechisieren und führte das Unterrichten der ganzen Klasse statt einzelner Schüler ein (Engelbrecht 1979; Hug 1920). Diese Methodenkombination wurde als Standard, als „Normalmethode" bezeichnet und für alle Schulen verbindlich vorgeschrieben. Die Lehrer wurden in sogenannten „Normalschulen" in die Methode und in den Gebrauch von Lehrmitteln,

die auf die Methode abgestimmt waren, eingeführt. Die Durchsetzung der Methode wurde von Schulaufsichtsbehörden kontrolliert, die gegenüber der vorgesetzten Behörde berichtspflichtig waren.

„Normalschulen" waren Musterschulen, also Schulen, in denen zukünftige Lehrer das Unterrichten im Sinne eines *Training on the Job* erlernten. Sie dienten als „Muster", als Vorbild für alle anderen Schulen und als Ort der Lehrerbildung. Noch bis zur Reform der Lehrerinnen- und Lehrerbildung in den 1990er-Jahren wurden die Ausbildungsinstitutionen in den französischsprachigen Kantonen der Schweiz als *École normale* bezeichnet. Als „Normal" wurde also ein Standard, eine Norm bezeichnet, die von allen Schulen erreicht werden sollte. Die Norm bezog sich im ausgehenden 18. und frühen 19. Jahrhundert vor allem auf die Methode[10] und die Lehrerbildung, weil die Verpflichtung der Lehrer auf bestimmte Standards als wirksamste Möglichkeit der Standardisierung im Sinne der flächendeckenden Durchsetzung einheitlicher Standards angesehen wurde.

1775 war in Wien Felbigers Hauptwerk erschienen, dessen ausführlicher Titel das Standardisierungsanliegen klar verdeutlicht:

> *„Methodenbuch für Lehrer der deutschen Schulen in den kaiserlich-königlichen Erblanden, darin ausführlich gewiesen wird, wie die in der Schulordnung bestimmte Lehrart nicht allein überhaupt, sondern auch ins besondere, bey jedem Gegenstande, der zu lehren befohlen ist, soll beschaffen seyn. Nebst der genauen Bestimmung, wie sich Lehrer der Schulen in allen Theilen ihres Amtes, imgleichen die Direktoren, Aufseher und Oberaufseher zu bezeigen haben, um der Schulordnung das gehörige Genüge zu leisten."* (Felbiger 1892)

1777 erschien ohne Autorenangabe in Wien ein Konzentrat von Felbigers Methodenbuch, das in der „tabellarischen" Methode verfasst war. Da der Inhalt der knappen Merksätze eindeutig von Felbiger stammt, wird das in mehreren Auflagen erschienene und für die Ausbildung von Lehrern verwendete Büchlein mit einiger Sicherheit ihm zugeschrieben. Die Vorrede, der tabellarische Inhalt (vgl. auch Kasten) und die Einleitung als Textbeispiel (s. Dokument 6: *Felbiger Methodenbuch*) zeigen, in welchen Bereichen die Standardisierungen von Schule und Unterricht angestrebt wurden.

---

10 Um die „richtige" Methode – vor allem des Lesenlernens – wurde schon damals gestritten; bis heute bekannt sind etwa die Diskussionen über die von Johann Heinrich Pestalozzi vorgeschlagenen Methoden (vgl. Osterwalder 1995, 1996, S. 74 ff.).

> **Inhalt des Methodenbuches von J.I. Felbiger (1777)**
>
> Einleitung von der Lehrart überhaupt.
> I. Abtheilung. Von den Hauptstücken der Lehrart.
>   1. Hauptstück, von dem Zusammenunterrichten.
>   2. Hauptstück, von dem Zusammenlesen.
>   3. Hauptstück, von der Buchstabenmethode.
>   4. Hauptstück, von den Tabellen.
>   5. Hautpstück, vom Katechisiren.
> II. Abtheilung von dem was in Trivialschulen zu lehren ist.
>   1. Hauptstück, von dem was dem Schulmeister bei dem Unterricht in der Religion obliegt.
>   2. Hauptstück, vom Buchstabenkennen.
>   3. Hauptstück, von dem Buchstabiren.
>   4. Hauptstück, von dem Einzelnlesen.
>   5. Hauptstück, von dem Schreiben.
>   6. Hauptstück, von der Rechtschreibung.
>   7. Hauptstück, vom Rechnen.
>   8. Hauptstück. Wie Schüler ohne Lehrbücher etwas lernen können.
> III. Abtheilung. Von dem was ein Schulmeister oder Lehrer vor Augen haben, und wonach er sich richten soll.
>   1. Hauptstück, von der Wichtigkeit des Schulamts.
>   2. Hauptstück, von den guten Eigenschaften oder Tugenden eines Schulmeisters.
>   3. Hauptstück, von der Klugheit eines Schullehrers.
>   4. Hauptstück, Instruktion für Schullehrer auf dem Lande.
>   5. Hauptstück, Abtheilung der Lehrgegenstände für Trivialschulen.
>   6. Hauptstück, Schulgesetze für Kinder der Landschulen.
>   7. Hauptstück, von der Schulzucht.
> Anhang.

Inhaltsverzeichnis [ohne Paginierung] mit Auslassungen wiedergegeben (Quelle: Felbiger 1979 [1777]).
Vollständiges Inhaltsverzeichnis: s. Dokument 6: Felbiger Methodenbuch

Beispiel 2: Die Einführung Pädagogischer Rekrutenprüfungen in der Schweiz

1874 wurde in der Schweiz eine neue Bundesverfassung (Grundgesetz) verabschiedet. Auf dem Höhepunkt des Kulturkampfes (Stadler 1984) waren unter anderem die konfessionellen Artikel der Verfassung stark umstritten und insbesondere die katholisch-konservativen Kantone (= Bundesländer) setzten sich dagegen zur Wehr. Andererseits versuchten die liberal-radikalen Politiker, die seit der Gründung des föderalistischen Bundesstaates 1848 dessen Politik dominierten, die Schule zu vereinheitlichen mit dem Ziel, minimale Standards des Unterrichts für alle Schülerinnen und Schüler zu gewährleisten (für einen Überblick: Criblez/Huber 2008). Im Kontext des Kulturkampfes wurde die Vereinheitlichung der Schulen mit Qualitätsargumenten propagiert: Schule und Unterricht sollten *für alle* – katholische und reformierte, deutschsprachige und französischsprachige, arme und reiche – Kinder in der Stadt und auf dem Land verbessert werden und einheitlichen Minimalstandards genügen. In Artikel 27 der neuen Verfassung wurde unter anderem festgelegt:

> *„Die Kantone sorgen für genügenden Primarunterricht, welcher ausschließlich unter staatlicher Leitung stehen soll. Derselbe ist obligatorisch und in den öffentlichen Schulen unentgeltlich. Die öffentlichen Schulen sollen von den Angehörigen aller Bekenntnisse ohne Beeinträchtigung ihrer Glaubens- und Gewissensfreiheit besucht werden können."* (Bundesverfassung 1874, Artikel 27)

Die Durchsetzung des obligatorischen Schulbesuchs, die Unentgeltlichkeit und die staatliche Aufsicht der Schule sollten aber nicht nur der Verbesserung des Unterrichts für alle Kinder dienen, sondern waren auch klar gegen die ultramontane (an Rom orientierte) Ausrichtung der Schulen in den katholisch-konservativen Kantonen gerichtet. Die laizistisch orientierten Politiker störten sich vor allem daran, dass in den katholisch-konservativen Kantonen der Schweiz in den Schulen oftmals Kongregations- und Ordenspersonal unterrichtete. Der liberale Zeitgeist sah darin – wahrscheinlich nicht ganz zu Unrecht – eine gegenaufklärerische Indoktrination der nachfolgenden Generation.

In den Jahren nach der Verabschiedung der neuen Verfassung versuchte der Bundesrat (Exekutive), unterstützt vom Schweizerischen Lehrerverein, eine Ausführungsgesetzgebung zum Bildungsartikel zu erlassen. Jedoch schon der Versuch, einen eidgenössischen Schulsekretär einzusetzen, der eine Dokumentation zu den kantonalen Bildungssystemen und eine gesamtschweizerische Bildungsstatistik führen sollte, scheiterte in einer Referendumsabstimmung 1882 (Hard 1974). Die konfessionellen und föderalistischen Kräfte hatten sich damit erfolgreich gegen die schweizweite Etablierung minimaler Bildungsstandards durchgesetzt (Criblez/Huber 2008, S. 107 ff.).

Allerdings hatte der nach dem Deutsch-Französischen Krieg erstarkende Nationalstaat Schweiz, der sich im Gegensatz zu Deutschland als Staatsnation und nicht als Kulturnation (Alter 1985, S. 15 ff.) verstand, bereits 1875 eine andere Möglichkeit geschaffen, um die Leistungsfähigkeit der kantonalen Schulsysteme zu überprüfen: Nachdem das Militärwesen mit der neuen Verfassung zentralisiert worden war, führten die Bundesbehörden aufgrund ihrer neuen Zuständigkeit sogenannte Pädagogische Rekrutenprüfungen ein (Crotti 2008; Lustenberger 1996, 1999).

Regulativ für die Rekrutenprüfungen und die Nachschulen vom 13. April 1875 [Auszüge]

§1.
Beim Beginn eines Rekrutenkurses ist der Bildungsstand sämtlicher zu demselben einberufenen und erschienenen Rekruten durch pädagogische Experten, welche von dem Militärdepartement bezeichnet werden, zu konstatiren.

§2.
Dieselben sind ermächtigt, sich von allen denjenigen Rekruten, welche wenigstens ein Jahr lang eine höhere Schule als die Primarschule besucht haben, ihren Bildungsstand durch Schulzeugnisse bescheinigen zu lassen. Erscheinen ihnen diese Zeugnisse befriedigend und zuverlässig, so kann ohne weiteres das aus denselben sich Ergebende in die Tabellen eingetragen werden (z. B. Realschule, Sekundarschule und landwirthschaftliche Schule, Gymnasium und Hochschule etc.).

§3.
Alle diejenigen Rekruten, welches sich nicht oder nicht genügend über eine das Primarschulpensum überschreitende Bildung durch Zeugnisse ausweisen können, haben eine besondere Prüfung zu bestehen in den Fächern:
1) Lesen (Lesebuch für die mittlere Stufe);
2) Aufsatz (Brief an die Eltern, Geschichte des Bildungsgangs der Rekruten etc.), Nachschreiben einiger Sätze, welche der Examinator diktiert (für solche, die keinen Aufsatz zu Stande bringen);
3) Rechnen und
4) Vaterlandskunde (Geographie, Geschichte, Verfassung).
[…]

§5.
Wer in mehr als einem Fache die Note 4 hat, ist während der Rekrutenzeit zum Besuche der Nachschule (im Schreiben, Lesen und Rechnen) verpflichtet. Wird die Schülerzahl gross, so kann vom Schulkommandanten eine Reduktion angeordnet werden, wobei diejenigen Rekruten in erster Linie zu unterrichten sind, welche die geringsten Leistungen aufweisen.
[…]

Regulativ für die Rekrutenprüfungen und die Nachschulen vom 13. April 1875 [Auszüge] (Quelle: Lustenberger 1996, S. 43 ff.)

Als Vorbild dienten ähnliche, in verschiedenen Kantonen bereits vorher eingeführte Prüfungen bei den stellungspflichtigen jungen Schweizer Männern. Geprüft wurden Lesen, Aufsatz, mündliches und schriftliches Rechnen sowie Vaterlandskunde, Letzteres ein Konglomerat aus nationaler Geografie, Geschichte und Verfassungskunde.

(Historische) Kontexte der Reformdiskussion

Die folgende Tabelle zeigt, dass die Resultate einerseits als Rangliste (Ranking), andererseits als Durchschnittswerte für die je einzelnen Kantone – wie für die einzelnen Länder bei den PISA-Resultaten – publiziert wurden. Einzelne Kantone, zum Beispiel Luzern, publizierten kantonsintern sogar ein Gemeinderanking, was dazu führte, dass Lehrer aus Gemeinden mit schlechten Resultaten in öffentliche Kritik gerieten.

Rang				Kanton	Note			
1876	1877	1878	1879		1879	1878	1877	1876
3	2	2	1	Genf	6,9	7,2	7,4	8,0
6	6	4	2	Schaffhausen	7,1	7,5	8,2	8,4
2	1	1	3	Baselstadt	7,3	6,8	6,8	7,3
5	4	3	4	Zürich	7,3	7,2	8,1	8,1
4	5	6	5	Waadt	7,3	8,2	8,2	8,0
16	11	9	6	Obwalden	7,9	8,5	8,8	9,2
12	8	8	7	Zug	8,1	8,4	8,4	8,9
1	3	5	8	Thurgau	8,1	8,1	7,9	7,0
8	10	12	9	Luzern	8,4	8,9	8,6	8,5
9	14	17	10	Aargau	8,5	9,5	9,0	8,6
10	13	14	11	Neuenburg	8,6	9,2	9,0	8,7
7	7	7	12	Solothurn	8,7	8,3	8,4	8,4
23	15	19	13	Nidwalden	8,7	9,6	9,0	10,7
13	16	10	14	Baselland	8,7	8,5	8,1	9,0
21	18	15	15	Bern	8,7	9,3	9,4	10,2

15	17	13	16	Graubünden	8,9	9,0	9,2	9,2
22	20	18	17	Glarus	9,1	9,6	9,6	10,4
11	9	16	18	St. Gallen	9,2	9,4	8,5	8,8
20	19	11	19	Tessin	9,5	8,9	9,5	10,1
17	22	21	20	Schwyz	9,8	10,4	10,7	9,4
19	24	23	21	Uri	10,1	11,5	12,5	10,0
14	12	20	22	Ausserrhoden	10,2	10,0	8,9	9,2
25	25	24	23	Wallis	10,5	11,5	12,6	12,5
18	21	22	24	Freiburg	10,9	10,6	10,4	9,9
24	23	25	25	Innerrhoden	11,7	11,8	11,7	12,4
Durchschnitt für die ganze Schweiz					8,6	8,9	9,0	9,0

Tabelle 2: Resultate der Pädagogischen Rekrutenprüfungen in der Schweiz; Ranglisten und Notendurchschnitte nach Kantonen (Quelle: „Schweizerische Lehrerzeitung" 24 (1879), S. 183; s. Dokument 9.1: Kommentar Pädagogische Rekrutenprüfung)

Die Resultate dienten der politischen Mehrheit in der Schweiz als Beweis für die Rückständigkeit der Schulen in den katholisch-konservativen Kantonen[11] und als Bestätigung der bisherigen Bildungspolitik der liberalen Kantone, weil die letzten Plätze im Ranking ausschließlich von katholisch-konservativen Kantonen belegt wurden – auch wenn nicht alle katholischen Kantone schlecht abgeschnitten hatten. Dass die Schulen in den ländlichen katholischen Gebieten ohne klerikales Personal gar nicht hätten finanziert werden können oder dass die Prüfungen zumindest in der Anfangsphase zu wenig standardisiert waren (sie hätten heutige Gütekriterien von Leistungsmessungen bei Weitem nicht erfüllt), wurde den staatsüberzeugten Reformern schon damals entgegengehalten. Die Hinweise auf die unterschiedliche Ausgangslage der Kantone – die einen kannten die Ganzjahresschule, die anderen nur die Winterschule, die Dauer der Schulpflicht variierte stark und verschiedene Kantone verfügten über keine Aus-

---

[11] Als katholisch-konservative Kantone für die damalige Zeit gelten Appenzell-Innerrhoden, Freiburg, Wallis, Uri, Schwyz, Tessin, Nidwalden, Luzern, Zug und Obwalden.

bildungsmöglichkeiten auf der Sekundarstufe II – wirkten nicht entlastend, sondern unterstützten sogar die Vereinheitlichungsbestrebungen.

Obwohl grundlegend infrage gestellt werden kann, ob Schulleistungsprüfungen bei 18-/19-Jährigen die Qualität von Bildungssystemen, die nicht selten mit 11 oder 12 Jahren bereits verlassen worden waren, messen können, hatten die Prüfungen eine Art Wettbewerb zwischen den Kantonen zur Folge. Zumindest diejenigen Kantone, die Plätze in der zweiten Hälfte der Ranglisten belegten, gerieten unter politischen Druck, ihr Bildungssystem auszubauen und zu verbessern. Zwar etablierten die Kantone auch zweifelhafte Institutionen wie Vorbereitungskurse für die Rekrutenprüfungen, aber insgesamt führten die Diskussionen aufgrund der Rankings in vielen Kantonen zur Verlängerung der Schulpflicht und unterstützten die Einrichtung von teilweise obligatorischen Fortbildungsschulen, also Bildungsangeboten im nachobligatorischen Schulbereich.

Die beiden historischen Beispiele zeigen unter anderem, dass über Standards für Schule und Unterricht in modernen Bildungssystemen immer wieder diskutiert wurde und dass ein guter Teil bildungspolitischer Maßnahmen immer wieder der Verbesserung, der Qualitätssteigerung von Schule und Unterricht dienen sollte. Wirkungskontrollen von entsprechenden Schulreformen fehlen in der Geschichte der deutschsprachigen Länder allerdings. Standards – so ließe sich kurz zusammenfassen – prägen den pädagogischen und den bildungspolitischen Diskurs seit jeher, auch wenn er nicht unter der Bezeichnung „Bildungsstandards" geführt wurde und auch wenn sich die Zielgrößen für die Standardisierung, die Akteure und die geografischen Räume, auf die sich Standards beziehen, ebenso veränderten wie die Formen der Kontrolle. Jedenfalls waren auch historisch nicht einfach alle Standards auf Inputs und Prozesse (vgl. Kap. 2) bezogen, wie dies insbesondere in der internationalen Diskussion um Bildungsindikatoren und die Bildungsberichterstattung immer wieder suggeriert wird. Die Bezugsnorm für Standards wurde jedoch in der Regel nicht national oder sogar international, wie bei den PISA-Vergleichsstudien, sondern in aller Regel lokal oder regional definiert. Die Pädagogischen Rekrutenprüfungen in der Schweiz dürften in dieser Hinsicht tatsächlich eine – wenn auch in wissenschaftlicher Hinsicht unzulängliche – Ausnahme gewesen sein. Aber Schulen hatten ihren Erfolg auch schon im 19. Jahrhundert – etwa gegenüber den Schulaufsichtsbehörden – unter Beweis zu stellen. Die zwei bekanntesten Formen dafür waren die Schulabschlussprüfungen oder die jährlichen Schulexamen. Zumindest die Schulexamen dienten jedoch nicht nur der Überprüfung der Resultate des Unterrichts bei Schülerinnen und Schülern, sondern ebenso der Beurteilung der Leistungen der Lehrpersonen.

Standardisierung als wiederkehrendes Anliegen in der Schulgeschichte

A

Aufgabe 6: Welche Bereiche soll das Methodenbuch hauptsächlich standardisieren? Bringen Sie aufgrund der weiterführenden Texte (s. Dokument 7: *Engelbrecht 1979*; s. Dokument 8: *Hug 1920*) einiges über die Situation von Schulen und Lehrerberuf im letzten Drittel des 18. Jahrhunderts in Erfahrung und versuchen Sie vor diesem Hintergrund zu erklären, weshalb gerade diese Bereiche standardisiert werden sollten.

Aufgabe 7: Vergleichen Sie den Inhalt von Felbigers Methodenbuch (s. Dokument 6: *Felbiger Methodenbuch*) mit einem Methodenbuch, das in Ihrer Ausbildung verwendet wird. Was stellen Sie fest?

Aufgabe 8: Erinnern Sie sich an Ihre eigene Schulzeit zurück und beschreiben Sie Beispiele für Standards aus dieser Zeit. Vergleichen Sie diese Standards mit Felbigers Standards.

Aufgabe 9: Lesen Sie den Kommentar aus der Schweizerischen Lehrerzeitung zu den Resultaten der Pädagogischen Rekrutenprüfungen, die 1879 publiziert wurden (s. Dokument 9.1: *Kommentar Pädagogische Rekrutenprüfung*) und diskutieren Sie folgende Fragen:
- Welche Position nimmt die Schweizerische Lehrerzeitung ein?
- Wofür und gegen wen werden die Resultate der Pädagogischen Rekrutenprüfungen verwendet?
- In welcher Hinsicht ist die Interpretation der Resultate durch die Zeitschriftenredaktion berechtigt, in welcher Hinsicht allenfalls nicht?

Aufgabe 10: Lesen Sie den Text von Claudia Crotti zu den Pädagogischen Rekrutenprüfungen (s. Dokument 9.2: *Crotti Pädagogische Rekrutenprüfungen*). Diskutieren Sie am historischen Beispiel der Pädagogischen Rekrutenprüfungen in der Schweiz die Möglichkeiten und Grenzen von Schulleistungsmessungen.

Aufgabe 11: Vergleichen Sie die zwei historischen Beispiele von Standardisierungsversuchen nach den Kategorien Zielsetzung, Implementierung und Wirkung. Differenzieren Sie dabei den Standardbegriff, wie dies von Diane Ravitch vorgeschlagen wurde (vgl. Kap. 2).

3.2 Die Curriculumdiskussion als Vorläuferin der Bildungsstandardsdiskussion

1967 publizierte Saul B. Robinsohn, damals Direktor des Instituts für Bildungsforschung der Max Planck-Gesellschaft in Berlin, einen schmalen Band zum Thema *Bildungsreform als Revision des Curriculum* (Robinsohn 1969). Er leitete den Band wie folgt ein:

> *„Auf den folgenden Seiten wird die Notwendigkeit begründet, den geltenden ‚Bildungskanon' den Erfordernissen der Zeit entsprechend zu aktualisieren, und die Möglichkeit geprüft, eine solche Revision mit Hilfe der Methoden zu vollziehen, welche Entscheidungen über die Inhalte des Bildungsprogramms aus der Beliebigkeit und diffuser Tradition hinaus in Formen rationaler Analyse und – soweit möglich – objektivierter Alternativen heben."* (Robinsohn 1969, S. 1)

Die bisherigen Reformansätze, der ökonomisch-statistische Ansatz, der vor allem unter dem Stichwort der Bildungsplanung von der OECD und vom Basler Ökonomen Hans Peter Widmaier vertreten werde, der sozial-politische Ansatz, der mit dem Postulat „Bildung ist Bürgerrecht" (Dahrendorf 1965) mehr Chancengleichheit einfordere und der organisatorisch-technologische Ansatz, der sich Reformen vor allem von der Einführung neuer Unterrichtstechnologien (Stichwort: Programmierter Unterricht) verspreche, seien allein nicht hinreichend für eine Schulreform, wenn nicht ein vierter Weg, der Weg über die Reform der Inhalte beschritten würde (Robinsohn 1969, S. 3ff.).

> *„Es verhält sich eben so, dass Umfang und Komplexität dessen, was durch ‚Bildung' umschrieben wird, dass die gesellschaftspolitische Tragweite curricularer Entscheidungen und die Pluralität der Entscheidungskriterien Institutionen der ständigen Rationalisierung und Objektivierung notwendig machen."* (Robinsohn 1969, S. 10)

Das Curriculum wurde in dieser Sicht als Regulierungs-Mechanismus, als Steuerungsinstrument verstanden. Die Selektionsverfahren zur Definition von Zielen und Inhalten und überhaupt die Verfahren der Curriculumrevision sollten nicht einfach den Traditionen folgen und durften nicht beliebig oder von historischen Zufälligkeiten geprägt sein, sondern sollten wissenschaftlichen Kriterien genügen. So definierte Robinsohn als transparente Kriterien für die Auswahl von Bildungszielen: die Bedeutung eines Gegenstandes im Gefüge der Wissenschaft (Voraussetzung für die weitere Ausbildung), die Leistung eines Gegenstandes für das Weltverstehen (Orientierung und Interpretation) sowie die Funktion eines Gegenstandes in spezifischen Verwendungssituationen (Robinsohn 1969, S. 47f.).

Robinsohn leitete mit seiner Schrift eine Phase der Curriculumdiskussion und -revision ein, die sich u. a. an der angelsächsischen Forschung orientierte und im Effekt zu einer neuen Generation von Lehrplänen führte, die sich an Lernzielen orientieren (vgl. als Überblick: Haft/Hopmann 1987; Hopmann 2000). Obwohl sich die Diskussionen vor allem auf die Neuformulierung von Lehrplänen konzentrierten, spielten die Ergebnisse von Bildung in der Curriculumdiskussion eine entscheidende Rolle, weil die neuen Lehrpläne auf Lernziele hin angelegt werden sollten, die auch überprüfbar sein sollten (einen Überblick geben u. a. Achtenhagen/Meyer 1971; Frey 1975; Zimmermann u. a. 1977). So wurde bereits in der Curriculumdiskussion der 1970er- und 1980er-Jahre der Blick auf die Ergebnisse von Unterricht, auf das Erreichen der Lernziele gelenkt.

Obwohl Robinsohn selber postuliert hatte, dass sich die Curriculumentwicklung in einen Prozess der „Rationalisierung und optimalen Objektivierung" begeben müsse, die bildungspolitischen Entscheidungen aber „durch Curriculumforschung nicht ersetzt, wohl aber vorbereitet und aufgeklärt" (Robinsohn 1969, S. 54) würden, war die folgende Phase der Curriculumdiskussionen vor dem Hintergrund zeitgenössischer Planungseuphorie und Technologiegläubigkeit von folgenden grundlegenden Ideen geprägt: Lehrpläne sollten wissenschaftlich legitimiert werden, Lernziele sollten so festgelegt werden, dass Schülerinnen und Schüler sie im Unterricht von den Feinzielen über die Grobziele zu den Richtzielen erreichen, und die Lernziele sollten so formuliert sein, dass deren Erreichen überprüfbar ist.

In der Curriculumdiskussion sind – neben anderen – zumindest zwei Fragen thematisiert (aber nur unzulänglich beantwortet) worden, die sich in der Diskussion um Bildungsstandards wieder stellen: die Frage nach der stringenten Gruppierung und Hierarchisierung, nach der *Taxonomie* von Lernzielen (a) und die Frage nach der Überprüfbarkeit und damit der *Operationalisierung* von Lernzielen (b). Beide Fragen müssen auch bei der Einführung von Bildungsstandards bearbeitet werden (vgl. Kap. 2).

a) Bei der Frage der Taxonomie von Lernzielen (Bloom u. a. 1972) ging es vor allem darum, wie Lernziele stringent gruppiert und gegenseitig abgegrenzt werden können. Dabei stellten sich zwei Probleme, ein systematisches und ein hierarchisches: *Systematisch* unterschied Benjamin S. Bloom, dessen grundlegendes Werk zur Lernzieltaxonomie aus den 1950er-Jahren 1972 in deutscher Sprache erschien, kognitive, affektive und psychomotorische Lernziele; in seiner ausführlichen Taxonomie beschränkte er sich dann – vielleicht nicht zufällig – auf den kognitiven Bereich (Bloom u. a. 1972, S. 20 ff.). Den kognitiven Bereich unterteilte Bloom in sechs „Klassen" von Lernzielen: Wissen, Verstehen, Anwendung, Analyse, Synthese und Evaluation. Diesen sechs Klassen ordnete Bloom jeweils Unterklassen von Lernzielen zu, die zum Teil nochmals unterteilt wurden. Die Klasse *Wissen* beispielsweise wurde wie folgt systematisch gegliedert (vgl. detailliert Dokument 10: *Bloom Taxonomie*):

„Wissen von konkreten Einzelheiten
▸ *Terminologisches Wissen*
▸ *Wissen einzelner Fakten*

Wissen der Wege und Mittel, mit konkreten Einzelheiten zu arbeiten
- *Wissen von Konventionen*
- *Wissen von Trends und zeitlichen Abfolgen*
- *Wissen von Klassifikationen und Kategorien*
- *Wissen von Kriterien*
- *Wissen von Methoden*

Wissen von Verallgemeinerungen und Abstraktionen eine Fachgebietes
- *Wissen von Prinzipien und Verallgemeinerungen*
- *Wissen von Theorien und Strukturen."* (Bloom u. a. 1972, S. 217 ff.)

Wissen ist in der kognitionspsychologischen Tradition auf ganz unterschiedliche Art und Weise systematisiert und gruppiert worden, zu den bekanntesten Unterscheidungen gehören etwa diejenige zwischen implizitem und explizitem Wissen, diejenige zwischen *Knowing that* und *Knowing how* (Ryle 1969, insbesondere Kap. 2: Können und Wissen) oder diejenige von Shulman (1986, 1987) zwischen *Content Knowledge* (disziplinär-fachinhaltliches Wissen), *Curricular Knowledge* (curriculares Wissen), *Pedagogical Knowledge* (allgemeines pädagogisches Wissen) und *Pedagogical Content Knowledge* (fachspezifisch pädagogisches Wissen) (vgl. Kap. 6.4.3). Die unterschiedlichen Systematisierungsversuche zeigen, dass es bislang noch nicht abschließend gelungen ist, stringente Kategorien für die Klasse *Wissen* im kognitiven Lernbereich zu definieren. Verallgemeinert dürfte dies auch für die anderen Klassen des kognitiven Bereichs und erst recht für die emotionalen und psychomotorischen Lernbereiche gelten – wenn denn an einer solchen Unterscheidung überhaupt festgehalten werden kann und soll.

Das zweite Problem, das *Hierarchisierungsproblem*, verdeutlicht die Unmöglichkeit der stringenten Systematisierung noch einmal: Schon die Gruppierung von Bloom unterscheidet verschiedene Hierarchieebenen in der Lernzieltaxonomie. In den Lehrplänen der 1970er- und 1980er-Jahre wurden die Lernziele in der Regel nach „Allgemeinen Leitideen" bzw. „Allgemeinen Lern- und Erziehungszielen", Richtzielen, Grobzielen und Feinzielen hierarchisiert, zum Teil wurde sogar weiter differenziert: Es wurden zum Beispiel noch Jahrgangsziele eingeführt oder die Feinziele in Feinziele erster und zweiter Ordnung unterteilt (Zimmermann u. a. 1977, S. 96 ff.). Feinziele wurden Grobzielen, Grobziele Richtzielen und Richtziele „Allgemeinen Leitideen" zugeordnet. Die einzelnen Hierarchieebenen wurden als unterschiedliche Abstraktionsniveaus desselben „Allgemeinen Lernziels" interpretiert, obwohl zwischen den einzelnen Hierarchiestufen von Lernzielen weder streng logische Deduktions- noch in einem empirischen Sinn bewährte Induktionsverhältnisse bestehen. Trotzdem muss in der Alltagsarbeit des Unterrichtens davon ausgegangen werden, dass das Erreichen der zugeordneten Feinziele zum Erreichen des entsprechenden Grobziels führt. Den fehlenden Ableitungszusammenhang bei der Definition von Lernzielen hat Hilbert L. Meyer bereits 1971 als Deduktionsproblem der Curriculumforschung bezeichnet. In

Anlehnung an Meyer könnte man den nicht zwingenden Zusammenhang zwischen dem Erreichen der Lernziele des einen Abstraktionsniveaus und dem Erreichen des übergeordneten Lernziels als Induktionsproblem der Curriculumforschung bezeichnen. Jedenfalls wird deutlich, dass das Festlegen, Gruppieren und Hierarchisieren von Lernzielen trotz wissenschaftlicher Bemühungen um Objektivität und transparente Verfahren, wie dies Robinsohn eingefordert hatte, zumindest in Teilbereichen normativ bleibt.

In der Diskussion um Bildungsstandards stellen sich diese Probleme nun zwar mit neuen Begriffen, aber nicht in neuer Form. Die Gruppierung von Kompetenzen zu Kompetenzbereichen ist mit ähnlichen Systematisierungsproblemen behaftet wie die Gruppierung von Lernzielen; und für das Festlegen von unterschiedlichen Kompetenzniveaus ergeben sich ähnliche Hierarchisierungsprobleme wie bei der Festlegung unterschiedlicher Abstraktionsniveaus von Lernzielen. Im Übrigen ist ja bereits die Definition von Schulfächern eine normative Setzung, die vor allem historischen Traditionen folgt (vgl. Goodson u. a. 1999).

b) Lernziele, so ein Konsens der Curriculumdiskussion, sollten nicht einfach ideale Formulierung, schöne Worte sein, sondern es sollte überprüfbar sein, ob sie von Schülerinnen und Schülern erreicht worden sind. Das Kriterium der Überprüfbarkeit führte dazu, dass Lernziele in Begriffen des Verhaltens formuliert wurden. Mager definierte: „Unter Lernziel versteht man eine Absicht, die durch die Beschreibung der erwünschten Veränderung im Lernenden mitgeteilt wird – eine Beschreibung von Eigenschaften, die der Lernende nach erfolgreicher Lernerfahrung erworben hat" (Mager 1969, S. 3). Die Ziele sollten möglichst präzise und eindeutig beschrieben werden; in strenger Auslegung sollten die Lernziele als Verhalten, das die Schülerinnen und Schüler zeigen können sollten, formuliert werden (Mager 1969, S. 12). Rudolf Messner hat darauf hingewiesen, dass zum Beispiel die Beschreibung eines Lernziels „Verständnis für die sozialen Auswirkungen der industriellen Revolution" nicht hinreichend präzise sei. Für präziser hielt er zum Beispiel die folgenden Beschreibungen: „Die soziale Situation (Arbeitszeit, Einkommen, Bildungsmöglichkeiten, soziale Sicherheit gegenüber Arbeitslosigkeit und Krankheit) einer Arbeiterfamilie in der Mitte des 19. Jahrhunderts *beschreiben* können" oder „Einige Gründe dafür *nennen* können, warum sich ein Arbeiter gegen Ausbeutung damals nicht hinreichend zur Wehr setzen konnte" (Messner 1972, S. 229; Hervorhebungen im Original). Die beste Formulierung für ein Lernziel sei diejenige, die „am meisten vorstellbare Alternativen" ausschließe (Mager 1969, S. 10). Für den Prozess der Präzisierung von Lernzielen mit dem Ziel der Überprüfbarkeit verwendete man in der Curriculumdiskussion den Begriff der „Operationalisierung". Bei operationalisierten Lernzielen sollten die Bedingungen angegeben werden können, unter denen für Außenstehende entscheidbar ist, ob ein Lernziel erreicht worden ist oder nicht. Mit den Bemühungen um eine möglichst präzise und überprüfbare Beschreibung von Lernzielen war auch das Messanliegen verbunden: Lernziele sollten mit Testverfahren überprüfbar sein. Die Testverfahren sollten die

Gütekriterien der Objektivität (verschiedene Prüfende sollten zur gleichen Beurteilung kommen), der Zuverlässigkeit (die Wiederholung der Messung sollte zu den gleichen Resultaten führen) und der Gültigkeit (der Test erfasst das und nur das, was gemessen werden soll) erfüllen.

Ganz ähnliche Probleme wie in der damaligen Curriculumdiskussion stellen sich in der Diskussion um Bildungsstandards: Bildungsstandards müssen erreichbar sein (Klieme u. a. 2003, S. 29f.); Kompetenzen, Kompetenzbereiche und Kompetenzniveaus müssen möglichst präzise beschrieben werden, damit überprüft werden kann, welches Niveau die Schülerinnen und Schüler erreichen. Den Kompetenzniveaus müssen Aufgaben zugeordnet werden, die das entsprechende Niveau repräsentieren, die nicht zu einfach und nicht zu schwierig sind. Neben messtheoretischen Fragen stellen sich also eine ganze Reihe didaktischer Fragen.

Zusammenfassend lassen sich die beiden Grundfragen, die sich in der Curriculumentwicklung stellten und nun in der Entwicklung von Bildungsstandards wieder stellen, schematisch wie folgt darstellen:

	Curriculumdiskussion	Bildungsstandardsdiskussion
Taxonomieprobleme	a) Wie können Lernziele stringent gruppiert bzw. systematisiert werden? b) Wie können Lernziele so hierarchisiert werden, dass mit dem Erreichen der Lernziele der unteren Abstraktionsebene das entsprechende Lernziel der oberen Abstraktionsebene erreicht wird?	a) Wie können Schulfächer stringent in einzelne Kompetenzbereiche unterteilt werden? b) Wie können Kompetenzniveaus festgelegt werden, die linear (in aufsteigender Reihenfolge) und kumulativ (das Erreichen eines höheren Kompetenzniveaus setzt das Erreichen der vorangehenden Kompetenzniveaus voraus) erreicht werden können?
Operationalisierungsprobleme	a) Wie müssen Lernziele formuliert werden, damit überprüft werden kann, ob sie erreicht worden sind? b) Wie kann das Erreichen von Lernzielen mit Tests möglichst objektiv und zuverlässig gemessen werden?	a) Wie müssen Kompetenzen auf unterschiedlichen Kompetenzniveaus beschrieben werden, sodass überprüft werden kann, ob sie erreicht worden sind? b) Wie kann der Kompetenzerwerb auf unterschiedlichen Niveaus möglichst valide gemessen werden?

Tabelle 3: Kernfragen der Entwicklung von Curricula und Bildungsstandards

Weitere Parallelen zwischen den beiden Reformdiskussionen lassen sich problemlos ausmachen: So können beide Reformen – die Curriculumreform und die Einführung von Bildungsstandards – auf einen Krisendiskurs zurückgeführt werden, der in den 1960er-Jahren unter anderem mit Pichts *Die deutsche Bildungskatastrophe* (1964), in unserem Jahrzehnt mit der Publikation der PISA-Resultate begonnen hatte. In beiden Reformdiskussionen werden die Reformprogramme mit hohen Erwartungen verbunden, die ausgemachten Krisenphänomene beseitigen zu können. Letztlich sind in beiden Reformen von Seiten der Bildungsverwaltung und Bildungspolitik große Hoffnungen in die Unterstützung durch die Wissenschaft bei der Problembearbeitung bzw. -lösung gesetzt worden: in den 1970er-Jahren in die Curriculumforschung, in den letzten Jahren allgemeiner in die empirische Bildungsforschung.

A

Aufgabe 12: Lesen Sie die Zusammenfassung zu Blooms Taxonomie von Lernzielen (s. Dokument 10: *Bloom Taxonomie*) und nennen Sie einige Gründe dafür, dass Bloom die Taxonomie ausschließlich auf den kognitiven Lernbereich konzentriert hat.

Aufgabe 13: Überprüfen Sie im geltenden Lehrplan Ihres Bundeslandes oder Kantons, wie Lernziele taxonomiert worden sind.

3.3 Der Perspektivenwechsel hin zu den Resultaten von Schule und Unterricht

Mit der Diskussion über Lernziele, der Hinwendung zu möglichst präzisen Beschreibungen dessen, was mit Unterricht erreicht werden soll, ist eine wesentliche Veränderung im deutschen Sprachraum, die sich seit den 1990er-Jahren vollzieht, bereits vorbereitet worden: Die bildungspolitische Aufmerksamkeit verschiebt sich von den sogenannten *Inputs* (Lehrpläne, Lehrmittel, finanzielle und personelle Ressourcen; vgl. Kap. 2) zu den Resultaten. Diese Entwicklung wird an den international vergleichenden Schulleistungsstudien wie TIMSS, PISA oder IGLU sehr deutlich, kündigte sich jedoch in den 1990er-Jahren durch zumindest zwei andere Entwicklungen an: durch Diskussionen über Schulqualität und die Wirksamkeit von Schulen sowie durch Versuche, im Rahmen der Neudefinition staatlichen Handelns unter dem Schlagwort „New Public Management" auch Schulen stärker von den Ergebnissen her zu steuern.

Ende der 1980er- und anfangs der 1990er-Jahre wurde im deutschsprachigen Raum die angelsächsische Diskussion über gute und wirksame Schulen rezipiert. Als gute Schulen wurden einerseits Schulen definiert, in denen Schülerinnen und Schüler gute Schulleistungen erreichen. Unter Gesichtspunkten der Gerechtigkeit (*Equity*) wurden andererseits aber auch Schulen als gut und wirksam erachtet, wenn sie in der Lage waren, die familiäre Herkunft der Kinder zu relativieren. In angelsächsischen

Untersuchungen wurde versucht, Merkmale von guten und wirksamen Schulen zu definieren: so etwa die Zusammenarbeit, Stabilität und Kontinuität im Kollegium, die Identifikation der Schülerinnen und Schüler mit der Schule, das Zusammenwirken von Schule und Elternhaus, die Schulleitung, Zielorientierung und Schulprogramm der Schule, die Gestaltungsspielräume (Autonomie) der einzelnen Schule, die Strukturiertheit von Lernprozessen, die Rückmeldungen an Schülerinnen und Schüler, der Grad der Organisiertheit von Schule und Unterricht usw. (Haenisch 1989; zusammenfassend auch Fend 1998 S. 47 ff.; Fend 2000; Prenzel/Allolio-Näcke 2006; Rahm 2005, S. 47 ff.; Reynolds 2005).

Vor diesem Hintergrund stellten die deutschsprachigen Länder in der ersten Hälfte der 1990er-Jahre fest, dass ihre Schulen in einzelnen Bereichen, die für gute und wirksame Schulen aufgrund der Schulwirksamkeitsforschung eine wichtige Rolle spielen, verbessert werden könnten: So waren die Handlungsspielräume der Schulen vor Ort relativ gering und Schulleiterinnen und Schulleiter verfügten, sofern sie als eigenständige Funktion in den Schulen überhaupt etabliert waren, über zu geringe Möglichkeiten der pädagogischen Gestaltung der Schule (Daschner u. a. 1995). Allerdings wurden entsprechende Reformen in den 1990er-Jahren zunächst vor allem als Teil der damals aktuellen Schulentwicklung verstanden: Reformen sollten nicht von oben (*top down*) in hierarchisch organisierten Verwaltungsstrukturen durchgesetzt werden, sondern von unten (*bottom up*) das System verändern (Rolff 1984). „Die Reformfähigkeit der Einzelschule entscheidet über die Reformfähigkeit des Systems. Deshalb hat die Stärkung der Einzelschule Priorität, damit sich überhaupt etwas bewegt" (Rolff 1994, S. 115).

Eine zweite Entwicklung führte dazu, dass diese Schulentwicklungsoptik seit der zweiten Hälfte der 1990er-Jahre durch Ideen der Steuerung der Bildungssysteme „von oben" abgelöst wird: Vor dem Hintergrund einer Legitimationskrise der öffentlichen Verwaltung und grundlegender Finanzierungsprobleme der öffentlichen Haushalte wurden in der ersten Hälfte der 1990er-Jahre neue Modelle der Verwaltungsführung (*New Public Management [NPM]*) (Kegelmann 2007; Hablützel u. a. 1995; Schedler 1995) konzipiert und seit Mitte der 1990er-Jahre eingeführt. Die NPM-Grundüberzeugungen wurden auf den Bildungsbereich übertragen, was sich stichwortartig etwa so zusammenfassen lässt: größere Handlungsspielräume für die Schulen, Konzentration der Aufsichtsorgane auf die strategische Steuerung, Steuerung der Bildungsinstitutionen über Leistungsaufträge mit Zielvorgaben, Zuordnung eines Globalbudgets, neue Formen der Rechenschaftslegung (*accountability*) und Überprüfung der Zielerreichung aufgrund festgelegter Indikatoren und Messgrößen in Evaluationen und Controllingverfahren – um nur die wichtigsten Elemente des NPM-Konzeptes zu erwähnen (Buschor 1995, 2005; Dubs 1996a, 1996b; kritisch: Criblez 1996; Herrmann 1996). Mit der Einführung solcher Konzepte sollte nicht nur die Legitimations- und Finanzierungskrise überwunden, sondern staatliches Handeln stärker an Regelungsprinzipien der Marktwirtschaft orientiert werden. Auch Schulen als kostspieligster Teil des modernen Wohlfahrtsstaates sollten sich stärker an Wirkungszielen und Effizienzkriterien orientieren.

Der stärkeren Orientierung an den Ergebnissen kamen die international vergleichenden Schulleistungsstudien entgegen, zunächst TIMSS, dann vor allem PISA. Insbesondere PISA hat den Anspruch, die Leistung von nationalen Schulsystemen zu messen (Bos/Postlethwaite 2000, S. 375) und zielt darauf ab, der Bildungspolitik Wissen für die Steuerung der Bildungssysteme zur Verfügung zu stellen. Diese Tendenz zur besseren Datenfundierung bildungspolitischer Entscheide wird von der Organisation für wirtschaftliche Zusammenarbeit und Entwicklung (*Organisation for Economic Cooperation and Development,* OECD), welche die Durchführung der PISA-Studien initiiert hat, stark unterstützt. Zur Verbesserung der „Wissensgrundlagen für die Bildungspolitik" (OECD 1997) bzw. zur Verbesserung der *Evidence in Education* (OECD/CERI 2007) sollen nun einerseits Bildungsstandards eingeführt und deren Erreichen anschließend überprüft werden, andererseits sollen die Bildungssysteme mit einem „Bildungsmonitoring" einer Dauerbeobachtung unterzogen werden (Autorengruppe Bildungsberichterstattung 2008; LISUM u. a. 2008; Rürup 2008; SKBF 2006). Beides macht deutlich, dass der Wille der Politik, die Bildungssysteme datengestützt zu steuern, zugenommen hat.

Die internationalen Diskussionen über Schulqualität, Schulentwicklung, Effektivität und Effizienz von Schulen sowie die stärkere Orientierung an den Ergebnissen (*Outputs*) und Wirkungen (*Outcomes*) sind in den deutschsprachigen Ländern nicht ohne Folgen geblieben. Mit der Zielsetzung größerer Bildungsgerechtigkeit (*Equity*) sind größere Studien zu Vergleichsarbeiten durchgeführt worden (Ackeren/Bellenberg 2004) und insbesondere in Deutschland sind in den meisten Bundesländern zentrale Abiturprüfungen gefordert (Ackeren 2002) und inzwischen auch eingeführt worden. Die Schulleistung der einzelnen Schülerin oder des einzelnen Schülers soll nicht mehr an einer individuellen Norm (persönlicher Fortschritt), aber auch nicht einfach an einer sozialen Norm (durchschnittliche Leistung der Schulklasse) gemessen werden, sondern an einer kriterialen Norm (vgl. Kap. 2.2.3 und 5). Dadurch sollen Selektionsentscheide objektiver und gerechter werden (Döbert/Fuchs 2005).

Als kriteriale Norm dienen nicht mehr die Lehrpläne, sondern neu die Bildungsstandards. Die internationalen Schulleistungsvergleiche sind dabei Vorbild, weil sie für sich in Anspruch nehmen, an Kompetenzen ausgerichtet zu sein, die Schülerinnen und Schüler „für das Leben" brauchen – also nicht einfach messen, was Schülerinnen und Schüler in der Schule gelernt haben. Die ersten Publikationen mit den PISA-Resultaten 2000 in der Schweiz brachten dies bereits im Titel zum Ausdruck: „Für das Leben gerüstet?" (BfS/EDK 2002).

Insgesamt führten und führen unterschiedliche Entwicklungen seit den 1990er-Jahren zu einer stärkeren Orientierung der Bildungspolitik an den Resultaten von Schule. Dazu zu zählen sind die Internationalisierung der Bildungspolitik und deren nationale Folgen, die Einführung von Prinzipien des *New Public Managements* im öffentlichen Bildungswesen und die damit verbundene Autonomisierung der Einzelschule bei gleichzeitiger Verstärkung der Rechenschaftspflicht dieser Einzelschule sowie die Bemühungen um Qualitäts-, Effizienz- und Wirksamkeitssteigerung angesichts der Resultate aus international vergleichenden Schulleistungsstudien und des Spardrucks, mit dem die öffentliche Hand in den 1990er-Jahren konfrontiert wurde. Dass supranationale Organisationen dabei eine nicht unwesentliche Rolle spielen, zeigt sich insbesondere an den PISA-Studien, die von der OECD initiiert worden sind. Die stärkere internationale Ausrichtung der Bildungspolitik ist jedoch wesentlich durch Bestrebungen zur internationalen Diplomanerkennung motiviert, die wiederum Voraussetzung ist, um die internationale Mobilität des Personals zu gewährleisten.

Die Einführung von Bildungsstandards und das vergleichende Messen der Resultate von Schule und Unterricht sind so gesehen ein „Versprechen" für die allgemeine Verbesserung von Schule und zur Bearbeitung vielfältiger Problemlagen auf unterschiedlichen Ebenen der Bildungssysteme. Dass sich allerdings die Bildungssysteme lediglich von den Resultaten her steuern ließen, ist inzwischen der Erkenntnis gewichen, dass die Einführung von Bildungsstandards sinnvoll auf die Inputseite (u. a. Lehrpläne und Lehrmittel) abgestimmt werden muss und dass Standards auch die Prozessqualität des Unterrichts beeinflussen dürften (vgl. Kap. 5 und 6).

A **Aufgabe 14:** Lesen Sie die beiden Texte von Kuno Schedler (s. Dokument 11: *New Public Management*) und Rolf Dubs (s. Dokument 12: *Schule und NPM*) zu den Grundsätzen der wirkungsorientierten Verwaltungsführung. Überlegen Sie, weshalb eine Schule, die nach Grundsätzen des New Public Managements organisiert ist, auf Bildungsstandards und das Messen der Schulleistungen angewiesen ist.

Weiterführende Literatur

Dubs, R. 1996: Schule und New Public Management. In: Beiträge zur Lehrerbildung, 14 (3), 330–337 (s. Dokument 12: *Schule und NPM*)

Oelkers, J. 2004: Zum Problem von Standards aus historischer Sicht. In T. Fitzner (Hg.): Bildungsstandards. Internationale Erfahrungen – Schulentwicklung – Bildungsreform. S. 11–42. Bad Boll

4. Bildungsstandards und ihre Implementierung in Deutschland, Österreich und der Schweiz

Das folgende Kapitel gibt Einblick in aktuelle Entwicklungs- und Umsetzungsarbeiten von Bildungsstandards in Deutschland, Österreich und der Schweiz. Betrachtet man die pädagogischen und bildungspolitischen Ausgangspunkte der Diskussion über Bildungsstandards, dann zeigen sich in allen drei Ländern große Überschneidungen. Dies gilt sowohl für die Problemwahrnehmungen mit Bezug auf Schule und Unterricht, aufgrund derer die Einführung nationaler Bildungsstandards als geeignetes Mittel zur Verbesserung der Schule erachtet wird, als auch für die Reformziele selbst. Die Expertise von Klieme u. a. (2003) *Zur Entwicklung nationaler Bildungsstandards* wurde über Deutschland hinaus zum Maßstab für die Konzeption von Bildungsstandards; insbesondere deren zentrale Empfehlung, Leistungsstandards an Modelle der Kompetenzentwicklung zu koppeln bzw. von diesen abzuleiten. Damit begann sich eine für die deutschsprachigen Länder spezifische Konzeption von Bildungsstandards durchzusetzen.

Neben den angesprochenen Gemeinsamkeiten geht es in den folgenden drei Länderdarstellungen aber auch darum, Differenzen aufzuzeigen. Solche lassen sich insbesondere im Bereich der konkreten Umsetzung der Bildungsstandards feststellen. Da bei der Einführung von Innovationen in der Praxis immer auch das Gegebene, also vorhandene Strukturen, Ressourcen sowie Werte und Kulturen allgemeiner und pädagogischer Art berücksichtigt werden müssen, ergeben sich Abweichungen von selbst. Aus diesem Grund erfolgt der Einstieg in die drei Hauptabschnitte (vgl. Kap. 4.1–4.3) jeweils mit einigen grundlegenden Informationen zum jeweiligen Bildungssystem in den drei Ländern. Am Schluss (Kap. 4.4) werden die wichtigsten Entwicklungen zusammenfassend und vergleichend dargestellt.

4.1 Bildungsstandards in Deutschland: nationale Voraussetzungen, Zielsetzungen und Umsetzungen

4.1.1 Das deutsche Bildungssystem

Das Bildungswesen der Bundesrepublik Deutschland ist föderalistisch verfasst; die Zuständigkeiten im Bereich von Schulen und Unterricht liegen bei den einzelnen Bundesländern. 1990, mit der deutschen Wiedervereinigung, sind die fünf neuen Bundesländer in die föderalistische Ordnung eingetreten und haben das in den alten Bundesländern vorherrschende gegliederte Schulsystem (Hauptschule, Realschule, Gymnasium; in der Mehrzahl der Länder existieren daneben Gesamtschulen; einen Überblick über den Schulaufbau in Deutschland gibt Abbildung 5) übernommen.

Das deutsche Grundgesetz enthält lediglich wenige grundlegende Bestimmungen zur Bildung; entsprechend eingeschränkt sind die Kompetenzen des auf Bundesebene zuständigen Bundesministeriums für Bildung und Forschung (BMBF). Die 2006 von Bundestag und Bundesrat beschlossene Föderalismusreform, mit der die Beziehungen zwischen Bund und Ländern neu geregelt wurden, bestätigte die weitestgehende Zuständigkeit der Länder für die Bildungspolitik. Zugleich ist die bisherige Gemeinschaftsaufgabe der ‚Bildungsplanung' in die Autonomie der Länder übergegangen; als neue gemeinsame Aufgabe wurde die ‚Feststellung der Leistungsfähigkeit des Bildungswesens im internationalen Vergleich' formuliert (Gemeinsame Pressemitteilung von BMBF und KMK 28.02.07).

Schulgesetzgebung und -verwaltung liegen damit primär im Zuständigkeitsbereich der Bildungs- bzw. Kultusministerien der 16 Bundesländer. Mit der „Ständigen Konferenz der Kultusminister der Länder in der Bundesrepublik Deutschland" (KMK) existiert ein Organ, das die Zusammenarbeit und Koordination in Bildungsangelegenheiten zwischen den Landesregierungen erleichtert. Das Anliegen einer Harmonisierung von Normen und Strukturen im Bildungswesen der Länder mündete 1964 in das sogenannte *Hamburger Abkommen* (zuletzt geändert 1971).

Für die Aufsicht und Verwaltung des allgemeinbildenden Schulwesens sind als oberste Behörde die Kultusministerien zuständig (Döbert 2004). Die Schulverwaltung ist je nach Bundesland ein-, zwei- oder dreistufig organisiert, wobei die Schulämter auf Bezirksebene und die Schulämter der Kommunalbehörden dem Kultusministerium untergeordnet sind. Die Schulaufsicht teilt sich in die Rechtsaufsicht, Dienstaufsicht und Fachaufsicht. Die Rechtsaufsicht umfasst die Kontrolle der Verwaltung der äußeren Schulangelegenheiten; sie obliegt in der Regel den Kommunen als Schulträger. Die Dienstaufsicht befasst sich mit Personalangelegenheiten, inklusive dem Verhalten des Lehrpersonals im Dienst; in den alten Bundesländern besitzt das Lehrpersonal Beamtenstatus. In einigen Ländern wurde die Dienstaufsicht im Rahmen der zunehmenden Eigenverantwortung der Schulen den Schulleitungen übertragen. Die Fachaufsicht wird je nach Schulstufe bzw. -form von den unteren oder mittleren Schulaufsichtsbehörden ausgeübt. Traditionell folgte die Qualitätssicherung in Deutschland dem Modell bürokratischer Kontrolle und erfolgte überwiegend mittels Rechts- und Verwaltungsvorschriften ‚von oben'. Im laufenden Prozess zunehmender institutioneller Selbstständigkeit der Schulen befindet sich nun auch die traditionelle Rolle der Schulaufsicht im Umbruch, wobei sich das Schwergewicht hin zur beratenden Funktion verlagert. Ergänzt wird diese inzwischen fast überall durch verpflichtende externe Evaluationen (Schulinspektionen). Deren Zweck ist, die Schulqualität ausgehend von einem ‚Qualitätsrahmen' und, wo solche eingeführt sind, unter Bezugnahme auf die einzelschulischen Schulprogramme, zu überprüfen und schulinterne Entwicklungsprozesse anzuregen.

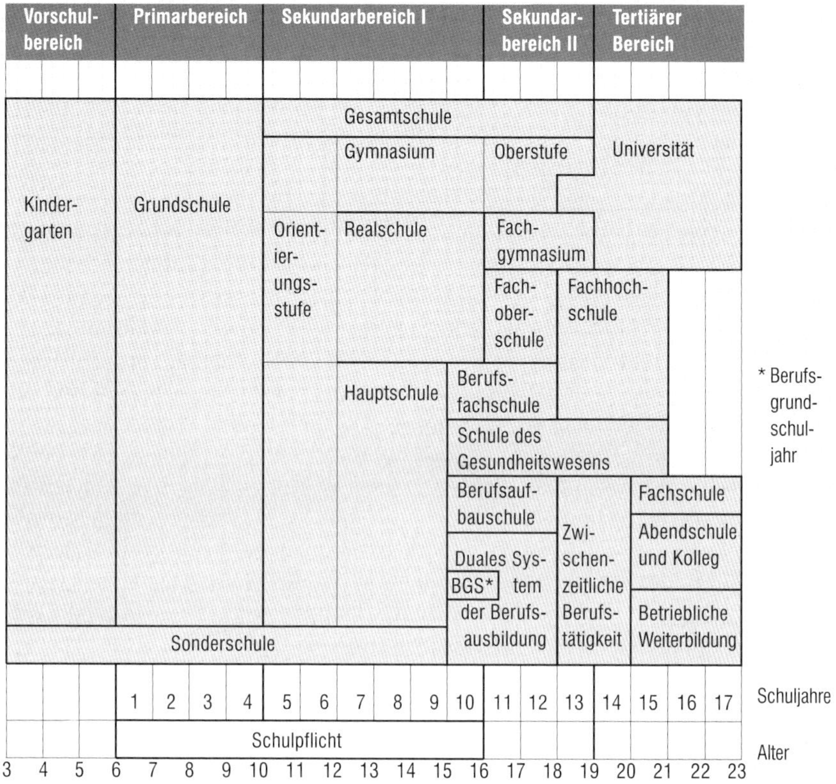

Abbildung 5: Schulformen und Schulstufen im deutschen Bildungssystem (Quelle: Döbert 2004a, S. 114)

4.1.2 Bildungsstandards im Kontext aktueller Reformdiskussionen

Bereits Ende der 1980er-Jahre zeichnete sich in der Bundesrepublik Deutschland eine Intensivierung der Diskussion über Evaluation und Qualitätsverbesserung des Bildungswesens ab. In der Folge gewann die Idee einer Erhöhung der Eigenständigkeit der Einzelschule an Zuspruch. Damit wurden auch die Funktion der Schulaufsicht und die Rolle der Schulleitung neu thematisiert. Ein erster politischer Richtungsentscheid fiel 1997 mit dem „Konstanzer Beschluss" der Kultusministerkonferenz (KMK), der die Sicherung und Weiterentwicklung der Qualität im Bildungswesen mittels Evaluation und internationaler Vergleichsuntersuchungen vorsah. 1999 schließlich riefen Bund und Länder das „Forum Bildung" ins Leben, eine Diskussionsplattform, zu der auch Vertreter aus Wirtschaft, Wissenschaft und Gesellschaft eingeladen wurden, um so dem Thema Bildungsreform eine breite Öffentlichkeit zu verschaffen (Döbert u. a.

2004). Fünf Schwerpunktthemen standen im Mittelpunkt der Arbeiten, darunter die Verständigung über Bildungs- und Qualifikationsziele der Zukunft, Qualitätssicherung im internationalen Wettbewerb und die Förderung von Chancengleichheit. Aus den Arbeiten der Arbeitsgruppen gingen verschiedene Publikationen sowie zwölf Empfehlungen hervor. Im letzten Punkt dieser Empfehlungen wurde erneut die Forderung nach einer stärkeren Eigenverantwortung für Bildungseinrichtungen erhoben, verbunden mit der Notwendigkeit neuer Formen der Rechenschaftslegung sowie der Bereitschaft zur internen und externen Evaluation. Die Schlussfolgerung an der Abschlusstagung im Januar 2002 lautete, dass eine erfolgreiche Bildungsreform von einem „von oben" bestimmten Konzept ausgehen müsse, das an der Basis auszugestalten sei (Döbert u. a. 2004, S. 334). Ebenfalls bereits in diesem Zusammenhang findet sich der Wunsch nach einer regelmässigen Berichterstattung über die Leistungen des deutschen Bildungssystems und deren Entwicklung.

Der Verlauf dieses *Agenda-Settings* macht deutlich, dass die Sicherung und Weiterentwicklung der Qualität des Bildungswesens in Deutschland bereits vor der Publikation der ersten Ergebnisse der PISA-Studie von 2000 geplant wurden (s. Dokument 13: *PISA-Resultate*). Deren Befunde schlugen in der deutschen Öffentlichkeit hohe Wellen, verwiesen sie die deutschen Schülerinnen und Schüler im Schnitt doch in sämtlichen untersuchten Kompetenzbereichen unter den OECD-Durchschnitt. Wenngleich sich die Leistungen in den nachfolgenden Erhebungen von 2003 und 2006 mit Schwerpunkt Mathematik bzw. Naturwissenschaften zum Teil signifikant verbessert haben, zeigen sich in der vergleichsweise großen Leistungsstreuung und der starken Abhängigkeit der Leistungen von sozialen und kulturellen Milieus weiterhin kritische Befunde. Insbesondere der Zusammenhang zwischen sozialer Herkunft und Kompetenzerwerb erwies sich als prägnant; dies gilt ganz besonders im Bereich der Lesekompetenz. Ausgeprägter als in der Schweiz und in Österreich ist das Problem der Schülerleistungen im untersten Leistungssegment. Der Vergleich zwischen den Bundesländern in der Ergänzungsstudie PISA-E machte weiter deutlich, dass Leistungsniveaus und Benotungsmaßstäbe zwischen den Ländern, aber auch innerhalb der Länder zwischen Schulformen und einzelnen Schulen zum Teil stark variieren. Der Vergleich mit anderen Teilnehmerländern, die eine outputorientierte Qualitätssicherung bereits kannten, bekräftigte den Schluss, dass es dem deutschen Bildungssystem an verbindlichen Standards für den Unterricht mangele. Überhaupt fehlt in den politischen und konzeptionellen Papieren kaum je der Hinweis auf die Tatsache, dass erfolgreiche PISA-Länder in Skandinavien oder im angelsächsischen Raum ihre Systemsteuerung seit längerem auf eine Ergebnisorientierung umgestellt hätten. Daraus zog die KMK den Schluss, dass eine „vorrangige Inputsteuerung allein nicht zu den erwünschten Ergebnissen im Bildungssystem führt. Die Festlegung und Überprüfung der erwarteten Leistungen müssen hinzukommen" (Kultusministerkonferenz 2005b, S. 5).

Als die KMK im Dezember 2001, im Anschluss an die Analyse der PISA-Ergebnisse, ihre Reformvorhaben in sieben Handlungsfeldern konkretisierte, bestätigte sie diese Strategie. Kurze Zeit später, im Mai 2002, fassten die Kultusminister den Grundsatzbeschluss, für ausgewählte Schnittstellen der allgemeinbildenden Schulformen Bildungsstandards zu erarbeiten, in den Ländern verbindlich einzuführen und regelmäßig überprüfen zu lassen (s. Dokument 14: *Beschluss der KMK 2002*). Gleichzeitig wurde das Bundesministerium für Bildung und Forschung aktiv und gab eine wissenschaftliche Expertise zur Entwicklung nationaler Bildungsstandards in Auftrag, offenbar mit dem Ziel, den angelaufenen Projekten die notwendige wissenschaftliche Grundlage zu geben. Der Begriff Bildungsstandards erlebte danach eine rasante Karriere und steht seither im Mittelpunkt einer intensiven Entwicklungsarbeit, an der alle deutschen Bundesländer beteiligt sind.

4.1.3 Die deutschen Bildungsstandards: Konzept und Funktion

Der zeitliche Ablauf (vgl. Kap. 4.1.2) hat gezeigt, dass die Entwicklungsarbeiten an den KMK-Bildungsstandards initiiert worden sind, bevor die vom Bundesministerium veranlasste Expertise *Zur Entwicklung nationaler Bildungsstandards* (Klieme u. a. 2003) abgeschlossen war. Die theoretische Fundierung des Konzepts „Bildungsstandards" erfolgte also erst im Nachhinein. Insofern lässt sich der Entwicklungsprozess in Deutschland in zwei Phasen unterteilen.

Bereits zwischen 2003 und 2004 wurden von der KMK vier Vereinbarungen zur Einführung von Bildungsstandards abgeschlossen (s. Dokument 15: *Vereinbarungen über Bildungsstandards*). Diese beziehen sich auf je unterschiedliche Schulstufen und Fächer und verpflichten die Länder, die entsprechenden Bildungsstandards zum Schuljahresbeginn 2004/05 bzw. 2005/06 einzuführen.

Bildungsstandards in Deutschland auf einen Blick

- ▸ 4. Jahrgangsstufe/Ende Primarschule: Deutsch, Mathematik
- ▸ 9. Jahrgangsstufe/Hauptschulabschluss: Deutsch, Mathematik und erste Fremdsprache (Englisch/Französisch)
- ▸ 10. Jahrgangsstufe/Mittlerer Schulabschluss: Deutsch, Mathematik, erste Fremdsprache (Englisch/Französisch) sowie Biologie, Chemie, Physik

---

Abgesehen von den Bildungsstandards, welche die obligatorische Schule betreffen, hat die KMK 2007 zudem beschlossen, das Standardskonzept auf die abiturbezogene Sekundarstufe II auszudehnen.

Der obigen Übersicht kann man entnehmen, dass die Bildungsstandards vorerst überall bezogen auf Übergänge und Abschlüsse festgelegt wurden; dies, obwohl es im Beschluss der KMK vom 24. Mai 2002 heißt, dass deren Überprüfung sich „nicht auf das Ende der schulischen Laufbahn" konzentrieren soll (Kultusministerkonferenz 2002). Die Standards sind als Regelstandards konzipiert und stehen damit für eine erwartete Durchschnittsleistung. Dies steht im Gegensatz zur Empfehlung der Expertise von Klieme u. a. (2003), die sich für Mindeststandards ausspricht. Die KMK argumentiert bezüglich dieses Entscheids mit einem „pragmatische[n] Vorgehen" (Kultusministerkonferenz 2005b, S. 14; s. Dokument 16: *Konzeption KMK-Bildungsstandards*). Sie begründet ihn technisch damit, dass die Festlegung von Mindeststandards längere Erfahrungen und empirisch validierte Kompetenzmodelle zur Grundlage haben müssten, ansonsten die Gefahr einer Unter- oder Überforderung bei Minimalstandards besonders negative Auswirkungen haben würde.

Definition der KMK-Fächerstandards

Bildungsstandards ...
- greifen die Grundprinzipien des jeweiligen Unterrichtsfaches auf,
- beschreiben die fachbezogenen Kompetenzen einschließlich zugrunde liegender Wissensbestände, die Schülerinnen und Schüler bis zu einem bestimmten Zeitpunkt ihres Bildungsganges erreicht haben sollen,
- zielen auf systematisches und vernetztes Lernen und folgen so dem Prinzip des kumulativen Kompetenzerwerbs,
- beschreiben erwartete Leistungen im Rahmen von Anforderungsbereichen,
- beziehen sich auf den Kernbereich des jeweiligen Faches und geben den Schulen Gestaltungsräume für ihre pädagogische Arbeit,
- weisen ein mittleres Anforderungsniveau aus,
- werden durch Aufgabenbeispiele veranschaulicht

(Quelle: Kultusministerkonferenz 2005b, S. 6).

Die in dieser ersten Phase entwickelten Bildungsstandards (s. Dokument 17: *Bildungsstandards Deutschland*) haben in der Folge sowohl von wissenschaftlicher als auch von Verbands- und Gewerkschaftsseite Kritik erfahren (s. Dokument 18: *Kritik Deutschland*). Am schwersten wiegt dabei die Feststellung, dass die den Bildungsstandards ursprünglich zugrunde gelegten Kompetenzmodelle nicht hinreichend elaboriert sind und unklar bleibt, inwiefern die Kompetenzen tatsächlich in didaktischen, erziehungswissenschaftlichen und psychologischen Modellen verortet sind (Köller 2008, S. 163f.). Die Kritik traf nicht sämtliche Fächerstandards in gleicher Weise. Besonders schlecht aufgenommen wurden die Deutsch-Standards für die Grundschule, während die Standards zu den Fremdsprachen, die sich am „Gemeinsamen Europäischen Referenzrahmen für Sprachen" (GER) orientieren, als positives Beispiel gelten (online unter http://www.goethe.de/z/50/commeuro/deindex.htm [recherchiert am 18.08.2008]).

Bei den Deutsch-Standards stellt sich insbesondere die Frage nach der Messbarkeit der verlangten Kompetenzen (Köller 2008), etwa angesichts von Anforderungsformulierungen wie „bei der Beschäftigung mit literarischen Texten Sensibilität und Verständnis für Gedanken und Gefühle und zwischenmenschliche Beziehungen zeigen" (Kultusministerkonferenz 2005a, S. 12). In diesem Zusammenhang steht die allgemeine Kritik, dass die Bildungsstandards, formuliert als *Can do Statements*, in vielen Fällen Lernzielkatalogen bzw. stofforientierten (Kern-)Curricula gleichkommen und damit die ursprüngliche Idee, messbare Leistungsziele zu formulieren, nicht eingelöst worden ist. Abgesehen von der Operationalisierungs- und Messbarkeitsproblematik ist ein Mangel bezüglich der Fokussiertheit anzuführen. Dies zeigt sich in der Anzahl der Bildungsstandards: Im Fach Deutsch sind es für den Hauptschulabschluss 112 Standards. Fokussierung ist ein Kriterium für gute Bildungsstandards, wie es Klieme u. a. (2003, S. 24f.) neben Fachlichkeit, Kumulativität, Verbindlichkeit für alle, Differenzierung, Verständlichkeit und Realisierbarkeit festgehalten haben (vgl. Kap. 2.3.1). Unter den aufgezählten Merkmalen sind zwei weitere zu nennen, die von den deutschen Bildungsstandards in der vorliegenden ersten Fassung formal nicht erfüllt werden: „Verbindlichkeit für alle" enthält eigentlich die Forderung, dass Bildungsstandards als Minimalstandards zu formulieren sind, die schulformübergreifend von allen Lernenden erreicht werden können. „Differenzierung" meint, dass Standards in Kompetenzmodellen fundiert sein müssen, welche Niveaustufen des Kompetenzerwerbes aufweisen. Diese Forderung kommt auch im Merkmal der „Kumulativität" zum Ausdruck; Kompetenzstufen bauen demnach so aufeinander auf, dass sie kumulatives, systematisch vernetztes Lernen abbilden. Obwohl diese Anforderungen konzeptionell auch für die KMK-Bildungsstandards gelten (siehe oben), ist zweifelhaft, ob die ersten Versionen sie mangels theoretischer Fundierung tatsächlich einlösen konnten.

Die Entwicklung von Kompetenzmodellen ist fachdidaktisch und psychologisch höchst anspruchsvoll. Kompetenzmodelle sind als Hypothesen anzusehen, die empirisch geprüft werden müssen (Klieme 2004b) (vgl. Kap. 2.4.2). Es handelt sich um Konstrukte, die nicht für das Verhalten (Performanz) der Schülerinnen und Schüler selbst stehen, sondern für die bei ihnen verfügbaren und von ihnen erlernbaren kognitiven Fähigkeiten und Fertigkeiten, die notwendig sind, um bestimmte Probleme bzw. Aufgaben lösen zu können (Köller 2008, S. 165). Aufgaben, die den Kompetenzstufen in einem ersten Schritt zugeordnet werden, illustrieren die erreichbaren Niveaus, aber sie bilden noch keinen Beleg für deren Gültigkeit. Im Anschluss an die theoretischen Arbeiten, die Abgrenzung und Formulierung von Kompetenz-Teildimensionen sowie die Konstruktion und Zuordnung von Aufgabenstellungen müssen deshalb die Überprüfung des Modells und die Normierung der Testitems anhand einer Stichprobe erfolgen. Erst nach der Beschreibung von Kompetenzdimensionen und -niveaus sowie von Leistungsverteilungen können normative Erwartungen, d. h. Standards im eigentlichen Sinn (z. B. Mindeststandards oder schulformspezifische Regelstandards) bestimmt werden (Klieme 2004b). Neben offenen technischen Fragen etwa nach Verfahren zur Einschätzung von Anforderungsmerkmalen, der Abgrenzung von Niveaus, der Berücksichtigung fächerübergreifender Kompetenzen und schwer messbarer Bereiche stellt sich die grundsätzliche Frage, inwiefern Kompetenzmodelle imstande sind, Lernentwicklungen adäquat abzubilden.

> **A** **Aufgabe 15:** Analysieren und beurteilen Sie wahlweise die KMK-Bildungsstandards (s. Dokument 17: *Bildungsstandards Deutschland*) zur Mathematik oder zu den Naturwissenschaften im Hinblick auf die von Klieme u. a. (2003, S. 24 ff.: online unter http://www.bmbf.de/pub/zur_entwicklung_nationaler_bildungsstandards.pdf [recherchiert am 17.03.2009]) für gute Bildungsstandards aufgestellten Kriterien *Fokussiertheit, Differenzierung, Verständlichkeit, Realisierbarkeit* (vgl. Kap. 2.3.2).
> Beurteilen Sie die Standards-Formulierungen auch im Hinblick auf den Anspruch der Messbarkeit, dem Leistungsstandards generell genügen müssen.

Alle diese Überlegungen sind in eine zweite Phase der Entwicklung von Bildungsstandards eingeflossen. Initiiert wurde diese bereits im Dezember 2003 mit dem Beschluss der KMK, mit dem Institut für Qualitätsentwicklung im Bildungswesen (IQB) eine Einrichtung zu schaffen, deren Zweck die Weiterentwicklung, Operationalisierung, Normierung und Überprüfung von Bildungsstandards ist. Weiterentwickelt werden zuerst die Bildungsstandards in Mathematik für die Sekundarstufe I (abgesehen von der 9. und 10. Jahrgangsstufe nun auch für die 8. Jahrgangsstufe) und den Primarbereich (neben der 4. nun auch für die 3. Jahrgangsstufe), Deutsch für die Primarstufe sowie Englisch und Französisch für die Sekundarstufe I; bis 2011 sollten schließlich auch für die Naturwissenschaften auf der Sekundarstufe I normierte Tests vorliegen. Zu den Bildungsstandards in Mathematik der 9. Jahrgangsstufe existiert bereits eine Publikation (Blum u. a. 2006), deren explizites Ziel es ist, Visionen kompetenzorientierten Unterrichts im Sinne der Bildungsstandards zu dokumentieren. Die Bildungsstandards ordnen sich einem dreidimensionalen Kompetenzmodell ein, das die Ebenen ‚Leitideen', ‚Kompetenzen' und ‚Anforderungsbereiche' unterscheidet.

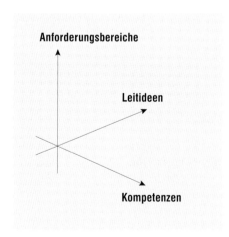

Die Aufgabenbeispiele sollen die Standards veranschaulichen, indem sie diese exemplarisch mit konkreten Inhalten verbinden; dadurch erhofft man sich die Entwicklung einer „anforderungsbezogenen Aufgabenkultur verbunden mit einer Unterrichtskultur, die auf unterschiedliche Schülervoraussetzungen eingeht".

Weil die Arbeiten im Bereich der Mathematik für die Sekundarstufe I fortgeschritten sind, kommt ihnen Modellcharakter

Abbildung 6: Dimensionen des Kompetenzmodells Mathematik für Deutschland (Blum u. a. 2006, S. 19)

zu. Das generelle Prozedere in der zweiten Phase besteht in der Entwicklung von Testaufgaben, der Pilotierung der Aufgaben, einer Normierungsstudie und der Definition von Skalen. Zusammen mit der Entwicklung von Kompetenzskalen werden außerdem verschiedene Rückmeldeformate für Schülerinnen und Schüler sowie für Lehrpersonen erprobt und bereitgestellt. Der Zeitplan sieht vor, dass die Skalen und Standards in den genannten Fächern bis 2008 bzw. 2009 vorliegen. Es ist geplant, dass in Zukunft das IQB die Ländervergleiche (bislang PISA-E und IGLU-E) durchführt, und zwar bezogen auf die Fächer Deutsch und Mathematik in der Grundschule sowie Deutsch, Mathematik, die erste Fremdsprache und die drei Naturwissenschaften auf der Sekundarstufe I. Die Terminierungen orientieren sich dabei an den Durchführungszeitpunkten der internationalen Studien PISA, TIMSS und IGLU. Zusätzliche Schulleistungsstudien am Ende der gymnasialen Oberstufe sollen in Zukunft Auskunft über die Vergleichbarkeit des Abiturs an unterschiedlichen Schulformen (Gymnasium, Gesamtschule, berufliches Gymnasium) geben.

A **Aufgabe 16:**

a) Vergleichen Sie das oben abgebildete Kompetenzmodell aus Deutschland (Abbildung 6) mit den Kompetenzmodellen aus Österreich und der Schweiz (s. Dokument 20: *Kompetenzmodell Mathematik Österreich* und Dokument 21: *Kompetenzmodell Mathematik Schweiz*). Was stellen Sie fest? Suchen Sie Gründe für Gemeinsamkeiten und Differenzen.

b) Dehnen Sie Ihre Untersuchung auf die übrigen Fächer (Deutsch, Fremdsprache/Englisch, Naturwissenschaften) aus und vergleichen Sie die Kompetenzmodelle der deutschen Bildungsstandards mit denjenigen der österreichischen.

▸ Bildungsstandards Deutschland: online unter http://www.kmk.org/bildung-schule/qualitaetssicherung-in-schulen/bildungsstandards/dokumente.html [recherchiert am 17.03.2009]

▸ Bildungsstandards Österreich: online unter http://www.bifie.at/sites/default/files/VO_BiSt_Anlage_2009-01-01.pdf [recherchiert am 17.03.2009]

4.1.4 Überprüfung und Implementierung von Bildungsstandards

Gemäß Beschluss der KMK vom Juni 2006 findet die Überprüfung der Leistungen des deutschen Bildungssystems in Zukunft im Rahmen eines Monitorings statt, das vier Bereiche miteinander verbindet.

Nationales Bildungsmonitoring
1. Teilnahme an internationalen Schulleistungsuntersuchungen,
2. zentrale Überprüfung der Bildungsstandards im Ländervergleich,

3. Vergleichsarbeiten zur landesweiten Überprüfung der Leistungsfähigkeit einzelner Schulen,
4. gemeinsame Bildungsberichterstattung von Bund und Ländern.

Die zentrale Überprüfung der Bildungsstandards im Ländervergleich erfolgt mittels Stichproben durch das IQB. Mit der Herstellung großer Aufgabensammlungen unterstützt das IQB zudem die Länder bei der Durchführung ihrer länderspezifischen oder länderübergreifenden Vergleichsarbeiten, und zwar ebenfalls in Ankoppelung oder Anlehnung an die Bildungsstandards. Nachdem die KMK 2003 im Alleingang einen *Bildungsbericht für Deutschland* veröffentlicht hatte, erfolgt die „Bildungsberichterstattung" seit 2006 gemeinsam durch Bund und Länder. Die ersten beiden Publikationen unter dem Titel *Bildung in Deutschland* sind 2006 und 2008 erschienen (Autorengruppe Bildungsberichterstattung 2008; Konsortium Bildungsberichterstattung 2006).

Ebenfalls am IQB angesiedelt ist ein Arbeitsbereich, der sich mit der Frage der Implementierung von Bildungsstandards im engeren Sinn befasst. Die Projekte beziehen sich einerseits auf die Entwicklung praxisorientierter Maßnahmen, mit denen die Einführung der Bildungsstandards im Schulsystem unterstützt wird, andererseits auf die Durchführung von Begleit-, Implementierungs- und Evaluationsforschung, in der die Wirksamkeit der Umsetzung von Qualitätsentwicklungsmaßnahmen in Schulen evaluiert wird.

Die Implementierung der Bildungsstandards erfolgt in erster Linie auf Länderebene und im Kontext vorhandener und neu zu schaffender Qualitätssicherungs- und Unterstützungssysteme. Abgesehen vom gemeinsam eingerichteten IQB verfügen diverse Länder inzwischen über eigene Qualitäts- und Evaluationsagenturen, andere Länder haben entsprechende Abteilungen innerhalb der pädagogischen Landesinstitute eingerichtet. Zu deren Aufgaben gehört es, Instrumente für die externe Evaluation zu entwickeln, die Schulen bei der Qualitätsentwicklung zu beraten und Länder-Monitorings durchzuführen. Die Implementierungsmaßnahmen gehen von diesen Instituten und Abteilungen aus, bestenfalls koordiniert mit anderen, oben bereits erwähnten Reformvorhaben (Ausbau schulischer Autonomie, Umsetzung neuer Konzepte der Schulaufsicht und Qualitätssicherung).

Anlässlich einer Umfrage der KMK bei den Bundesländern zur Frage, welche Strategien zur Implementierung von Bildungsstandards geplant werden, nannten die meisten Bundesländer neben der Überprüfung der Standards mittels Tests bzw. Vergleichsarbeiten zwei Hauptbereiche, auf die sie ihre Maßnahmen konzentrieren, die *Lehrplanarbeit* und die *Lehreraus- und -weiterbildung* (Kultusministerkonferenz 2005b, S. 19). Gemäß Bildungsbericht aus dem Jahr 2006 steht unter den bildungspolitischen Aktivitäten in sämtlichen Ländern die Etablierung eines Evaluations- und Rückmeldesystems für Schulen im Vordergrund. Als Zielkriterien fungieren dabei die Bildungsstandards und in fast allen Ländern sogenannte Orientierungsrahmen für Schul- und Unterrichtsqualität, die weiter reichende Kriterien für eine gute Schule festhalten (Konsortium Bildungsberichterstattung 2006, S. 77).

4.2 Bildungsstandards in Österreich: nationale Voraussetzungen, Zielsetzungen und Umsetzungen

4.2.1 Das österreichische Bildungssystem

Im Gegensatz zu Deutschland und der Schweiz ist das Bildungswesen in Österreich zentralstaatlich verfasst. Die öffentliche Trägerschaft der Bildungsinstitutionen teilen sich die Gemeinden (Kindergärten), die neun Bundesländer (Pflichtschule) und der Bund (mittlere und höhere Schulen sowie Akademien). Organe der Schulverwaltung und Schulaufsicht sind mit den Landesschulräten und Landesschulinspektoren einerseits auf der Länderebene angesiedelt, anderseits auf Bezirksebene repräsentiert durch die Bezirksschulräte und -inspektoren. Hat die Schulinspektion bis anhin eine Beratungs- *und* Kontrollfunktion übernommen, zeigen sich in diesem Bereich ähnliche Verschiebungen, wie sie für Deutschland bereits beschrieben worden sind. Und auch hier stehen diese vor dem Hintergrund der seit Beginn der 1990er-Jahre aktuellen Bestrebungen in Richtung Schulautonomie. Entsprechend sehen neue Konzepte der Schulaufsicht vor, dass die Bezirksaufsicht ihre Kontrollfunktion in Zukunft zurücknimmt und vermehrt im Bereich evidenzbasierter Evaluation und Beratung tätig wird. Einen Überblick über den Schulaufbau in Österreich gibt nachfolgende Abbildung 7.

4.2.2 Bildungsstandards im Kontext aktueller Reformdiskussionen

Wie für Deutschland bereits festgestellt, reiht sich die Bildungsstandardsdiskussion auch in Österreich in den Kontext von Reformen ein, die auf eine Stärkung der Eigenständigkeit der Einzelschulen zielen. Die Tendenz in Richtung vermehrter Schulautonomie schlug sich im neuen Lehrplan für die Sekundarstufe I (1999) nieder, der in den Fächern zwischen Kernbereich (zwei Drittel der Unterrichtszeit) und Erweiterungsbereich (ein Drittel der Unterrichtszeit, frei gestaltbar durch die Lehrpersonen bzw. die Schule) unterscheidet, den Schulen Freiraum zur Bildung von Schwerpunkten gibt und zugleich der Schulprogrammarbeit und Selbstevaluation neues Gewicht beimisst.

Stand damit in den 1990er-Jahren die innere Schulentwicklung vorerst im Fokus der Aufmerksamkeit, gewann die Diskussion von Fragen der Qualitätssicherung und Kontrolle spätestens an Bedeutung, nachdem das Land mit TIMSS (1993) und später mit PISA erstmals an internationalen Schulleistungsstudien teilgenommen hatte. Österreich schnitt in PISA 2000 im Gegensatz zu Deutschland und auch der Schweiz in sämtlichen drei Domänen deutlich über dem OECD-Mittelwert ab (s. Dokument 13: *PISA-Resultate*). Die Analyse der Ergebnisse verwies allerdings auf größere Leistungsvarianzen, insbesondere zwischen Schulen desselben Schultyps. 2003 fielen die österreichischen Schülerinnen und Schüler im Durchschnitt in sämtlichen Kompetenzbereichen mehrere Ränge zurück; in der Erhebung 2006 mit Schwerpunkt Naturwissenschaften platzierte sich Österreich zwar über dem Durchschnitt, jedoch hinter der Schweiz und mit Ausnahme der mathematischen Kompetenzen auch hinter

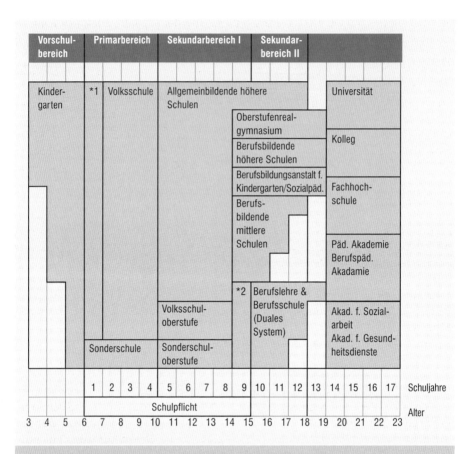

Abbildung 7: Schultypen und Schulstufen im österreichischen Bildungssystem (Quelle: Eder/Thonhauser 2004, S. 391)

Deutschland. Zudem wurde festgestellt, dass von mehreren Ländern Testleistungen im Spitzenbereich mit wesentlich geringeren Kosten im Bildungswesen erreicht wurden.

Das Thema Bildungsstandards kam in Österreich jedoch bereits im Jahr 2000 mit dem neuen Regierungsprogramm explizit auf die politische Agenda. Die Erarbeitung von Bildungsstandards stand nun im Themenfeld Schulqualität an oberster Stelle, zusammen mit Leistungsvergleichen zwischen den Schulen; postuliert wurde abschließend eine „Orientierung des Bildungssystems an Qualität und Effizienz" (Österreich neu regieren 2000, S. 53). Das Ministerium setzte Arbeitsgruppen ein, um Entwürfe zu den angekündigten „Leistungsstandards" zu erarbeiten. Die Ausarbeitung eines umfassenden Reformkonzepts unter Berücksichtigung der Funktion von Bildungsstandards wurde allerdings erst im Frühjahr 2003, kurz nach Erscheinen der Expertise *Zur Entwicklung nationaler Bildungsstandards* von Klieme u. a. (2003), angegangen. Die Bundesministerin rief zu diesem Zweck eine „Zukunftskommission" ins Leben, die dann im Oktober 2003 in einer Studie (Haider u. a. 2003) ein Reformkonzept vorlegte, das fünf Forderungen ins Zentrum stellte: ein systematisches Qualitätsmanagement an Schulen, mehr Transparenz durch Systemmonitoring, mehr Autonomie und Eigenverantwortung der Schulen, Professionalisierung des lehrenden Personals und deutlich mehr Ressourcen für Unterstützungssysteme sowie für Forschung und Entwicklung (Haider u. a. 2003, S. 44 f.). Die fünf Punkte wurden in sieben „Handlungsbereiche und Reformmaßnahmen" übersetzt, wobei die Einführung von Kompetenzstandards als Maßnahme der Qualitätssicherung figuriert (Handlungsbereich 6, vgl. Abbildung 8).

Mit der Einführung von Kompetenzstandards wurden Ziele auf drei Ebenen des Schulsystems verknüpft. Erstens sollten die Ergebnisse der einheitlichen Kompetenzprüfungen in Zukunft zusammen mit dem Urteil der unterrichtenden Lehrpersonen die Grundlage für die Berechtigungsvergabe bilden. Zweitens sollten die einzelnen Schulen auf diese Weise Informationen bezüglich ihrer Qualität erhalten, woraus allfällige Schritte der Qualitätsentwicklung abzuleiten wären. Und drittens sollten die Ergebnisse aus anonymisierten Stichproben Aufschluss über das Niveau der Kompetenzerreichung im Gesamtsystem geben (Haider u. a. 2003, S. 83; s. auch Dokument 22: *Reformkonzept Österreich*).

Die Festlegung einheitlicher Leistungsstandards wurde in Österreich wie erwähnt mit Zielsetzungen verknüpft. Die erste Zielsetzung gibt bereits einen Hinweis auf eine zentrale Problemwahrnehmung in diesem Land: das Fehlen objektiver, d. h. externer Maßstäbe für die Leistungsbeurteilung. Verschiedene Studien hatten gezeigt, dass Schulen sich offenbar in hohem Maß in ihrer Fähigkeit der Beurteilung und Förderung der Schülerinnen und Schüler unterscheiden. Daraus ergeben sich teilweise eklatante Ungerechtigkeiten bei der Vergabe von Abschlüssen und Berechtigungen und bei der Zuweisung zu Bildungsgängen, auf der Sekundarstufe I zur Hauptschule bzw. zu Allgemeinbildenden Höheren Schulen (AHS)[12]. Die unterschiedliche regionale Entwicklung der AHS, insbesondere Differenzen zwischen Stadt und Land, führen dazu, dass in ländlichen Schulen für die gleiche Berechtigung erheblich mehr geleistet werden muss als in städtischen; und es gibt Leistungsgruppen in ländlichen Hauptschulen, die höhere Durchschnittswerte erzielen als erste Leistungsgruppen oder AHS-Klassen in Großstädten (Eder/Thonhauser 2004; Haider u. a. 2003). Aus diesen Befunden sowie der Tatsache, dass das österreichische Schulwesen bis anhin keine objektive Ergebniskontrolle oder für alle Schulen eines Typs gemeinsame und verbindliche Abschlussprüfungen kennt, ergeben sich insbesondere drei Problemfelder, bei deren Bearbeitung Bildungsstandards eine zentrale Rolle zukommen sollte: Gerechtigkeit im Schulwesen, Leistungsförderung und Chancengleichheit (Freudenthaler/Specht 2005, S. 6).

---

[12] Zu den AHS gehören das Gymnasium, das Realgymnasium und das wirtschaftskundliche Realgymnasium; die Langformen umfassen eine 4-jährige Unterstufe und eine 4-jährige Oberstufe.

Handlungsbereich 1:	**Schule und Unterricht systematisch verbessern**
	Schulprogramm, Schulbilanz und Schulqualitätsbericht

1/1. Schulprogramm und Schulqualitätsbericht in Eigenverantwortung
1/2. Schulbilanz als pädagogischer Jahresbericht
1/3. Verstärkte Ergebnis- und Entwicklungsorientierung im Unterricht

Handlungsbereich 2:	**Klare Ziele, bessere Orientierung**
	Standards und Qualitätsindikatoren

2/1. Standards für Grundkompetenzen festlegen und verbindlich machen
2/2. Bildungsindikatoren festlegen – als Basis für System-Monitoring

Handlungsbereich 3:	**Handlungs- und Entscheidungspielräume**
	mehr Autonomie und Flexibilität für Schulen

3/1. Personelle Autonomie für die Schulen
3/2. Jahresbezogene Aufteilung und autonome Anordnung der Unterrichtszeit
3/3. Finanzielle Selbstverwaltung (Globalbudgets)
3/4. Leistungsvereinbarungen und Planungssicherheit

Handlungsbereich 4:	**Schulorganisatorische Verbesserungen**
	Strukturelle und gesetzliche Verbesserungen

4/1. Einführung eines neuen Modells der sprachlichen Frühförderung
4/2. Unterrichtsgarantie der Schulen (verlässlicher Unterricht)
4/3. Entscheidung über (nachmittägliche, ganztägige) Betreuungsformen
4/4. Optimierung des Beginns eines Schuljahres
4/5. Gleichbewertung pädagogischer Arbeit innerhalb flexibler Arbeitszeit
4/6. Einschränkung der Klassenwiederholung
4/7. Durchlässigkeit des Schulsystems auch in der Sekundarstufe II
4/8. Erweiterung der Schulsprengel – mehr Wettbewerb – mehr regionale Planung

Handlungsbereich 5:	**Professionalisierung und Stärkung des Lehrberufs**
	Akkreditierte Ausbildung und neues Laufbahnmodell

5/1. Akkreditierung der Ausbildungseinrichtung – stärkere Aufgabenbezogenheit
5/2. Neues Laufbahnmodell für LehrerInnen
5/3. Leistungsbezogene Aufstiegsmöglichkeiten – Arbeitsteilung im Team
5/4. Mehr Unterstützung durch Spezialisierung und Spezialisten
5/5. Leistungsvereinbarungen und Planungssicherheit

Handlungsbereich 6:	**Qualität prüfen und sichern**
	Standard- und System-Monitoring, neue Inspektorate

6/1. Kompetenzstandards regelmäßig überprüfen, analysieren und Ergebnisse nutzen
6/2. Regelmäßiges System-Monitoring und Nationaler Bildungsbericht
6/3. Überregionale Inspektorate – unabhängige Qualitätskontrolle der Schulen

Handlungsbereich 7:	**Unterstützungssysteme einrichten**
	standortbezogene, regionale, nationale Unterstützungssysteme

7/1. Deutlich mehr Ressourcen für F & E, Beratung und Unterstützung
7/2. Bedarfsorientierung und Wettbewerb im Bereich Fortbildung und Entwicklung
7/3. Stärkung der schulinternen Netzwerke (Fachgruppen, Arbeitsgemeinschaften)
7/4. Regionales Bildungsmanagement und Schulverbände schaffen und fördern
7/5. Nationales Programm „Bildungsforschung" mit konzentriertem Mitteleinsatz

Abbildung 8: „Handlungsbereiche und Reformmaßnahmen" der österreichischen Zukunftskommission (Quelle: Haider u. a. 2003, S. 52)

4.2.3 Die österreichischen Bildungsstandards: Konzept und Funktion

Die Empfehlungen der „Zukunftskommission" wurden in der Folge nur in Teilen umgesetzt. Forderungen wie diejenige, dass externe Kompetenztests bei der Berechtigungsvergabe neben die Beurteilung durch die Lehrperson treten sollen, implizierten einen pädagogischen Kulturbruch und wurden als politisch nicht umsetzbar eingestuft. Auch der Empfehlung zur Einführung von *Minimal*standards wurde nicht gefolgt; ohne über empirische Informationen zu den tatsächlichen Schülerleistungen zu verfügen, beurteilte man es als kritisch, Standards als Mindestnorm zu definieren, d. h. die Standards so tief festzulegen, dass sie für die unteren Leistungsgruppen der Hauptschule noch erreichbar sein würden. Überhaupt präsentierten die vom Ministerium beauftragten Arbeitsgruppen erste Entwürfe von Bildungsstandards bereits im Sommer 2003 und damit noch *bevor* die Empfehlungen der „Zukunftskommission" erschienen waren.

Die ersten, inzwischen weiterentwickelten Bildungsstandards, wurden für die 4. und 8. Jahrgangsstufe erarbeitet, begonnen wurde inzwischen mit der Entwicklung von Bildungsstandards für die 12. Jahrgangsstufe (s. Dokument 19: *Bildungsstandards Österreich*).

Bildungsstandards in Österreich auf einen Blick

4. Jahrgangsstufe/Ende Primarschule: Deutsch, Mathematik
8. Jahrgangsstufe/Ende Sekundarstufe I: Deutsch, Mathematik, Englisch, Naturwissenschaften
12. Jahrgangsstufe/Ende AHS: Mathematik

Ähnlich wie für Deutschland gilt auch für die österreichischen Regelstandards, dass sie die Schnittstellen im Bildungssystem, nämlich am Übergang von der Primarstufe zur Sekundarstufe I sowie am Ende der Sekundarstufe I, fokussieren. Bei der Entwicklung der Standards ging man vorerst vor allem von den existierenden Lehrplänen aus und leitete von diesen in einem ersten Schritt stufen- und fachspezifische Kernkompetenzen ab. Die Standards wurden gelegentlich mit Beispielen illustriert, jedoch nicht als Testitems vorgelegt, um der Gefahr eines *Teaching to the Test* von Beginn weg zu entgehen. Die Überprüfung der Standards sollte durch die Lehrerinnen und Lehrer selbst erfolgen. Entsprechend den oben angesprochenen Defizitwahrnehmungen im österreichischen Bildungssystem sollten die Bildungsstandards in erster Linie eine Orientierungsfunktion für Lehrerinnen und Lehrer erfüllen und als Mittel zur Sicherstellung der Vergleichbarkeit der Schulen und der Einheitlichkeit des Schulsystems dienen. Im Frühjahr 2003 wurden die Bildungsstandards-Entwürfe einem Review-Verfahren unterzogen. Inkonsistenzen zwischen den Fächern galt es zu beheben, aber auch grundsätzliche Fragen waren zu klären, etwa nach dem Verhältnis zwischen Lehrplänen und Bildungsstandards sowie nach der Funktion, die Standards im Kontext der Qualitätssicherung und Steuerung des Bildungssystems übernehmen sollten.

A **Aufgabe 17:** Die Stadt Wien hat bereits 2000 in einem Parallelprojekt zum nationalen Bildungsstandards-Projekt eigene Bildungsstandards entwickelt, die deutlich von den Bildungsstandards des österreichischen Bildungsministeriums abweichen. Vergleichen Sie Konzeption und Funktion der Wiener Bildungsstandards mit den nationalen Bildungsstandards.

a) Welche Unterschiede lassen sich grundsätzlich und bezogen auf die einzelnen Fächer (Deutsch/Mathematik/Englisch) feststellen?
b) Welche Argumente werden zugunsten der Wiener bzw. gegen die nationalen Bildungsstandards vorgebracht?
- online unter http://www.schulentwicklung.at/joomla/images/stories/bildungsstandards/bist_sek1.pdf [recherchiert am 18.08.2008].
- für differenzierte Informationen zu den Wiener Standards s. Dokument 23: *Sekundärliteratur Wiener Standards*
- Informationen zu den nationalen, österreichischen Standards: online unter http://www.bifie.at/bildungsstandards [recherchiert am 17.03.2009]

Die Bildungsstandards wurden auf der Basis des Reviewverfahrens teilweise überarbeitet und im Schuljahr 2003/04 in einer ersten Pilotphase an 18 Schulen der 8. Schulstufe und an mehr als 30 Volksschulen erprobt (Freudenthaler/Specht 2005). Die Evaluation dieser ersten Erprobungsphase zeigte, dass die Lehrpersonen zu diesem Zeitpunkt durchaus eine aufgeschlossen-kritische Einstellung gegenüber Bildungsstandards an den Tag legten, diese Reform aber mit zahlreichen Unklarheiten verbunden war und zu Ängsten und Befürchtungen (Rankings, Bildungsstandards als Kontroll- und Disziplinierungsinstrument) führte. Offenbar sah sich ein Großteil der Lehrerinnen und Lehrer unzureichend unterstützt, wobei insbesondere bei den Hauptschullehrpersonen ein großer Bedarf an zusätzlichen Informationen vorhanden war. Zwar scheint für viele Lehrerinnen und Lehrer aus den Standards-Unterlagen relativ klar hervorgegangen zu sein, welche Kompetenzen von den Schülerinnen und Schülern erworben werden sollten, größere Probleme zeigten sich aber im Hinblick auf die konkrete Anwendung der Standards im Unterricht. Die fachliche Angemessenheit der Standards wurde, mit Unterschieden zwischen den Fächern, insgesamt positiv bewertet, wobei besonders vonseiten der Hauptschullehrpersonen die unrealistisch hohen Anforderungen der Regelstandards bezogen auf ihre Schülerpopulation moniert wurden. Obwohl die Standards der Mehrzahl der Lehrerinnen und Lehrer nützliche diagnostische Hilfsmittel boten, wurde deren Orientierungsfunktion im Zusammenhang mit der Leistungsbeurteilung eher kritisch eingeschätzt.

Auf der Basis der Rückmeldungen der Pilotschullehrkräfte und unter Einbezug der universitären Fachdidaktik sowie von Praktikerinnen und Praktikern erfolgten weitere Adaptierungen der Bildungsstandards. Diese Versionen wurden, mit Beispielen versehen, in einer zweiten Pilotphase ab dem Schuljahr 2004/05 an ausgewählten Schulen erprobt, wobei vorerst die Prüfung der Verwendbarkeit der Aufgabenbeispiele im Unterricht im Zentrum stand.

Inzwischen war eine Klärung der Funktion der Bildungsstandards im österreichischen Bildungssystem erfolgt. An deren Bestimmung als Hilfsmittel für die Selbstbewertung und Orientierung von Schulen und Lehrkräften wurde festgehalten. Bildungsstandards legen gemäß offizieller Bestimmung fest, welche Kompetenzen Schülerinnen und Schüler bis zu einer bestimmten Schulstufe in Bezug auf wesentliche Inhalte erwerben sollen, drücken also eine normative Erwartung aus, auf die die Schulen hinarbeiten müssen (Lucyshyn 2006). Es ist vorgesehen, dass die Vermittlung standardbasierter Kompetenzen zwei Drittel der Unterrichtszeit in Anspruch nimmt. Allerdings wird von Kritikern bezweifelt, dass diese Beschränkung im Fall schwächerer Schülerinnen und Schüler und für die Hauptschulen insgesamt realistisch ist.

Wie in der deutschen Konzeption zielen die wissenschaftlichen Arbeiten auf die Erstellung, Validierung und Normierung von fächerbezogenen Kompetenzmodellen als Grundlage für die Festlegung von Standards. Aufgabenbeispiele veranschaulichen die fachlichen Standards, wobei man auf den Bezug zum Lehrplan achtet. Die Testitems zur Überprüfung der Standards werden in Österreich erst in einem letzten Schritt auf der Basis der Aufgabenbeispiele konstruiert und erprobt.

Auch die zweite Pilotphase wurde mittels einer Fragebogenstudie evaluiert (Freudenthaler/Specht 2006). Die Erfahrungen an den Pilotschulen waren erneut gemischt. Gegenüber der Pilotphase I hatte sich immerhin die Einschätzung der kommunikativen und unterstützenden Rahmenbedingungen verbessert. Die prinzipiellen Ziele der Bildungsstandards und deren potenzieller Nutzen schienen den Lehrerinnen und Lehrern klarer geworden zu sein; ermutigend war auch das Ergebnis, dass sich die Arbeit an und mit Bildungsstandards offenbar stimulierend auf die Zusammenarbeit in den Kollegien ausgewirkt hatte. Im Hinblick auf die Akzeptanz und das Verständnis der Bildungsstandards haben sich die Informationspolitik und Kommunikationspraxis auf Seiten der Projektleitung sowie die Auswahl und Qualifikation des Personals, das mit der Betreuung der Schulen und Lehrpersonen beauftragt worden war, der sogenannten Multiplikatorinnen und Multiplikatoren, als wichtig erwiesen. Solche und weitere Rückmeldungen aus den Pilotphasen haben sich als wertvoll erwiesen für die Konzeption längerfristiger Strategien der Implementierung und insbesondere für Unterstützungs- und Fortbildungsmaßnahmen.

Wie in Deutschland gibt es auch in Österreich seit Beginn der Diskussionen um Bildungsstandards kritische Stimmen, die den Reformprozess begleiten. Die Kritik unterscheidet sich nicht grundsätzlich von derjenigen in Deutschland, sie tritt aber etwas gemäßigter und weniger apodiktisch auf (s. Dokument 24: *Kritik Österreich*).

4.2.4 Überprüfung und Implementierung von Bildungsstandards

In Österreich fand ein erster Testlauf zur Überprüfung der Bildungsstandards bereits 2005 statt, zuerst bezogen auf Mathematik der 8. Schulstufe; 2006 und 2007 folgten weitere Probetests zur Normierung der Testinstrumente, die auch die übrigen Fächer und Schulstufen einbezogen (s. Dokument 25: *Standardtests Österreich*[13]; s. Dokument 26: *Large-Scale Assessment Österreich*). 2008 laufen die Feldtests zur Validierung der Itempools, die Entwicklungsarbeiten mit Bezug auf die Bildungsstandards Naturwissenschaften der 8. Schulstufe und der Aufbau eines Testsystems weiter. Das Gesetz zur Einführung der Bildungsstandards wurde im Sommer 2008 beschlossen. Die künftige Überprüfung der Bildungsstandards, wie sie voraussichtlich ab 2012/13 stattfinden soll, soll jährlich anhand einer Stichprobe von insgesamt 30% der Schulklassen erfolgen, wobei sich diese 30% auf die getesteten Fächer verteilen, so dass pro Fach vorerst 10% der Schülerinnen und Schüler getestet werden. Die Auswertung der Tests führen speziell geschulte Lehrerinnen und Lehrer an den Pädagogischen Instituten/Hochschulen der Länder durch, die Testadministration und Datenverarbeitung erfolgt zentral. Die Daten werden bereits in der Testphase so aufbereitet, dass die Schülerinnen und Schüler ihre individuellen Leistungen als differenziertes Stärken-/Schwächenprofil mit einem Zutrittscode auf einer Internetplattform abrufen können. Die Lehrerinnen und Lehrer können die Ergebnisse mit Bezug auf die Klasse als ganze abrufen; die Rückmeldungen zuhanden der Schulleitung und Schulaufsicht erfolgt aggregiert. Im Kontext von Evaluationsverfahren ist die Ergebnisrückmeldung besonders sensibel einzustufen. Deshalb existieren, abgesehen von der Möglichkeit der individuellen Internetabfrage, persönliche Rückmeldungen an die Schulen. Zu diesem Zweck werden Personen im Hinblick auf Moderation und Ergebnisinterpretation speziell qualifiziert. Das System und die Formate der Ergebnisrückmeldung wurden inzwischen ebenfalls mittels Lehrpersonen- und Schulleiterbefragung evaluiert, wobei die Verfahren insgesamt recht positiv beurteilt worden sind (Grabensberger u. a. 2008). Um aus Rückmeldedaten einen Qualitätsentwicklungsprozess in Gang zu setzen, brauchen die Schulen allerdings vermehrt professionelle Unterstützung, wie sie ihnen mit speziell ausgebildeten Multiplikatorinnen und Multiplikatoren teilweise bereits zur Verfügung steht.

Die Ergebnisse der Standardüberprüfungen sollen ausdrücklich nicht zu Vergleichen zwischen den Einzelschulen herangezogen werden, sondern dienen einzig der Überprüfung des Gesamtsystems bzw. sollen der Einzelschule Hinweise im Hinblick auf ihre Qualitätsentwicklung liefern. Für die Qualitätssicherung des Gesamtsystems plant auch Österreich in Zukunft eine regelmäßige nationale Bildungsberichterstattung; Vorarbeiten hierzu sind am neu errichteten Bundesinstitut für Bildungsforschung, Innovation und Entwicklung des Bildungswesens (Bifie) aufgenommen worden.

---

[13] Die Test- und Beratungsstelle Uni Wien, war von 2004–2008 mit der Entwicklung der Tests für die Bildungsstandards beauftragt.

Im Gegensatz zu Deutschland und der Schweiz gehören in Österreich Überlegungen zur *Implementierung* der Bildungsstandards seit Beginn zum Entwicklungsprozess, der langfristig und praxisbezogen umgesetzt wird. Aufgrund der Bildungsorganisation und der verfassungsrechtlichen Zuständigkeitsordnung ist eine gesamtstaatliche, zentral initiierte und gesteuerte Implementierungsstrategie in Österreich, anders als in Deutschland und der Schweiz, möglich.

Das Implementierungskonzept setzt auf *Partizipation* und *Unterstützung* und geht davon aus, dass die Umsetzung der Bildungsstandards in einer ersten Phase *top down* erfolgen muss und dass, veranlasst durch die obersten politischen Behörden, auf den nachfolgenden Ebenen (Bundesländer, Schulen) die notwendigen Strukturen aufgebaut werden müssen. In dieser Absicht wurden in der Pilotphase ausgehend vom Bundesministerium für Unterricht, Kunst und Kultur (BMUKK) auf den Ebenen Bundesländer und Schulen Leitungs- und Koordinationsstellen eingerichtet. Die in den Arbeitsgruppen entwickelten Versionen der Bildungsstandards und die Aufgabenbeispiele gelangen von dort in die Schulen; die Erfahrungen der Pilotschulen mit diesen Instrumenten werden dann in die Arbeitsgruppen rückgemeldet und dienen als Basis für die Überarbeitung. Das Implementierungskonzept geht davon aus, dass primär die Lehrerinnen und Lehrer Träger des Reformprozesses sind und aktiv beteiligt werden müssen. *Partizipationsmöglichkeiten* ergeben sich abgesehen von den Feedbacks aus den Pilotschulen über die Beteiligung von Praktikerinnen und Praktikern am Prozess der Standards- und Aufgabenentwicklung selber. Um das notwendige *Commitment* längerfristig zu gewährleisten, werden parallel die für die Arbeit mit den Bildungsstandards notwendigen Unterstützungsstrukturen in den Bundesländern auf- und weiter ausgebaut. Im Sinne eines Überblicks lassen sich den unterschiedlichen Ebenen des Bildungssystems folgende Organe, Akteure und Funktionen zuordnen (Lucyshyn 2006):

Ebene Ministerium: Auf der ministeriellen Ebene besteht eine Projektleitung, die von einer Steuergruppe beraten wird; diese setzt sich aus Vertreterinnen und Vertretern des Ministeriums, der Administration, der Schulaufsicht und -praxis sowie der Wissenschaft zusammen. Ebenfalls auf Bundesebene sind fächer- und schulstufenspezifische Arbeitsgruppen zur Entwicklung der Kompetenzmodelle sowie zur Formulierung von Standards und Aufgabenbeispielen angesiedelt. Die Leiter der Arbeitsgruppen gehören ebenfalls der Projektleitung an. Die Mitglieder der Arbeitsgruppen rekrutieren sich aus Fachdidaktikern und -wissenschaftlern sowie Praktikern aus möglichst allen Bundesländern.

Ebene Bundesländer: In den einzelnen Bundesländern wurden als strategisch wichtige Schlüsselstellen Landeskoordinatoren eingesetzt, die die Verbindung mit der Projektleitung im Bundesministerium herstellen. Der Landeskoordinator oder die Landeskoordinatorin betreut die Pilotschulen und baut in Zusammenarbeit mit der Schulaufsicht und den zuständigen Abteilungsleitungen der Pädagogischen Hochschulen Fach- und Expertenteams auf. Diese sind für die Implementierung der Bildungsstandards vor Ort und die Unterstützung der Schulen zuständig. Ebenfalls in Zusammen-

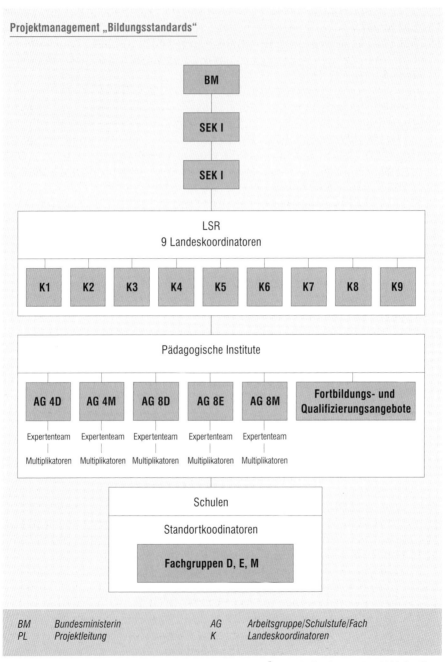

Abbildung 9: Projektmanagement des Bildungsstandards-Projektes in Österreich (Quelle: Lucyshyn 2006, S. 17)

arbeit mit den Pädagogischen Hochschulen und der Schulaufsicht konzipieren die Landeskoordinatoren bzw. -koordinatorinnen Fortbildungsveranstaltungen zur Qualitätsentwicklung an den Schulen. Die Pädagogischen Hochschulen sind verpflichtet, einen gewissen Anteil ihres Gesamtbudgets für die Einführung der Bildungsstandards aufzuwenden.

Ebene Schulen: Als entscheidend für das Gelingen des Transformationsprozesses wird die Schulebene angesehen. Neben den Lehrpersonen kommt den Schulleitungen eine dominante Rolle zu. Schulleiterinnen und Schulleitern wird seit 2004 vom Bildungsministerium unter dem Namen *Leadership Academy* ein Qualifizierungsprogramm angeboten. Ziel ist es, die Schulleitungen zu befähigen, am Standort mit den Schulpartnern ein Schulprogramm zu erstellen, die Schul- und Unterrichtsentwicklung professionell anzuleiten und die Verantwortung in der Personalentwicklung zu übernehmen. Im Vordergrund steht der Erwerb strategischer Handlungskompetenz sowie kommunikativer Kompetenzen im Hinblick auf Konfliktsituationen. Fortbildungsangebote für Lehrpersonen im Hinblick auf die Umsetzung von Bildungsstandards im Unterricht existieren seit 2006 und sind fakultativ. Um diese adressatengerecht zu gestalten, wurden im Vorfeld (Pilotschul-)Lehrpersonen im Rahmen eines Workshops eingeladen, ihre diesbezüglichen Bedürfnisse zu formulieren.

Auf der Ebene Schule organisiert eine Lehrperson pro Fach als Schulkoordinatorin bzw. Schulkoordinator die Standarderprobung und administriert die Standardtestung, wenn es an der Schule zu einer solchen kommt. Diese Lehrperson ist Ansprechpartnerin für die Pädagogische Hochschule und die Landeskoordinatorin bzw. den Landeskoordinator und organisiert Fachkonferenzen und Maßnahmen zur Implementierung von Standards an der betreffenden Schule. Den Lehrerinnen und Lehrern stehen für die Planung des Unterrichts und dessen verstärkte Ausrichtung an Ergebnissen die Expertenteams der Pädagogischen Hochschulen zur Verfügung. Die Lehrerinnen und Lehrer an den Pilotschulen wiederum geben den Landeskoordinatoren und -koordinatorinnen sowie den Arbeitsgruppen auf Bundesebene Rückmeldungen über ihre Erfahrungen im Umgang mit den Bildungsstandards und Aufgabenbeispielen. Der Prozess wird vom Bundesinstitut für Bildungsforschung, Innovation und Entwicklung des Bildungswesens evaluiert.

Bis zur erstmaligen Überprüfung der normierten Bildungsstandards sollen Verständnis und Akzeptanz bei den Lehrpersonen über die Pilotschulen hinaus ein tragfähiges Maß erreicht haben und jene ihre Wirksamkeit als Instrumente der Qualitätssicherung und -entwicklung im Unterricht nachweislich entfalten können. Bis dahin sollen auch die Unterstützungs- und Rückmeldesysteme weitestgehend aufgebaut und die Lehrerfortbildung auf standardbasierten Unterricht umgestellt sein. Hat das Projekt die Unterstützung eines kritischen Maßes an Lehrpersonen und der Schuladministration für sich gewonnen, können – so die Leitidee des Implementierungskonzeptes – die staatlichen Vorgaben zurückgenommen werden und die Schulen die Sicherung und Entwicklung ihrer Qualität eigenständig anleiten.

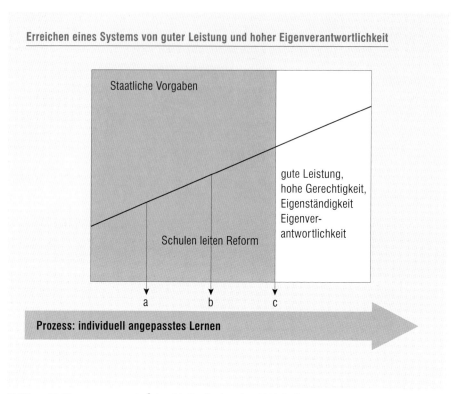

Abbildung 10: Steuerungsprozess in Österreich (Quelle: Lucyshyn 2006, S. 9)

4.3 Bildungsstandards in der Schweiz: nationale Voraussetzungen, Zielsetzungen und Umsetzungen

4.3.1 Das schweizerische Bildungssystem

Die Zuständigkeit für das Bildungswesen liegt in der Schweiz, mit Ausnahme der Berufsbildung und der beiden Technischen Hochschulen, bei den 26 Kantonen; die Aufsicht über die gymnasiale Maturität erfolgt durch die Schweizerische Maturitätskommission[14] gemeinsam durch Bund und Kantone. Das schweizerische Bildungswesen ist, ähnlich wie Deutschland, föderalistisch verfasst. Allerdings müssen bei dieser forma-

---

[14] Die Schweizerische Maturitätskommission gehört zum Staatssekretariat für Bildung und Forschung des Eidgenössischen Departements des Innern.

len Ähnlichkeit die unterschiedlichen Größenverhältnisse[15] insbesondere dort berücksichtigt werden, wo sie sich auf Verwaltungsstrukturen und -abläufe auswirken: Diese sind, im Gegensatz zum schweizerischen „Kommunalismus", in Deutschland stärker zentralistisch ausgeprägt.

Ähnlich wie das deutsche Grundgesetz enthält auch die schweizerische Bundesverfassung nur wenige grundlegende Bestimmungen zur Bildung. In Abgrenzung gegenüber dem deutschen Föderalismus (vgl. Kap. 4.1.1) hat Dietmar Braun (2003) den Föderalismus der Schweiz als „dezentralen Föderalismus" bezeichnet, da dessen Ziel im Erhalt der *Vielfalt* liege; demgegenüber spricht er im deutschen Fall von einem „unitarischen Föderalismus", der auf der Idee der Rechtsgleichheit basiert und aus dem Selbstverständnis als *einheitliche* Kulturnation hervorgeht (zitiert nach Criblez 2007a, S. 262).

Die föderale Verfasstheit des Bildungswesens wird mitunter daran deutlich, dass die Schweiz auf Bundesebene über kein Bildungsministerium verfügt; verschiedene Vorstöße im Parlament zur Schaffung eines Bildungsdepartements sind bislang ohne Erfolg geblieben. Die Verwaltung der obligatorischen Schulen liegt damit bei den kantonalen Bildungsdirektionen bzw. -departementen, wobei sich diese die Schulaufsicht mit den Gemeinden teilen; Erstere verfügen dazu über kantonale Inspektorate, in den Gemeinden übernimmt eine Laienaufsicht, gewöhnlich als Schulkommission oder Schulpflege bezeichnet, diese Funktion.

Bereits im Jahr 1897 hatten die Kantone die „Schweizerische Konferenz der kantonalen Erziehungsdirektoren" (EDK) gegründet. Nicht auf der Bundesebene angesiedelt, jedoch sämtliche Kantone repräsentierend, ist die EDK seit den 1990er-Jahren zu einem bedeutenden Steuerungsorgan geworden, das, ähnlich wie in Deutschland die KMK, die Funktion hat, Koordination und Harmonisierung zu fördern und gleichzeitig „Bundeslösungen im Kompetenzbereich der Kantone zu verhindern" (Criblez 2007a, S. 270f.). Seit den 1970er-Jahren besteht das zentrale Anliegen der EDK darin, die kantonalen Schulsysteme über Empfehlungen, Abkommen und Konkordate zu koordinieren und dadurch die Autonomie der Kantone im Sinne des ‚kooperativen Föderalismus' zu bewahren. Ein erster großer Schritt in diese Richtung war das Konkordat über die Schulkoordination aus dem Jahr 1970, das sich allerdings noch auf strukturelle Gegebenheiten wie das Schuleintrittsalter, Schuldauer und Schuljahresbeginn beschränkte. Kurze Zeit später, 1973, gelangte eine Neuformulierung des Bildungsartikels der Bundesverfassung zur Abstimmung, welche eine Ausweitung der Bundeskompetenzen beabsichtigte. Die Vorlage wurde damals knapp verworfen.

Im Mai 2006 nun haben Volk und Stände (Kantone) einer Revision des Bildungsartikels, mit der das Koordinationsanliegen deutlich gestärkt wird, mit überwältigender Mehrheit zugestimmt (s. Dokument 27: *Bildungsartikel Schweiz*). Damit sind die Kan-

---

[15] Während die Schweiz insgesamt 7,5 Mio. Einwohnerinnen und Einwohner zählt, weisen die Länder Baden-Württemberg, Bayern und Nordrhein-Westfalen allein je 10, 12 bzw. 18 Mio. Einwohnerinnen und Einwohner auf.

tone in Zukunft zu einer umfangreicheren und wirksameren Zusammenarbeit *verpflichtet*, der Bund kann zudem interkantonale Verträge im Bereich der Harmonisierung des Schulwesens allgemein verbindlich erklären (Art. 62, Abs. 4; Art. 48a).

Einen allgemeinen Überblick über den Schulaufbau in der Schweiz gibt die folgende Abbildung:

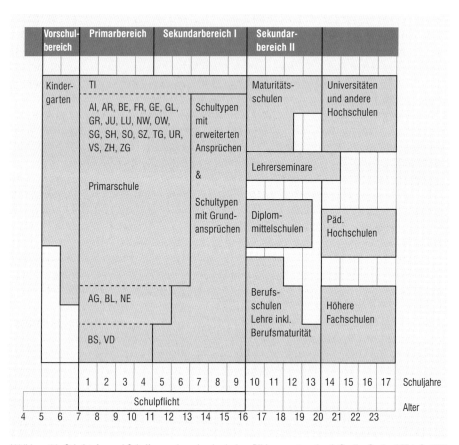

Abbildung 11: Schulstufen und Schulformen im schweizerischen Bildungssystem (nach Quelle: Gretler 2004, S. 493)

4.3.2 Bildungsstandards im Kontext aktueller Reformdiskussionen

Die Entwicklung und Einführung nationaler Bildungsstandards bildet in der Schweiz ein zentrales Element innerhalb bereits länger andauernder Reformbestrebungen. Die zugrunde liegende Politik lässt sich kurz mit den Postulaten *Koordination*, neuerlich auch *Harmonisierung*, und *Wirksamkeit* fassen.

Forderungen nach einer verstärkten *Koordination* zwischen den Kantonen gehen auf Impulse zurück, die seit Beginn der 1990er-Jahre im Umfeld einer zunehmend internationalisierten Bildungspolitik entstanden. Um sich auf Prozesse der supranationalen Diplomanerkennung im Dienste der Mobilität des Personals überhaupt einstellen zu können, erwies sich eine Strukturbereinigung innerhalb der Schweiz als notwendig. In jener Zeit lassen sich denn auch verschiedene Anzeichen ansiedeln, die auf eine Öffnung der Bildungspolitik angesichts von Tendenzen der Internationalisierung und Globalisierung hindeuten (Criblez 2007a): So unterzog sich die Schweizer Bildungspolitik 1990 erstmals einer OECD-Analyse; etwa gleichzeitig stellte sich die nationale Bildungsstatistik auf international definierte Indikatoren ein und die Schweiz begann an internationalen Schulleistungsvergleichen teilzunehmen. Es folgte die Unterzeichnung der *Bologna-Deklaration*, und schließlich fällt in diesen Zeitraum die – zwar negativ ausgefallene – Volksabstimmung über den EWR-Beitritt von 1992. Die Kantone reagierten auf den Harmonisierungsbedarf mit verschiedenen interkantonalen Vereinbarungen, die im Anschluss an das erwähnte Schulkonkordat von 1970 vorerst die Sekundarstufe II und den tertiären Bildungsbereich fokussierten.

Der erwähnte OECD-Bericht (1991) nannte als Schwächen des Schweizer Systems die große Zahl unterschiedlicher Entscheidungsträger und Organe, die verhältnismäßig hohen Kosten des Bildungswesens sowie Mobilitätshindernisse (S. 143), was u. a. Überlegungen im Hinblick auf *Effizienzsteigerung* nahe legte. Um die Effizienz zu erhöhen, führten die Bildungsverwaltungen in der Folge das Konzept des *New Public Management* ein. Im Sinne einer allgemeinen Deregulierung zugunsten einer an den Ergebnissen (*Outcomes*) orientierten Steuerung sollten Verwaltungs- und Organisationsaufgaben dezentralisiert und die Gestaltungsfreiräume für die Einzelschulen erweitert werden (teilautonome Schule).

Die enttäuschenden PISA-Ergebnisse aus der Erhebung im Jahr 2000 haben diese Reformvorhaben auch in der Schweiz beschleunigt (s. Dokument 13: *PISA-Resultate*). Abgesehen von den unter dem OECD-Durchschnitt liegenden Resultaten im Lesen sorgten insbesondere die breite Leistungsvarianz und die große Gruppe der schwächsten Schülerinnen und Schüler bei gleichzeitig hohen Bildungsausgaben für eine bestimmte Aufgeregtheit und ließen die Frage nach Chancengleichheit erneut virulent werden. Für die bildungspolitischen Folgemaßnahmen wurde auch in der Schweiz die Feststellung leitend, dass die erfolgreichen Länder ihre Bildungssysteme bereits seit längerer Zeit auf eine ergebnisorientierte Steuerung umgestellt hatten. Zugunsten der Einführung von Bildungsstandards sprachen aber auch anhaltende Forderungen nach einer Klärung des Bildungsauftrages vor dem Hintergrund einer „Lehrplaninflation" oder sich wiederholende Kritik an den Beurteilungs-, Zensurierungs- und Selektionspraktiken. Die Skepsis gegenüber der Aussagekraft und Vergleichbarkeit von Schulzeugnissen wurde unter anderem deutlich, als Wirtschaftsverbände für die Auswahl von Auszubildenden eigene Beurteilungsverfahren entwickeln ließen und zur Anwendung brachten (sogenannter *Basic Check* oder *Multi Check*).

Die erwähnten Reformansätze im Bereich der Steuerung und Koordination des Bildungssystems sind bei der Erarbeitung der Interkantonalen Vereinbarung über die Harmonisierung der obligatorischen Schule (HarmoS-Konkordat) berücksichtigt worden (s. Dokument 28: *HarmoS-Konkordat*). Das Konkordat verfolgt vier zentrale Zielsetzungen, die Einführung nationaler Bildungsstandards gilt als Kernelement der Reformbemühungen.

Vier zentrale Ziele von HarmoS

▸ Harmonisierung der Lerninhalte;
▸ Stärkung einer koordinierten Steuerung der obligatorischen Schule;
▸ Evaluation des Bildungssystems auf gesamtschweizerischer Ebene;
▸ Qualitätsentwicklung des Bildungssystems.

Quelle: EDK 2004

Abgesehen von einer inhaltlichen Harmonisierung mittels nationaler Bildungsstandards und sprachregional einheitlicher Lehrpläne zielt das Konkordat auf eine weitergehende Angleichung zentraler struktureller Eckwerte der obligatorischen Schule, des Einschulungsalters, der Dauer der Schulstufen und der obligatorischen Schulzeit insgesamt; zudem verpflichten sich die beitretenden Kantone, auf der Primarschulstufe Blockzeiten einzuführen sowie bedarfsgerechte Tagesstrukturen anzubieten.

Die bildungspolitischen Verfahren für den Beitritt der einzelnen Kantone haben 2008 begonnen. In verschiedenen Kantonen ist gegen den Beitrittsentscheid des Parlamentes das Referendum ergriffen worden. Damit das Konkordat in Kraft tritt, muss es von zehn Kantonen ratifiziert werden. Dies wird voraussichtlich nicht vor Anfang 2009 der Fall sein. Im Anschluss daran haben die Kantone sechs Jahre Zeit, um ihre Strukturen und Schulprogramme an die verbindlichen Vertragsbedingungen anzupassen und die Bildungsstandards zu implementieren.

4.3.3 Die Schweizer Bildungsstandards: Konzept und Funktion

Gemäß offizieller Definition durch die EDK (2004) handelt es sich bei den in der Schweiz einzuführenden Bildungsstandards um ergebnisorientierte Leistungsstandards oder, um die Terminologie von Ravitch (1995) beizubehalten (vgl. Kap. 2.3.1), um sogenannte *Performance Standards*. In Übereinstimmung mit Deutschland und Österreich sollen Leistungsniveaus bezogen auf Fächer und Schulstufen so definiert werden, dass deren Erreichung auch tatsächlich überprüft, d.h. gemessen werden kann. Die Überprüfung soll regelmäßig als Teil des im HarmoS-Konkordat vorgesehenen Bildungsmonitorings erfolgen. Im Gegensatz zu Österreich und Deutschland soll das festzulegende Niveau in der Schweiz eine Leistungsstufe bezeichnen, deren Erreichung von *sämtlichen* Schülerinnen und Schülern einer Schulstufe erwartet werden kann; insofern handelt es sich um sogenannte *Basis-* oder *Mindest*standards.

Aus empirischer und theoretischer Sicht lässt sich kaum entscheiden, ob es besser ist, Mindest-, Regel- oder sogar Maximalstandards einzuführen; allerdings müssen die sogenannten *Cut Scores*, die den Punkt definieren, ab dem ein Standard als erreicht gilt, empirisch fundiert sein. Diese normativen Festlegungen basieren in jedem Fall auf Ergebnissen von *Post-hoc*-Analysen, bei denen mittels repräsentativer Erhebungen Daten über tatsächliche Schülerleistungen und deren Verteilung gewonnen werden. Zu den psychometrischen Analysen treten fachdidaktische Überlegungen, aber auch politische Erwägungen. Der Entscheid etwa zugunsten von Mindeststandards, also der Festlegung von Mindestanforderungen für alle, impliziert hohe politische Verbindlichkeit; ein Unterschreiten der Mindestnorm hätte besondere Signalwirkung und müsste spezielle Maßnahmen auslösen. Die Förderung der schwächsten Schülerinnen und Schüler steht damit im Vordergrund, was im Sinne der Bearbeitung der anlässlich der PISA-Studien diagnostizierten Problemlagen im unteren Leistungssegment als adäquat erscheint. Die Festlegung von Mindest- respektive Regelstandards schließt im Übrigen nicht aus, dass zusätzlich höhere bzw. tiefere Anforderungsniveaus ausgewiesen werden, vorausgesetzt es existiert ein empirisch validiertes Kompetenzmodell.

Die Schweizer Bildungsstandards werden vorerst in vier Fächern und für drei Jahrgangsstufen festgelegt.

Bildungsstandards in der Schweiz[16] auf einen Blick

- 4. Jahrgangsstufe/Ende Basisstufe: Erstsprache, Mathematik, Naturwissenschaften;
- 8. Jahrgangsstufe/Ende Primarschule: Erstsprache, Mathematik, Naturwissenschaften, Fremdsprachen (Englisch und zweite Landessprache);
- 11. Schuljahr/Ende Sekundarstufe I: Erstsprache, Mathematik, Naturwissenschaften, Fremdsprachen (Englisch und zweite Landessprache).

Der Aufstellung ist zu entnehmen, dass die Messzeitpunkte auch in der Schweiz an den Übergängen, nämlich von der Basis- zur Primarstufe, von der Primar- zur Sekundarstufe I und an das Ende der obligatorischen Schulzeit zu liegen kommen. Bezogen auf die Sekundarstufe I wird auf nationaler bzw. interkantonaler Ebene keine Differenzierung der Mindeststandards nach Schultypen vorgenommen, dies bleibt allenfalls den einzelnen Kantonen überlassen. Die Definition der Bildungsstandards als *Mindest-* einerseits sowie als *Leistungs-* oder *Ergebnis*standards anderseits macht deutlich, dass mit den Standards auch

---

[16] Die Angaben der Jahrgangsstufen entsprechen der neuen Zählung nach Abschluss von HarmoS. Im gegenwärtigen bzw. alten System entsprechen diese Jahrgangsstufen dem 2., 6., und 9. Schuljahr.

in Zukunft die Lehrpläne nicht ersetzt werden sollen, dass von den Bildungsstandards aber präzisierende und harmonisierende Wirkungen im Bereich der Lerninhalte erwartet wird.

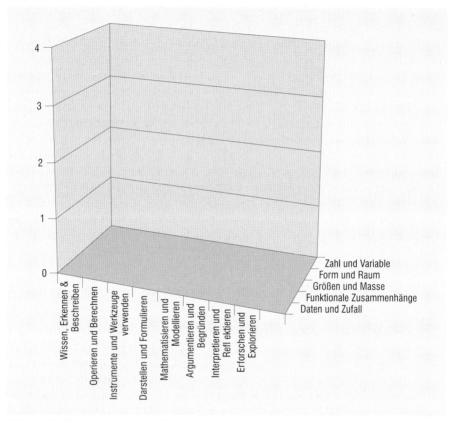

Abbildung 12: Bildungsstandards in der Schweiz: Kompetenzmodell Mathematik (modifiziert nach Lindauer/Linneweber-Lammerskitten 2008, S. 7)

Mit dem Entscheid zugunsten von *Mindest*standards in den Kernfächern sowie mit der von Beginn weg vorgenommenen Fundierung der Bildungsstandards in sogenannten *Kompetenzmodellen* ist die Schweiz den Vorschlägen der Expertise von Klieme u. a. *Zur Entwicklung nationaler Bildungsstandards* (2003) weitgehend gefolgt. Die Festlegung von Mindeststandards erfordert diese wissenschaftliche Fundierung und die empirische Validierung der Kompetenzstufen in besonderem Maß, da insbesondere ein zu tiefes Ansetzen von Mindestanforderungen vermieden werden soll. Demnach werden, im Gegensatz zu Deutschland und Österreich, in einem ersten Schritt Modelle entwickelt, die Aspekte, Abstufungen und Entwicklungsverläufe von fach- bzw. domänenspezifischen Kompetenzen sichtbar machen.

Die Kompetenzmodelle bilden die Schwierigkeitsgrade bezüglich Wissensinhalten und Kompetenzen eines Faches ab. Jenen werden konkrete Aufgabenstellungen zugeordnet, die die jeweiligen Schwierigkeitsgrade verkörpern. Auf der Grundlage der Aufgaben werden anschließend Testitems entwickelt und jedes Kompetenzmodell an einer breiten repräsentativen Stichprobe empirisch validiert. Ein solcher Testlauf, der Aufschluss über die statistische Verteilung der Schülerinnen und Schüler auf die Kompetenzniveaus gibt, wurde in der Schweiz im Frühjahr 2007 mit über 12.000 Schülerinnen und Schülern durchgeführt. Aufgrund der Analyse der Ergebnisse werden den politischen Behörden Vorschläge für die Festlegung der Mindestkompetenzen unterbreitet. Die von den wissenschaftlichen Konsortien vorgeschlagenen Bildungsstandards befinden sich zurzeit in der Vernehmlassung (Anhörung) und werden anschließend durch die EDK-Plenarversammlung verabschiedet.

Betrachtet man, ähnlich wie für Deutschland und Österreich, die Reaktionen aus Praxis und Wissenschaft auf die von der Politik initiierte Reform, so fielen diese – von einigen Ausnahmen abgesehen (Herzog 2008a) – in der Schweiz bisher am moderatesten aus. Zumindest mit Bezug auf die Schulpraxis mag dies dem Umstand geschuldet sein, dass Dokumente mit konkreten Bildungsstandards-Formulierungen und Aufgabenbeispielen noch gar nicht öffentlich zugänglich sind (s. Dokument 29: *Kritik Schweiz*).

4.3.4 Überprüfung und Implementierung von Bildungsstandards

Die Steuerung dessen, was Schülerinnen und Schüler in der Schule lernen sollten, erfolgte bislang vor allem über Lehrpläne; dabei existierte kein Referenzrahmen, der es erlaubt hätte festzustellen, welche Kenntnisse, Fertigkeiten und Fähigkeiten von den Schülerinnen und Schülern tatsächlich erworben worden sind. Diese Überprüfung bildet in Zukunft einen Bestandteil des von Bund und Kantonen verantworteten Bildungsmonitorings. Voraussichtlich alle vier Jahre werden dazu die Schülerleistungen in den Kernfächern anhand von Schülerstichproben landesweit erhoben und analysiert. Die Ergebnisse fließen neben anderen Informationen und Datenanalysen in einen *Bildungsbericht*[17] ein und werden so der Politik und Bildungsverwaltung als Grundlage der Bildungsplanung, aber auch der breiten Öffentlichkeit im Sinne einer Rechenschaftslegung zugänglich gemacht. Zentrale Analysekategorien des Pilotberichtes beziehen sich auf die Effektivität (Wirkung), Effizienz (Wirkung in Relation zum Aufwand, Verhältnis von *Input* und *Output*) und *Equity* (Gerechtigkeit, Chancengleichheit) des Bildungssystems.

Die Daten sollen in Zukunft eine Grundlage für Steuerungsentscheide im Hinblick auf die Entwicklung der Qualität und Effizienz des Bildungswesens bieten. Die Kompetenzen für entsprechende Maßnahmen liegen allein bei den Kantonen. Zurzeit fehlen von Seiten der EDK allerdings Aussagen zu möglichen Konsequenzen einer

---

[17] Ein erster Pilotbericht ist Ende 2006 erschienen (SKBF 2006). Der nächste Bericht ist für 2010 geplant.

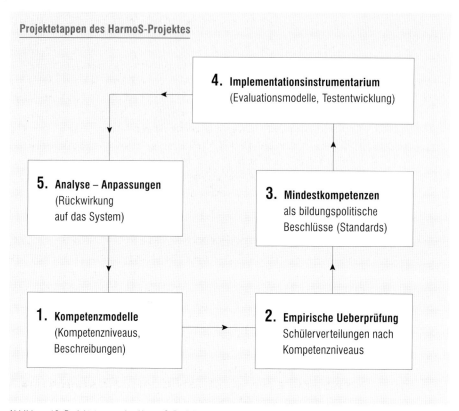

Abbildung 13: Projektetappen des HarmoS-Projektes in der Schweiz (Quelle: EDK 2004, S. 12)

Unterschreitung der Basisstandards; auch in diesem Fall entscheiden die Kantone voraussichtlich je einzeln über die als notwendig und adäquat erachteten (Unterstützungs-)Maßnahmen.

Das HarmoS-Konkordat (EDK 2007, Art. 8, Abs. 4) legt fest, dass sich die EDK und die Sprachregionen fallweise über die Entwicklung von Referenztests auf der Basis der festgelegten Bildungsstandards verständigen werden. Es ist also weiterhin grundsätzlich den Kantonen überlassen, weitere Tests durchzuführen, die detailliertere Aussagen, etwa auch auf der Ebene Einzelschule oder Schulklasse, erlauben. Im Gegensatz zur bisherigen Situation ist allerdings neu, dass nun mit den im Rahmen von HarmoS entwickelten Kompetenzmodellen und Basisstandards ein *einheitlicher* Referenzrahmen für Evaluationen auf den unterschiedlichen Ebenen des Systems (nationale und kantonale Systemebene, Schule, Klasse, Schülerinnen und Schüler) vorliegt.

HarmoS als einheitlicher Bezugsrahmen für Evaluation und Entwicklungsarbeit

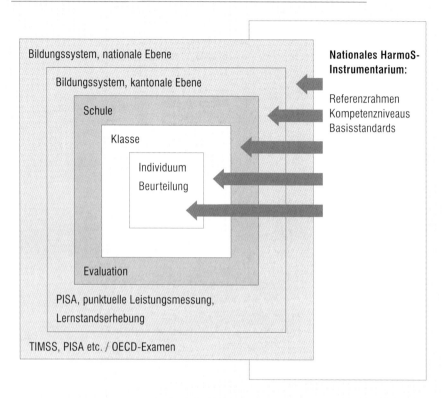

Abbildung 14: HarmoS – ein einheitlicher Bezugsrahmen für Evaluation und Entwicklungsarbeit (Quelle: Grossenbacher 2008, S. 1 f.)

Wie in Deutschland ergibt sich auch vor dem Hintergrund des Schweizer föderalistischen Bildungssystems, dass die Implementierung der Bildungsstandards im Kompetenzbereich der Einzelstaaten, das heißt hier der Kantone, liegt. Verschiedene überkantonale bzw. regionale Initiativen zeichnen sich hier bereits ab. Da in der Schweiz die Bildungsstandards erst im Anschluss an die Entwicklung und Validierung von Kompetenzmodellen erfolgt und erste Ausformulierungen deshalb auch erst 2009 vorliegen, wird dieser langfristige Prozess erst demnächst konkrete Gestalt annehmen. Das Ziel einer wirkungsvollen Umsetzung kompetenzorientierten Lehrens und Lernens im Unterricht ist allerdings mit der Durchführung von Leistungstests allein nicht erreichbar (Oelkers/Reusser 2008). Bestandteil eines Implementierungskonzeptes muss beispielsweise die Abstimmung zwischen Bildungsstandards und Lehrplänen sein. Neue Lehrpläne werden zurzeit sprachregional entwickelt: Arbeiten an einem Lehrplan für die Volksschulen der deutschsprachigen Schweiz wurden im Dezember 2006 aufgenommen und sollen bis ca. 2011 abgeschlossen sein; für die französischsprachigen Kantone ist mit dem *Plan d'études romand* ein paralleles Projekt bereits weit fortgeschritten.

Abgesehen von den Lehrplänen ist in den Kantonen ein weiteres *alignment* notwendig, also gegenseitige Abstimmungen auch in den Bereichen der Qualitätssicherung (interne/externe Evaluation, Schulinspektion), der Lehrerinnen- und Lehreraus- und -weiterbildung und bei der Entwicklung von Lehrmitteln, die gemäß HarmoS-Konkordat ebenfalls auf sprachregionaler Ebene koordiniert werden soll (EDK 2007, Art. 8). Für eine wirkungsvolle Implementierung sind solche Abstimmungen in unterschiedlichen Bereichen erforderlich, zum Beispiel die Übersetzung der Bildungsstandards in repräsentative Aufgabenbeispiele und die Abstimmung von Lehrmitteln und Lehrplänen mit den Bildungsstandards. Dies macht deutlich, dass die Einführung von Bildungsstandards als *Performance Standards* auch Wirkungen auf der Input-Seite zeigen wird.

Aufgabe 18: Vergleichen Sie die Bildungsstandards-Konzeptionen und deren Entwicklung in Deutschland, Österreich und der Schweiz. Welche Gemeinsamkeiten und Unterschiede stellen Sie fest?

Aufgabe 19: Wie wirken sich die unterschiedlichen Bildungsverfassungen und -verwaltungsstrukturen (Föderalismus vs. Zentralismus) in den konkreten Fällen Deutschland, Schweiz und Österreich auf Strategien der Implementierung aus? Mit welchen Möglichkeiten und Problemen kann je gerechnet werden?

4.4 Fazit

Betrachtet man die Diskussionen im Umfeld der Einführung von Bildungsstandards in den drei dargestellten Ländern, so lässt sich dieses neue Instrument als Reaktion auf neue und auf alte Herausforderungen interpretieren. Die bildungspolitischen Verunsicherungen und Diskussionen im Anschluss an die Veröffentlichung der Ergebnisse der groß angelegten internationalen Leistungsstudien, allen voran PISA 2000, haben dabei sicherlich reformbeschleunigend gewirkt. Zugleich lassen sich einige weiter zurückreichende Problemlagen pädagogischer und bildungspolitischer Art feststellen, für die die Einführung von Bildungsstandards, je nach Land mit unterschiedlicher Gewichtung, eine adäquate Lösung bereitzuhalten schien.

Weiter zurückreichende Reformanliegen, für die Bildungsstandards eine Lösung bieten können bzw. wollen:
▸ Konkretisierung von Bildungszielen;
▸ Erhöhung der Autonomie und zugleich der Verantwortung der Einzelschule;
▸ Professionalisierung der Lehrtätigkeit – die Gestaltung von Lehr-/Lernprozessen soll mit der Einführung von Bildungsstandards entwickelt und nicht eingeschränkt werden;
▸ Schaffung eines fairen Referenzrahmens für die Beurteilung, Notengebung und Selektionsentscheide im Hinblick auf die Vergleichbarkeit von Abschlüssen;
▸ Förderung individueller Leistungen und der Leistung des Systems vor dem Hintergrund einer internationalen Wettbewerbssituation sowie in einer sich rasch wandelnden ‚Wissensgesellschaft';
▸ Beförderung der Chancengerechtigkeit angesichts breiter Leistungsvarianzen in Abhängigkeit von sozialer und kultureller Herkunft.

Den größten Schock hatte PISA wohl in Deutschland ausgelöst. Die Ergebnisse bestätigten die bereits in den 1990er-Jahren unternommenen Vorstöße in Richtung mehr Qualitätssicherung; der Blick auf die Steuerungspolitik erfolgreicher Länder untermauerte eine Orientierung an den *Outcomes* und der Effizienz des Systems, nicht zuletzt auch der Kosteneffizienz. Dieselben Überlegungen lassen sich auch für Österreich und die Schweiz feststellen. Die Notwendigkeit einer systematischen Qualitätssicherung ergab sich in Österreich zugleich aus den in den 1990er-Jahren unter dem Stichwort Schulautonomie eingeleiteten Reformen. Zusammen mit dem beobachteten Gerechtigkeitsdefizit im österreichischen Bildungssystem legte dies die Notwendigkeit nahe, Leistungen zu messen und zu vergleichen. Auch in der Schweiz geht die Forderung nach *Output*-Messung einher mit einem Trend Richtung vermehrter Schulautonomie. Für die Schweiz muss wohl aber zusätzlich auf die weiter zurückreichenden Harmonisierungsbestrebungen zwischen den kantonalen Schulsystemen verwiesen werden.

Bezüglich der Umsetzung – Entwicklung und Implementierung – der Bildungsstandards lassen sich einige Differenzen zwischen den Ländern feststellen. In Deutschland gingen die Entwicklungsarbeiten in einer ersten Phase forciert vor sich, dies zumindest teilweise in Reaktion auf die Rezeption der PISA-Ergebnisse. Ähnliches lässt sich auch für Österreich feststellen; hier galten die ersten Standards-Versionen allerdings explizit als Entwürfe, die es in der Praxis zu überprüfen und aufgrund der Feedbacks zu überarbeiten galt. Die gesetzliche Verbindlicherklärung erfolgt in Österreich erst gegen Ende einer ersten Entwicklungsphase; ähnlich findet in der Schweiz der politische Beitrittsprozess zum Konkordat mit der Formulierung erster Bildungsstandards statt. Während in Österreich die Implementierung parallel und in Verknüpfung mit den Entwicklungsarbeiten erfolgt, sind die beiden Prozesse in der Schweiz nicht nur völlig getrennt, sondern laufen im Gegensatz zu Deutschland auch zeitlich nacheinander ab. Erst nachdem die vorerst definitiven Bildungsstandards vorliegen, etwa Ende 2008, kann der Implementierungsprozess in den Kantonen und Regionen beginnen.

Die Unterschiede im Vorgehen zwischen der Schweiz und Österreich lassen sich einerseits darauf zurückführen, dass die Erarbeitung der Bildungsstandards in beiden Fällen zentral erfolgt, die Umsetzung in der Schweiz jedoch Aufgabe der Kantone ist. Anderseits handelt es sich bei den Schweizer Bildungsstandards um Basis- bzw. Mindeststandards, woraus sich Differenzen im Entwicklungs- und Umsetzungsverlauf auch zu Deutschland ergeben. Die wissenschaftliche Fundierung von *Mindest*anforderungen erscheint besonders notwendig, da Signalwirkungen, die von einem zu hohen und vor allem einem zu tiefen Ansetzen des Minimalniveaus ausgehen, besonders zu vermeiden sind. Der Entwicklungsablauf unterscheidet sich denn auch insofern von beiden Nachbarländern, als die Erstellung von theoretisch fundierten Kompetenzmodellen hier am Anfang der Arbeiten und die empirische Validierung der Kompetenzstufen vor der Formulierung der Standards steht.

Im Gegensatz zu Österreich ist die Implementierung der Bildungsstandards in den beiden föderalistisch verfassten Bildungssystemen Deutschland und Schweiz den einzelnen Bundesländern bzw. Kantonen überlassen. Dasselbe gilt für die Überprüfung der Bildungsstandards jenseits von einem regelmäßigen bundesweiten *Monitoring*, d. h. auf der Ebene einzelner Bundesländer bzw. Kantone und auf der Ebene der Einzelschulen und Klassen.

Weitere Spezifikationen und eine vergleichende Übersicht zu Bildungsstandards und Monitorings/Tests in den Ländern Deutschland, Österreich und Schweiz gibt die folgende Tabelle.

	Deutschland	**Österreich**	**Schweiz**
Bildungsstandards			
Gattung	Leistungsstandards	Leistungsstandards	Leistungsstandards
Art	Regelstandards	Regelstandards	Basisstandards
Fächer (in der ersten Entwicklungsphase)	Deutsch, Mathematik, erste Fremdsprache, Naturwissenschaften	Deutsch, Mathematik, Englisch, Naturwissenschaften	Erstsprache, Mathematik, Englisch und zweite Landessprache, Naturwissenschaften
Jahrgangsstufen (in der ersten Entwicklungsphase)	4., 9., 10.	4., 8., 12.	2., 6., 9.

Bezug zu Lehrplänen	länderspezifisch	Einbezug existierender Lehrpläne zu Beginn der Entwicklung der Bildungsstandards	Bezug zu sprachregionalen Lehrplänen (in Entwicklung)
Zentrale Funktion (neben anderen)	Qualitätssicherung	Orientierung für Lehrpersonen und Schulen bei der Leistungsbeurteilung	Einheitlicher Referenzrahmen für Evaluationen auf den unterschiedlichen Systemebenen
Entschluss zur Einführung von Bildungsstandards	2002 (Grundsatzbeschluss der KMK vom 24. Mai)	2000 (Regierungsprogramm)	2002 (EDK-Plenarversammlung vom 6. Juni)
Verbindliche Einführung in den Schulen vorgesehen bis	2004/05 bzw. 2005/06	2012	2014
Entwicklung der Bildungsstandards (wissenschaftliche Institution)	ab 2004 am IQB (Einrichtung der KMK)	ab 2008 am Bifie (Bundesinstitut)	an verschiedenen Pädagogischen Hochschulen und Universitäten der Schweiz (im Auftrag der EDK)
Einführung der Bildungsstandards mittels	Vereinbarungen der KMK (ab 2003)	Gesetzesbeschluss (2008)	Interkantonale Vereinbarung (Staatsvertrag) (voraussichtlich 2009)
Bildungsmonitoring (Zuständigkeit)	KMK	national (Konzept in Planung)	gemeinsam durch Bund und Kantone (EDK)
Bildungsbericht	Gemeinsam durch Bundesministerium und Länder (KMK) (ab 2006, alle 2 Jahre)	national (in Planung)	Gemeinsam durch Bund und Kantone (EDK) (Pilotbericht 2006; alle vier Jahre)

Tests	Beschluss der KMK vom 24.5.2002 zur Durchführung von Vergleichs- und Orientierungsarbeiten in den Ländern. Die Entwicklung normierter Testaufgaben erfolgt seit 2004 am IQB.	seit 2005 Probetests zur Normierung der Testinstrumente und Erprobung der Rückmeldeformate; Überprüfung der Bildungsstandards ab 2012/13, jährlich anhand einer Stichprobe von 30%	Abgesehen von den Tests im Rahmen des nationalen Bildungsmonitorings (nach 2014) liegt die Durchführung von weiteren Tests im Kompetenzbereich der Kantone.
Implementierung	durch die Bundesländer	zentral gesteuert	durch die Kantone

Tabelle 4: Überblick über die Einführung von Bildungsstandards in Deutschland, Österreich und der Schweiz

Weiterführende Literatur

Zu Kapitel 4.1 (Deutschland)
Döbert, H. 2007: Germany. In W. Hörner u. a. (Hg.): The Education Systems of Europe. S. 299–325. Dordrecht
Kultusministerkonferenz 2005: Bildungsstandards der Kultusministerkonferenz. Erläuterungen zur Konzeption und Entwicklung. München u. a.: Luchterhand [http://www.kmk.org/fileadmin/doc/Bildung/vA/vA-Dokumente/Intern/Argumentationspapier.pdf; recherchiert am 02.02.2009]
Kultusministerkonferenz 2008: Das Bildungswesen in der Bundesrepublik Deutschland 2007. Darstellung der Kompetenzen, Strukturen und bildungspolitischen Entwicklungen für den Informationsaustausch in Europa. Bonn u.a. [http://www.kmk.org/fileadmin/doc/Dokumentation/Bildungswesen_pdfs/dossier_dt_ebook.pdf; recherchiert am 03.02.2009]
Oelkers, J. /Reusser, K. 2008: Qualität entwickeln – Standards sichern – mit Differenz umgehen. Unter Mitarbeit von E. Berner, U. Halbheer, S. Stolz. Bonn u.a. [http://www.bmbf.de/pub/bildungsforschung_band_siebenundzwanzig.pdf, recherchiert am 03.02.2009]

Zu Kapitel 4.2 (Österreich)
Eder, F. u.a. 2007: Austria. In W. Hörner u. a. (Hg.): The Education Systems of Europe. S. 52–76. Dordrecht
Kubinger, K.D. u. a. 2006: Standard-Tests zu den Bildungsstandards in Österreich - Wissenschaftlicher Hintergrund und Hinweise zur Interpretation der Ergebnisse der Standard-Tests. Wien [http://www.gemeinsamlernen.at/siteVerwaltung/mOBibliothek/Bibliothek/Standards%20Handbuch+Kubinger.pdf; recherchiert am 01.12.2008]
Kubinger, K.D. u. a. 2007: Large-Scale Assessment zu den Bildungsstandards in Österreich: Testkonzept, Testdurchführung und Ergebnisverwertung. In: Erziehung und Unterricht, H. 157, S. 588–599

Lucyshyn, J. 2006: Implementation von Bildungsstandards in Österreich. Arbeitsbericht. Salzburg [http://www.klassenzukunft.at/statisch/zukunft/de/arbeitsbericht_bildungsstandards_14_02_2006.pdf, rechechiert am 03.02.2009]

Lucyshyn, J. 2007: Bildungsstandards in Österreich – Entwicklung und Implementierung: Pilotphase 2 (2004–2007). In: Erziehung und Unterricht. 157. S. 566–587

Einen guten Überblick über die österreichische Bildungsstandardsdiskussion gibt Heft 7/8 der Zeitschrift *Erziehung und Unterricht*, 157 (2007), das dem Thema Bildungsstandards gewidmet ist.

Zu Kapitel 4.3 (Schweiz)

Criblez, L. 2007b: Switzerland. In W. Hörner u.a. (Hg.): The Education Systems of Europe. S. 758–782. Dordrecht

Criblez, L. 2008: Bildungsraum Schweiz. Historische Entwicklungen und aktuelle Herausforderungen Bern

EDK [Schweizerische Konferenz der kantonalen Erziehungsdirektoren] 2004: HARMOS. Zielsetzungen und Konzeption. Juni 2004. Bern [http://www.edudoc.ch/static/web/arbeiten/harmos/weissbuch_d.pdf; recherchiert am 03.02.2009]

EDK [Schweizerische Konferenz der kantonalen Erziehungsdirektoren] 2007: Interkantonale Vereinbarung über die Harmonisierung der obligatorischen Schule vom 14. Juni 2007. Bern [http://edudoc.ch/getfile.py?docid=5663&name=HarmoS_d&format=pdf&version=1; recherchiert am 03.02.2009]

EDK [Schweizerische Konferenz der kantonalen Erziehungsdirektoren] s.d.: HarmoS – Harmonisierung der obligatorischen Schule Schweiz. Kurz-Information. Bern [http://www.edudoc.ch/static/web/arbeiten/harmos/kurz_info_d.pdf; recherchiert am 03.02.2009]

Maradan, O./Mangold, M. 2005: Bildungsstandards in der Schweiz. Das Projekt HarmoS. In: ph akzente. H. 2. S. 3–7 [http://www.phzh.ch/webautor-data/208/oma_phakzente05-2.pdf; recherchiert am 18.07.2008]

5. Folgen der Implementierung von Bildungsstandards für Schule und Unterricht

Nachdem bisher Charakteristika von Bildungsstandards und Besonderheiten ihrer Implementierung thematisiert worden sind, wird in den beiden folgenden Kapiteln auf Auswirkungen hingewiesen, welche die einzelne Schule und deren eigentliches Kerngeschehen – den Unterricht und die damit verbundenen Lehr- und Lernprozesse – betreffen. Letztlich erhält eine bildungspolitische Steuerungsmaßnahme wie die Einführung von Ergebnisstandards ihre Legitimation dadurch, dass sie auf eine Verbesserung der Lernmöglichkeiten der Schülerinnen und Schüler zielt. Schulische Leistungen haben jedoch unterschiedliche Ursachen (zusammenfassend Helmke 2003). Von einer einzelnen Maßnahme werden deshalb zwar Wirkungen ausgehen, aber wahrscheinlich nicht nur die beabsichtigten. Die Einführung von Bildungsstandards ist zudem kein mechanistischer Prozess: Gesetzgeberische Vorgaben werden von den Betroffenen in der Regel sinnorientiert umgesetzt, d.h., „sie berücksichtigen die Ressourcen der Person, ihre Fähigkeiten und Persönlichkeitspotenziale (ressources) und stellen diese den situativen Restriktionen und Opportunitäten gegenüber" (Fend 2006, S. 151). Es ist also davon auszugehen, dass Lehrpersonen und Schulleitungen bei der Einführung von Bildungsstandards auch ihren konkreten beruflichen Alltag im Blick behalten werden. Dabei werden sie bei der Umsetzung der geplanten Reform auch Freiheitsgrade zu nutzen wissen. Wie sich die Implementierung von Bildungsstandards in ein bestehendes und hoch strukturiertes Bildungssystem auf den tatsächlichen Unterricht auswirken wird, kann deshalb nur teilweise vorhergesagt werden.

Werden mögliche Folgen der Einführung von Bildungsstandards für die Schule im Allgemeinen und für den Unterricht im Speziellen betrachtet (empirische Studien fehlen für den deutschsprachigen Raum vorderhand weitgehend), ist es hilfreich, mit einer Modellvorstellung zu operieren, welche die Funktionsweisen und Charakteristika schulischer Bildung in Input, Prozess und Output differenziert. Wie in den Kapiteln 3 und 4 aufgezeigt, hat die Bildungspolitik ihre Aufmerksamkeit sehr viel stärker auf die Ergebnisse von Schule und Unterricht, den *Output*, gerichtet und will Maßnahmen im Bildungsbereich vor allem von den erbrachten Lernleistungen ableiten. Standards stellen einen wichtigen Teil dieses Paradigmenwechsels dar und Tests sind zur Feststellung der schülerseitigen Lernstände notwendig. Wie die beiden Pfeile (s. Abbildung 15) unterhalb der drei Ebenen verdeutlichen, sind dabei Auswirkungen auf die anderen beiden Ebenen – den Input und die Prozesse – zu erwarten.

In diesem Kapitel soll thematisiert werden, wie sich die Einführung von Bildungsstandards auf die Arbeit von Lehrpersonen auswirken dürfte. Differenzierter dargestellt werden vor allem die folgenden Themenbereiche: die Tests, mit denen das Erreichen von Bildungsstandards geprüft werden soll (Kapitel 5.1), die Rolle von Lehrplänen (Kapitel 5.2) sowie die Veränderungen im Bereich der Lehrmittel und Aufgaben (Kapitel 5.3). Die Darstellung der möglichen Folgen in diesen Bereichen soll mit Überlegungen zu Potenzialen und Risiken, die mit der Implementierung von Bildungsstandards verbunden sind, ergänzt werden. Mögliche Folgen auf der Ebene des Unterrichts werden anschließend in Kapitel 6 dargestellt.

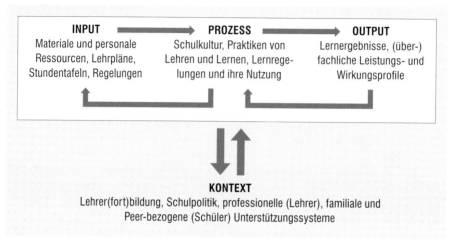

Abbildung 15: Einfaches Modell der Funktionsweise von Bildungssystemen (Quelle: Oelkers/Reusser 2008, S. 17)

5.1 Tests

In Kapitel 3 dieses Bandes wurde bereits dargelegt, dass Standards im Bildungsbereich nicht einfach neu sind. Schule und Unterricht können gar nicht anders – wollen sie ihrer gesellschaftlichen Qualifikations- und Selektionsfunktion gerecht werden –, als Standards zu nutzen: Anforderungen müssen definiert werden, um überhaupt Beurteilungen vornehmen zu können. Dass das Erreichen von Standards mit Tests gemessen wird, ist bekannte Praxis – wenn immer wieder auch Gegenstand der Schulkritik. Lehrpersonen verwenden seit jeher verschiedenste Formate, um Schülerleistungen zu prüfen und das Erreichen von Lernzielen zu kontrollieren. Neu ist aber, dass im Zuge der Einführung von Standards *verbindliche Tests* zum Einsatz kommen, welche *extern veranlasst* werden (also nicht der Wahl von Lehrerinnen und Lehrern unterstehen) und *objektiven Kriterien* folgen. Bildungsstandards in diesem Sinne sind Teil eines *Bildungsmonitorings*: Anhand von Daten sollen problematische Bereiche im Bildungswesen identifiziert werden können und der politischen Administration sollen Informationen zur Gestaltung und Entwicklung des Bildungswesens zur Verfügung gestellt werden können.

Diese Bildungsmonitoring-Funktion von Bildungsstandards zeigt sich ganz deutlich zum Beispiel im Schweizer „HarmoS"-Projekt (EDK 2004, 2007, 2008), wie es in Kapitel 4.3 beschrieben wurde. Standards sind dabei als *Basis-* oder *Minimal*standards gedacht und betreffen die Bereiche Erstsprache, Fremdsprachen, Mathematik und

Naturwissenschaften. Zur Anwendung kommen sie an den Übergängen, also Ende des vierten (Übergang Basisstufe – Primarunterstufe), Ende des achten (Übergang Primarstufe – Sekundarstufe I) und am Schluss des elften Schuljahres (Übergang in die Sekundarstufe II) (EDK 2008).

Es ist aber davon auszugehen, dass Standards und ihre Überprüfung via Leistungstests neben der Bildungsmonitoring-Funktion auch für Lehrpersonen handlungsleitende Funktionen haben werden. Im Folgenden werden einige mögliche Konsequenzen für die Praxis der schulischen Leistungserhebung beschrieben, welche mit der Einführung von Bildungsstandards einhergehen dürften.

5.1.1 Von der informellen, klassenbezogenen Lernstandsmessung zu schulübergreifenden Messungen

Bei der Beurteilung von Lernleistungen wird in der Regel zwischen *summativer* und *formativer* Beurteilung unterschieden. Während Erstere auf die bilanzierende Ermittlung des Lernstandes bzw. des „Lernproduktes" zu einem definierten Zeitpunkt zielt, dient die formative Beurteilung der Erfassung von Zwischenergebnissen, aber auch der Qualität von Lernprozessen und der Beurteilung der individuellen Lernfortschritte. Die formative Beurteilung ist eher auf den Lernprozess, weniger auf das Lernergebnis und dadurch vor allem förderdiagnostisch ausgerichtet (Tremp/Reusser 2007). Dabei wird einerseits einer sozialen Bezugsnorm gefolgt (vgl. Kap. 2.2), welche die jeweilige, in der Regel in einer Klassenarbeit erbrachte Leistung im Vergleich mit dem Durchschnitt der übrigen Schülerinnen und Schüler der betreffenden Klasse misst. Obwohl fehleranfällig (Ingenkamp 1977; Schrader/Helmke 2002), wird die soziale Bezugsnorm wohl deshalb häufig der Beurteilung zugrunde gelegt, weil sie sowohl eine hohe Adaptivität zum behandelten Unterrichtsstoff hat als auch den Quervergleich mit den weiteren Angehörigen derselben Klasse erlaubt. Andererseits werden vor allem für förderdiagnostische Assessments frühere Leistungswerte der einzelnen Lernenden mit aktuellen Daten verglichen. Damit wird die frühere individuelle Leistung – also eine *individuellen Bezugsnorm* – zur Grundlage des Leistungsvergleichs (Rheinberg 2001). Dabei kann der individuelle Lernprozess und Lernfortschritt über einen längeren Zeitraum evaluiert und beurteilt werden, was allerdings durch den Verlust des sozialen Vergleichs erkauft werden muss.

Die *sachliche oder kriteriale Bezugsnorm* spielt bei der Beurteilung von Schülerleistungen im alltäglichen Unterricht bislang eine eher untergeordnete Rolle, obwohl die Curriculumdiskussion der 1970er-Jahre mit der Definition und Operationalisierung von Lernzielen vor allem darauf abzielte (vgl. Kap. 3.2). Dabei wird davon ausgegangen, dass in einem Test bestimmte und in der Regel vorher festgelegte Kriterien erfüllt werden müssen bzw. dass sich von der Erfüllung oder Nichterfüllung dieser Kriterien bestimmte Kompetenzniveaus ableiten lassen. Wird das Erreichen bestimmter fachlicher Standards überprüft, kommen Tests mit kriterialer Bezugsnorm zum Einsatz. Unter dem Begriff Parallel-, Vergleichs- oder Orientierungsarbeiten bzw. Lernstandserhebungen sind in den vergangenen Jahren auch im deutschsprachigen Raum entsprechende Möglichkeiten geschaffen worden, welche es den Lehrpersonen erlauben, die fachlichen Leistungen ihrer Schülerinnen und Schüler in gewünschter Weise zu erheben. Gemeinsam ist allen genannten Testtypen, dass sie auf der Basis einer Aufgabenstichprobe mit einer beliebigen Anzahl Klassen oder sogar Schulen durchgeführt werden (Helmke/Hosenfeld 2003; Schwippert 2005).

Während bei *Vergleichsarbeiten* auf derselben Klassenstufe identische Aufgabensätze bearbeitet werden, um einen Vergleich zwischen den Leistungen der einzelnen Klassen zu ermöglichen, werden in *Orientierungsarbeiten* aus den Lehrplänen Aufgaben mit Bewertungsvorschlägen bezüglich bestimmter Zielkriterien abgeleitet. Ein Beispiel für diesen Typ ist das Testsystem „Klassencockpit". Im Sinne einer Vergleichsarbeit bietet es sowohl für die Primar- als auch für die Sekundarstufe klassenspezifische Tests in den Fächern Deutsch und Mathematik. Die einzelnen Testmodule sind auf die gebräuchlichen Lehrmittel abgestimmt und werden laufend redaktionell bearbeitet; die Tests werden auf der Basis der klassischen Testtheorie entwickelt und an einer umfangreichen Stichprobe geeicht, bevor sie von einer Klassenlehrperson angefordert und zu drei Zeitpunkten im Jahr durchgeführt werden können. Ebenso haben die Lehrpersonen Möglichkeiten zur Rückmeldung in einem interaktiven Forum (Klassencockpit s. d.). Mit dem Testresultat erhalten die Lehrpersonen auf diese Weise eine unabhängige, im Idealfall inhaltlich valide Außensicht des Lernstandes ihrer Schülerinnen und Schüler, welche eine wertvolle Ergänzung zu den durch Klassenarbeiten und Beobachtungen ermittelten Zensuren bildet.

Aufgabe 20: Vergleichen Sie die beiden Testsysteme Klassencockpit (http://www.klassencockpit.ch/) und Stellwerk (http://www.stellwerk-check.ch/). Welche Gemeinsamkeiten und Unterschiede stellen Sie fest? Wie schätzen Sie den Nutzen der beiden Systeme für Lehrkräfte und Schülerinnen und Schüler ein?

Lernstandserhebungen sind im Prinzip identisch mit Vergleichsarbeiten, außer dass sie Aussagen über die erbrachten Leistungen in einer Region, einem Kanton oder Bundesland erlauben. Beispiele dafür sind etwa TIMSS oder IGLU. Damit besteht eine Ähnlichkeit zu standardisierten Leistungstests, welche jedoch hinsichtlich inhaltlicher und die Testgüte betreffender Kriterien schärferen wissenschaftlichen Normen folgen müssen (Helmke/Hosenfeld 2003). Seit 2003 werden in der Schweiz zum Beispiel im Kanton Zürich die Lernstände erhoben (s. Weiterführende Literatur S. 126). Unmittelbar nach Schuleintritt werden die Kinder in den Bereichen Lesen, Wortschatz und soziale Kompetenzen getestet. Ebenso werden Daten zur sozialen und kulturellen Herkunft erhoben. Im Sinne einer Längsschnittstudie folgen Ende der 3., der 6. und der 9.

Klasse weitere Assessments, welche es erlauben, die Schülerinnen und Schüler vier verschiedenen Kompetenzniveaus zuzuweisen. Die Ergebnisse sollen insbesondere einen wichtigen Beitrag zur Diskussion über die flexible Einschulungsphase im Kanton Zürich liefern (Kanton Zürich s. d.).

5.1.2 Messung von Kompetenzen mit Tests

In ähnlicher Weise wie die hier beschriebenen standardisierten Formen der Leistungsmessung sollen Leistungstests, wie sie mit der Einführung von Bildungsstandards vorgesehen sind, statistischen Ansprüchen genügen, indem sie an einer umfangreichen Stichprobe geeicht werden und somit nicht nur Vergleiche innerhalb einer Schulklasse, sondern auch zwischen Klassen oder ganzen Schulen innerhalb einer Region ermöglichen. Allerdings ist wegen der Stichprobenzusammensetzung und -größe die Testung von Bildungsstandards für die Diagnostik von individuellen Schülerleistungen zuhanden der Lehrkräfte nicht oder nur sehr beschränkt geeignet, und vor allem ist sie auch nicht als Grundlage für die Leistungsbeurteilung gedacht. Die Messung von Bildungsstandards soll primär den Systemträgern (Bildungsadministration, Kantonen, Sprachregionen) und sekundär den beteiligten Schulen eine Rückmeldung geben, ohne dass die ohnehin nur lückenhaft verfügbaren einzelschulischen und klassenbezogenen Daten für Selektionszwecke verwendet werden. Da die Standardmessungen zudem an den schulischen Schnittstellen stattfinden, würden sie im ungünstigsten Falle die Selektionsproblematik für leistungsschwache Schülerinnen und Schüler noch verschärfen. Vielmehr sollen die Testergebnisse in erster Linie ein umfassendes Bildungsmonitoring bedienen und valide Aussagen auf der Systemebene darüber ermöglichen, was Schülerinnen und Schüler effektiv können. Weiter sollen sich Leistungstests zur Überprüfung von Bildungsstandards – im Unterschied etwa zu anderen Vergleichsarbeiten oder Fachtests – auf Kriterien beziehen, welche *a priori* über ein theoretisch begründbares *Kompetenzmodell* festgelegt werden (Klieme u. a. 2003). In Anlehnung an Weinert (2001) werden unter Kompetenzen

> *„die bei Individuen verfügbaren oder durch sie erlernbaren kognitiven Fähigkeiten und Fertigkeiten, um bestimmte Probleme zu lösen, sowie die damit verbundenen motivationalen, volitionalen und sozialen Bereitschaften und Fähigkeiten, um die Problemlösungen in variablen Situationen erfolgreich und verantwortungsvoll nutzen zu können,"* (Weinert 2001, S. 27)

verstanden. Bezogen auf den schulischen Unterricht schlägt der Autor die Unterscheidung in fachliche und fachübergreifende Kompetenzen sowie Handlungskompetenzen vor (Weinert 2001). Ergänzend und auf Bildungsprozesse bezogen, beschreiben Klieme/Hartig (2007) Kompetenzen als Dispositionen,

> *„die im Verlauf von Bildungs- und Erziehungsprozessen erworben (erlernt) werden und die Bewältigung von unterschiedlichen Aufgaben bzw. Lebenssituationen ermöglichen. Sie umfassen Wis-*

sen und kognitive Fähigkeiten, Komponenten der Selbstregulation und sozial-kommunikative Fähigkeiten wie auch motivationale Orientierungen." (Klieme/Hartig 2007, S. 21)

Als hauptsächliches Ziel der Kompetenzvermittlung wird „die Befähigung zu selbstständigem und selbstverantwortlichem Handeln und damit zur Mündigkeit" (Klieme/Hartig 2007, S. 21) verstanden.

Im Unterschied zu den bisher beschriebenen Möglichkeiten der Messung von Fachleistungen mit Tests sollten bei der Erfassung von Bildungsstandards die entsprechenden Kompetenzmodelle idealerweise im Voraus definiert werden. Im Sinne eines deduktiven Vorgehens würden somit verschiedene Fähigkeitsstufen festgelegt, da theoretisch begründete Annahmen (z. B. aus der Entwicklungspsychologie oder aus der entsprechenden Fachdidaktik) die Basis für die Festlegung der unterschiedlichen Kompetenzniveaus bilden. Wie die Erfahrungen mit der Einführung von Bildungsstandards in den deutschen Bundesländern aber zeigen (vgl. Kap. 4.1), erweist sich dieser Anspruch einer theoretisch begründeten Kompetenzmodellierung für die Mehrzahl der Fächer und Inhaltsbereiche als (zu) ehrgeizig. Die Fähigkeitsniveaus werden dann aufgrund bestehender Lehrpläne und auf der Basis von Erfahrungswerten festgelegt (s. Dokument 17: *Bildungsstandards Deutschland*).

Im nachstehend aufgeführten Beispiel 9 werden zentrale Kompetenzen für die deutschen Standards im Fach Mathematik genannt. Ebenso werden sogenannte Anforderungsniveaus für eine dieser Kompetenzdimensionen aufgeführt. Auf analoge Weise können auch für andere Fächer nicht nur Mindest- oder Regelstandards festgelegt werden, sondern die erbrachten Schülerleistungen können auch beschreibbaren und einigermaßen trennscharfen Kompetenzniveaus zugeordnet werden. Sie erlauben des Weiteren im Sinne einer umfassenden Leistungsdiagnostik die Bildung von Leistungsprofilen bei den einzelnen Schülerinnen und Schülern anhand relevanter Dimensionen (s. Dokument 30: *Mathematikaufgabe „Modellieren"*).

Zentrale mathematische Kompetenzen und Anforderungsniveaus

K1 Mathematisch argumentieren,
K2 Probleme mathematisch lösen,
K3 Mathematisch modellieren,
K4 Mathematische Darstellungen verwenden,
K5 Mit Mathematik symbolisch, formal und technisch umgehen,
K6 Mathematisch kommunizieren.

Für K1 sind die drei Anforderungsniveaus wie folgt spezifiziert:
▸ Anforderungsbereich I: Routineargumentationen (bekannte Sätze, Verfahren, Herleitungen usw.) wiedergeben und anwenden; einfache rechnerische Begründungen geben; mit Alltagswissen argumentieren.

> ▸ Anforderungsbereich II: Überschaubare mehrschrittige Argumentationen nachvollziehen, erläutern oder entwickeln.
> ▸ Anforderungsbereich III: Komplexe Argumentationen nutzen, erläutern oder entwickeln; verschiedene Argumente nach Kriterien wie Reichweite und Schlüssigkeit bewerten.

Beispiel 9: Zentrale mathematische Kompetenzen und Anforderungsniveaus (Quelle: Blum u. a. 2006 S. 33 ff.)

Wie Beispiel 9 zeigt, stellen die Kompetenzstufen eine Graduierung der Fähigkeiten in einem Fach dar, welche von basalem Grundwissen über die Beherrschung von Grundfertigkeiten bis hin zu anspruchsvollem Problemlösen reicht (Reiss 2004). Kritisch muss allerdings angemerkt werden, dass Kompetenzmodelle nur bedingt geeignet sind, um Entwicklungsverläufe abbilden zu können (Reiss 2004). Kompetenzmessungen im beschriebenen Sinne sind Momentaufnahmen. Eine im Hinblick auf schulische Beurteilung breit angelegte Diagnostik sollte aber auch die erwähnte individuelle Bezugsnorm berücksichtigen und die individuelle Leistungsentwicklung von Kindern oder Jugendlichen fachspezifisch über einen bestimmten Zeitraum hinweg in den Blick nehmen.

5.1.3 Faire Vergleiche zu verschiedenen Zwecken

Faires Testen ist mit einer anspruchsvollen methodischen Anlage verbunden. Für die einwandfreie Messung von Kompetenzen sind komplexe Messmodelle vorzusehen (Klieme/Hartig 2007). Messmodelle, Verfahren und Instrumente müssen immer auch so gestaltet sein, dass eine einwandfreie Qualität der Auswertung gewährleistet ist. Für ein Projekt, bei dem es um Rechenschaftslegung der Schule und ihrer Leistungen gegenüber der Öffentlichkeit geht, darf sich nicht herausstellen, dass beispielsweise die eingesetzten Messinstrumente und die damit verbundenen Prozeduren zu fehlerhaften Ergebnissen führen.

Umfassendere Aussagekraft erhalten die Ergebnisse von Leistungsvergleichen, wenn sie auch Hintergrundinformationen zu den erbrachten Leistungen einbeziehen und mitverarbeiten können. Ob Schülerinnen und Schüler aus einem eher belasteten und bildungsfernen Milieu stammen oder ob die Mehrheit einer Klasse Eltern mit hohem kulturellem und sozialem Kapital hat, ist in jedem Fall in Rechnung zu stellen. Nur auf diese Weise entsteht ein Informationsmehrwert und kann von *fairen* Vergleichen gesprochen werden.

Für die Lehrpersonen stellt sich nicht zuletzt die Frage, was mit den gewonnenen Testdaten geschieht. Diese Frage zielt auf eine erwünschte wie auch problematische Seite von Leistungsvergleichen: Einerseits kann der Stand der eigenen Klasse bezogen auf eine repräsentative Grundgesamtheit erfasst werden, andererseits wird damit aber auch bedeutsam, welche Adressaten in den Besitz der über die Tests gewonnenen

Informationen gelangen. Eine derart umfassende Datenlage ermöglicht verschiedene Modi der Auswertung: Je nachdem, ob ein Gesamtsystem (wie beim Bildungsmonitoring oder einer regionalen Lernstandserhebung) oder eine Schule oder die Leistungen einzelner Schüler (im Falle von Orientierungs- und Vergleichsarbeiten) evaluiert werden, sind die Daten unterschiedlich aufzubereiten und auch rückzumelden. Welche Form gewählt wird, hängt von der Funktion ab, welche die Information zu erfüllen hat. Wenn – wie erwähnt – mit *systematischer, flächendeckender und regelmässiger Beobachtung des ganzen Bildungssystems* im Rahmen eines Bildungsmonitorings Entwicklungsstände, Trends und Problemlagen ermittelt werden (SKBF 2006), sind die Ergebnisse dieser Leistungstests für die Bildungsadministration bedeutsam und müssen spezifisch für diese Zielgruppe aufbereitet werden.

5.1.4 Mögliche Folgen von Leistungstests

Tests können negative Auswirkungen haben, weil deren Ergebnisse zweckentfremdet und missbraucht werden können. Bei Tests muss immer berücksichtigt werden, dass Lehrpersonen mit jeder Leistungsmessung implizit evaluiert werden (Baumert 2001). Ebenso können Testergebnisse für eine breite Öffentlichkeit einsehbar gemacht werden und Gegenstand von Ranglisten werden, auf deren Grundlage eine Einteilung in „gute" und „schlechte" Schulen erfolgen kann. Was als Grundlage einer Selbstvergewisserung und einer weiterführenden Analyse von gegebenenfalls unbefriedigenden Leistungen gedacht war, kann zu einem sogenannten *naming and blaming* verkommen. Schulen, an denen unbefriedigende Leistungen erbracht worden sind, können stigmatisiert und es können unfruchtbare Kausalhypothesen darüber erzeugt werden, wer in welcher Weise den Misserfolg zu verantworten habe. Im ungünstigsten Falle werden auf diese Weise die Differenzen zwischen einzelnen Schulen vergrößert, indem Kinder mit tendenziell höheren Bildungsaspirationen von ihren Eltern in „erfolgreichere" Schulen versetzt werden.

Die Erhebung vielfältiger und aussagekräftiger Daten in einem Bildungssystem kann auch die Illusion wecken, schulische und unterrichtliche Qualität könne – ähnlich wie die Qualität technischer Produkte – auf trivialem Weg erzeugt werden (Fend 2008). Zwar können Leistungsunterschiede zwischen Lernenden zu einem wesentlichen Teil über die Qualität des Unterrichts erklärt werden (vgl. Kap. 6). Dennoch wird es kaum möglich sein, über die Erfassung von Bildungsstandards derart umfassende Daten zu erzeugen, dass plausible Aussagen über die Arbeit einzelner Lehrpersonen möglich werden. Werden nun Testergebnisse etwa dafür verwendet, um die Arbeit der Lehrpersonen zu qualifizieren, stößt dies bei den Betroffenen verständlicherweise auf Abwehr und Ängste. Eine entsprechende (lohnwirksame) Qualifikation ist nicht nur verfassungsrechtlich bedenklich, sondern erzeugt schlimmstenfalls eine Reaktanz, indem Lehrpersonen – im Sinne eines ausschließlichen und kurzfristigen *Teaching to the Test* – ihren Unterricht auf eine *oberflächliche* Erreichung der geforderten Standards ausrichten und damit andere wichtige Inhalte einer umfassenden

Grundbildung vernachlässigen. Damit aber verlieren Testinformationen für die Lehrpersonen ihre diagnostische Qualität, welche die Basis für Reflexionen zum Unterricht und den damit verbundenen Lehr- und Lernprozessen bildet. Anders ausgedrückt: Ein Testsystem kann noch so ausgeklügelt und gut sein – wird es missbräuchlich verwendet und ist seine Akzeptanz unbefriedigend, entfällt seine Aussagekraft (Darling-Hammond 1994).

Erfahrungen aus Österreich zur Akzeptanz der Standards, deren Implementierung in einer Pilotphase mit einer begrenzten Anzahl Schulen evaluiert wurde, stimmen nicht nur optimistisch (vgl. auch Kap. 4.2). So fanden nur 50 % der befragten Lehrpersonen der 18 Pilotschulen, dass Bildungsstandards eine zeitgemäße Grundbildung definieren würden. Ebenso freuen sich rund drei Viertel kaum darauf, mit den Standards zu arbeiten, und 78 % möchten nicht, dass die Bildungsstandards den aktuellen Lehrplan ersetzen. Eine noch deutlichere Mehrheit (82%) verneint einen positiven Effekt auf die Unterrichtsqualität und auf verschiedene Aspekte derselben (Altrichter/Posch 2007). In ähnlicher Weise wurden Akzeptanz und Nutzung von Vergleichsarbeiten in Baden-Württemberg untersucht. Dabei zeigte sich, dass auf sämtlichen Niveaus der Sekundarstufe die selektionsdiagnostische Nutzung der Testwerte als bedeutsamer eingeschätzt wird als deren förderdiagnostischer Nutzen und die Hinweise daraus für die zukünftige Unterrichtsgestaltung. Insgesamt schätzten die Lehrpersonen den Nutzen der Vergleichsarbeiten als eher gering ein (Maier 2008).

Diese Hinweise machen deutlich, dass Tests für Lehrpersonen eine entscheidende Größe darstellen werden, wenn es darum geht, Bildungsstandards umzusetzen. Tests müssen einerseits klar definierte Kompetenzen von Lernenden messen können, andererseits aber auch sensibel sein für den tatsächlich praktizierten Unterricht, soll dieser die Basis einer seriösen und nachhaltigen Testvorbereitung darstellen; eines positiven, auf die Tiefenstruktur von Wissen und Können abzielenden *Teaching to the Test* (Oelkers/Reusser 2008). Entscheidend ist, ob es gelingt, Kompetenzmodelle so zu formulieren, dass sie klar festlegen, was Schülerinnen und Schüler im Unterricht lernen sollen/müssen, und ob die darauf bezogenen Tests auch in der Lage (inhaltlich valide genug) sind, diesen Erwerb messen zu können. Dies an sich stellt eine umfassende Herausforderung dar, bedeutet es doch, sich wissenschaftlich darüber zu verständigen, was unter einer bestimmten Kompetenz verstanden wird und wie diese graduiert werden kann (Klieme/Hartig 2007); d.h., es erfordert eine Klärung, auf welche Weise die komplexe Struktur eines Schulfachs in relevanten Dimensionen abgebildet, in verschiedene Niveaus überführt und in Items bzw. in Aufgaben übersetzt werden kann.

Ein nicht zu unterschätzendes Problem besteht in diesem Zusammenhang auch darin, Tests zu schaffen, welche der Leistungsheterogenität aller Probandinnen und Probanden gerecht werden. Mit der Festlegung, alle Schülerinnen und Schüler, welche lesen und schreiben können, als potenzielle Testpersonen einzubeziehen (Zahner Rossier u. a. 2002), hat PISA faktisch ein Ausschlusskriterium für Jugendliche mit sonderpädagogischem Förderbedarf geschaffen. Wenn Bildungsstandards – verstanden als Mindeststandards – ein umfassendes Monitoringinstrument darstellen sollen, müssen die damit verbundenen Tests auch sensitiv sein für die Leistungen von lernbehinderten Schülerinnen und Schülern sowie von solchen, welche migrationsbedingt noch nicht über ausreichende verkehrssprachliche Fähigkeiten verfügen.

Aufgabe 21: Definieren Sie, bevor Sie das nächste Teilkapitel lesen, Bedingungen, die erfüllt sein müssen, damit Rückmeldungen von Testergebnissen fair sind. Vergleichen Sie Ihre Ergebnisse mit den im folgenden Teilkapitel aufgeführten Anregungen.

5.1.5 Konsequenz: Pflege einer intelligenten und fairen Rückmeldekultur

Sollen Schulen und Lehrpersonen aus Tests lernen können, müssen diese mit einer *intelligenten* Rückmeldekultur einhergehen. Zu berücksichtigen ist dabei, dass Lehrpersonen Leistungsrückmeldungen dann als dienlich erfahren, wenn sie den Handlungserfordernissen der täglichen Unterrichtspraxis entsprechen (Maier 2008). Damit Ergebnisse von vergleichenden Schulleistungstests als fair erfahren und als Input für Schulentwicklungsmaßnahmen verwendet werden können, müssen Rückmeldungen nachvollziehbar sein und Anregungen enthalten, welche im Möglichkeitsrepertoire der Lehrpersonen vorhanden sind (Oelkers/Reusser 2008). Dies bedeutet zuerst einmal, dass die Rückmeldungen verständlich und klar formuliert sein müssen. Es sind also beispielsweise Überlegungen notwendig, wie statistische Auswertungen darzustellen sind, damit sie verstanden und sinnvolle Konsequenzen daraus abgeleitet werden können. Was die Lehrerbildung betrifft, stellt sich die Frage, welche methodischen und statistischen Kompetenzen Lehrpersonen haben müssen, um Testergebnisse interpretieren zu können (Humpert u. a. 2006). Eine intelligente Rückmeldekultur muss somit informativ und gleichzeitig in der Lage sein, die Komplexität von Testdaten angemessen zu reduzieren.

Gute Tests sollten zudem auf möglichst vielen Ebenen des Bildungssystems eine faire *Diagnostik der Prozesse* ermöglichen. Gleichzeitig sollten gewonnene Informationen so rückgemeldet werden, dass Lehrpersonen daraus erkennen, wie Input und Prozesse optimiert werden können. Ergebnisse aus der Unterrichtsforschung zeigen, dass Lernleistungen das Resultat eines komplexen und multideterminierten Mehrebenengeschehens darstellen (Helmke/Weinert 1997). Obwohl inzwischen viele Bedingungsfaktoren von Schulleistung bekannt sind (unter anderem Einsiedler 1997; Helmke 2003), bleibt die Erfassung von Wirkungszusammenhängen weiterhin eine große Herausforderung für die Unterrichtsforschung. Für die Nutzung von Leistungsrückmeldungen bedeutet dies, dass aus Leistungsergebnissen nur in beschränktem Maße auf das Unterrichtsgeschehen und die in seinem Rahmen stattfindenden Lehr-Lern-Prozesse geschlossen werden. Eine langfristige Herausforderung besteht somit darin, diagnostische Instrumente derart weiterzuentwickeln, dass sie Unterschiede zwischen gutem und weniger gutem Unterricht zu erfassen vermögen.

Im Unterschied zu Rückmeldungen aus dem Bildungsmonitoring, die zwar ebenfalls an die beteiligten Schulen gehen, jedoch primär eine Rückmeldung auf der Systemebene darstellen, sollten Rückmeldungen aus inhaltlich feiner ausdifferenzierten, klassenbezogenen Tests (wie Vergleichs- und Orientierungsarbeiten) zu einer Stärken-Schwächen-Analyse des Unterrichts beitragen und Lehrpersonen individualdiagnostische Hinweise im Hinblick auf Fördermaßnahmen sowie die Verbesserung des Unterrichts geben. Die im folgenden Kasten aufgeführten Gütekriterien von Ergebnisrückmeldungen konkretisieren und erweitern das hier Gesagte.

Zwölf Gütekriterien von Ergebnisrückmeldungen

1) Die Rückmeldung hat einen vertrauenswürdigen Absender.
2) Definition des Instruments und Zweck der Untersuchung werden klar kommuniziert.
3) Die Rückmeldung ist sowohl für Lehrpersonen als auch für Schülerinnen und Schüler einfach zu erhalten, z. B. online über einen Lernstandsserver (Lucyshyn 2006; Peek/Dobbelstein 2006).
4) Die Rückmeldung erfolgt zeitnah, so dass sich die Erkenntnisse bei den einbezogenen Schülerinnen und Schülern umsetzen lassen.
5) Die Rückmeldung ist verständlich und in der Fachsprache der Zielgruppe abgefasst. Wichtige Interpretationen von Daten und Vergleichen werden mit den Daten mitgeliefert.
6) Die Rückmeldung erfolgt primär kriteriumsorientiert (und nicht sozial vergleichsorientiert) unter Berücksichtigung der empirisch gegebenen Leistungsbandbreite, auf der sich die Klassen bzw. die Schülerinnen und Schüler situieren können.
7) Die Rückmeldung benennt über die Kommunikation von Mittelwerten hinaus individuelle Kompetenzprofile bzw. Schulprofile (Stärken-Schwächen-Analysen); sie knüpft an Stärken an, während Schwächen im Rahmen von differenzierten Profilen abgebildet werden; sie vermeidet es, bedrohlich zu wirken.
8) Die Rückmeldung muss fair sein, d. h., sie orientiert sich an Referenzwerten von Teilpopulationen, deren Eingangsvoraussetzungen und Rahmenbedingungen denen der Adressaten der Rückmeldung ähnlich sind; Bezüge zwischen Schülerleistungen und Kontextvariablen werden nach Möglichkeit hergestellt.
9) Die Beschreibung der Ergebnisse soll das Herstellen von Bezügen zu Formen und Merkmalen der Unterrichtsgestaltung ermöglichen; beeinflussbare, veränderbare Aspekte – und damit Orte der Verantwortung und Räume für positive Veränderungen – hebt die Rückmeldung hervor.
10) Die Rückmeldung liefert für Ergebnisse, die unterhalb definierter Schwellenwerte (Niveaus von Mindeststandards) liegen, Anregungen zu Förder- und Unterstützungsmaßnahmen im Sinne von Entwicklungshinweisen und macht Vorschläge, in welchen Kompetenzbereichen vermehrte Eigenanstrengungen primär ansetzen sollten.
11) Im Falle ungünstiger Rückmeldung benennt eine gute Rückmeldung einen Ansprechpartner für Moderation und Unterstützung, um Demotivation und Abwehrreaktionen zu ▼

> vermeiden sowie Anregungen zur Verarbeitung der Rückmeldung und zur Maßnahmenplanung zu geben.
> 12) Die Rückmeldung richtet sich in konstruktiver Weise insbesondere auch an die Schulleitung, weil eine positive Einstellung der Schulleitung gegenüber externen Rückmeldungen maßgeblich zur Akzeptanz beim Lehrerkollegium beiträgt.

(Quelle: Schneewind 2006, S. 20 ff., unter Bezugnahme auf Specht/Freudenthaler 2004)

5.1.6 Fazit

Leistungstests und damit verbundene Maßnahmen und Folgen verändern die Kerntätigkeit von Lehrpersonen vielfältig. Zum einen sind sie nicht mehr allein verantwortliche Instanz, wenn es darum geht, Leistungsmessungen durchzuführen, weil diese nun zu bestimmten Zeitpunkten extern veranlasst werden sowie flächendeckend und anhand von festgelegten Kompetenzkriterien erfolgen. Zum anderen werden sie auf diese Weise Teil einer noch zu entwickelnden *Kultur schulischer Rechenschaftslegung*, indem sie einerseits hilfreiche Informationen für die Leistungsdiagnostik erhalten und gleichzeitig aber auch Gegenstand dieser Diagnostik werden. Ihre Bedeutung erhalten flächendeckende Leistungsmessungen vor allem dort, wo sie Formen individueller Rechenschaftslegung wie etwa Portfolios, Lerntagebücher usw. komplementär ergänzen (Winter 2004). Damit wird die Sicht auf die Lernstände mit derjenigen auf die dahinterliegenden Lernprozesse ergänzt.

Als Empfänger und Verarbeiter von Rückmeldungen sind Lehrpersonen überdies Teil einer zu etablierenden Rückmeldekultur. Sie repräsentieren eine Schnittstelle zwischen dem politisch-administrativen Teil des Bildungssystems, in dem über zentrale Einrichtungen Tests vorbereitet und ausgewertet sowie Informationen generiert werden, und den zentral betroffenen Akteuren – neben den Lehrpersonen die Lernenden und ihren Eltern – zur Verfügung gestellt werden, welche an individualdiagnostisch aussagekräftigen Rückmeldungen interessiert sind.

5.2 Lehrpläne und Kerncurricula

Wenn Bildungsstandards festlegen sollen, welche Kompetenzen Kinder und Jugendliche zu einem bestimmten Zeitpunkt ihrer schulischen Laufbahn aufweisen sollen, werden sie damit zwangsläufig zu einem entscheidenden Element für die Gestaltung von Unterricht. Dabei ist davon auszugehen, dass die Schule seit jeher Standards kannte (Oelkers 2004b; vgl. Kap. 3). So müssen etwa bestimmte Notenwerte erreicht werden, um in ein bestimmtes Niveau der Sekundarstufe aufgenommen zu werden. Ebenso bilden Lehrpläne und Lehrmittel als Inputgrößen ab, was in Schulen bearbeitet werden soll. Wenn Bildungsstandards als Wechsel in der Steuerungsphilosophie verstanden werden wollen, insofern sie den Fokus auf die Ergebnisse (vgl. Kap. 3.3) von schulischen Lernprozessen legen, dürften sich damit auch die Funktionen von Lehrplänen ändern.

5.2.1 Vom Lehrplan zum curricularen Kern

Lehrpläne können als Ergebnis kultureller Traditionen, von Erkenntnissen aus Wissenschaft und Praxis über Lernmöglichkeiten und Lebenswelten sowie von bildungspolitischen Rahmenentscheidungen gesehen werden. Sie folgen damit nicht zwingend einer bestimmten Systematik der inhaltlichen Gestaltung (Fend 2008). Entsprechend besteht, seit es Lehrpläne gibt, die Gefahr einer additiven Aufzählung von Zielen und Inhalten. Durch periodische Revisionen wird zudem häufig eine Unüberschaubarkeit erzeugt, welche dem primären Verwendungszweck – Lehrpersonen bei der Planung und Durchführung von Unterricht eine Orientierung zu bieten – nicht dienlich ist. In der Schweiz zum Beispiel bestehen in großer Anzahl kantonale Lehrpläne, welche keinem einheitlichen Schema folgen, aber durchaus Ähnlichkeiten aufweisen. Ähnliches gilt für die Bundesländer in Deutschland. Allgemein zeigt sich in den Lehrplänen der größeren deutschsprachigen Schweizer Kantone eine Tendenz, über die Nennung von Wertvorstellungen, didaktischen Grundsätzen sowie Leitideen zu fachlichen und überfachlichen Kompetenzen die Richtziele und zentralen Inhalte der einzelnen Fachgebiete aufzuführen (Kanton Bern 2006; Kanton Zürich 2007).

Als klassische Instrumente zur Inputsteuerung legen Lehrpläne die Eingangsbedingungen für die Arbeit von Lehrpersonen fest, strukturieren ein Fach und bilden die Grundlage von Lehrmitteln. Allerdings sagen sie noch nichts über die tatsächliche Nutzung im Schulalltag aus. So etwa ergab eine kantonsweite Evaluation des Nutzungsverhaltens, dass der bereits erwähnte Zürcher Lehrplan – obwohl in der Vernehmlassung von den Lehrpersonen mit großer Zustimmung gutgeheißen – in den Schulen keine systematische Verwendung fand und lediglich geringen Einfluss auf den Unterricht hatte (Landert u.a. 1998). Stärkeren Einfluss dürften hierfür die verwendeten und zum Teil obligatorischen Lehrmittel haben, indem sie das Curriculum konkretisieren (Fend 2008). Lehrpläne sind in dem Sinne nicht das Leitmedium für den Unterricht und finden am ehesten dort Verwendung, wo sie in präziser Form Auskunft über die Struktur des Faches und den Zusammenhang des Curriculums geben, während detaillierte Stoffverteilungen und Konkretisierungen in Form von Aufgabenbeispielen eher in den einzelnen Lehrmitteln vorgenommen werden. Im Zusammenhang mit Bildungsstandards, welche ergebnisorientiert sind und zu erreichende Kompetenzen benennen, kommt Lehrplänen verstärkt die Funktion von *Kerncurricula* zu, deren Funktion die Auswahl der Themen und die Gestaltung von Lehr-Lern-Prozessen ist (Klieme u.a. 2003; Böttcher 2003). Den damit verbundenen Reduktionismusvorwürfen, wonach Bildungsziele verkürzt würden und der Aspekt einer breiten Allgemeinbildung vernachlässigt werde (z.B. Benner 2005), kann damit begegnet werden, dass Kerncurricula komplementär und teilweise auch überlappend Bildungsstandards ergänzen, indem sie „als Einheit von Zielen und Themen, Kompetenzvorgaben und Gütekriterien, Modellen guten Lebens und angemessenen Lernens verstanden werden" (Klieme u. a. 2003, S. 97).

Entsprechend werden auch Bemühungen sichtbar, Lehrpläne diesem gewandelten Funktionsverständnis anzupassen und neu zu schreiben. Im Zuge von HarmoS etwa sollen in der Schweiz überkantonale, sprachregionale Lehrpläne entstehen, die neben der Benennung von Zielen der öffentlichen Schule einen Rahmen bilden für die Erarbeitung von Lehrmitteln und für die Ausbildung von Lehrpersonen. Diese neuen Lehrpläne sollen auf die sich in Entwicklung befindlichen Bildungsstandards abgestimmt sein und mit ihnen zusammen die Grundlage für das angestrebte Bildungsmonitoring bilden. Sie orientieren sich an Kompetenzen, legen also fest, welche fachlichen und überfachlichen Fähigkeiten Kinder und Jugendliche erlangen sollten. Basis bildet ein dreidimensionales Kompetenzmodell, welches zwischen *Handlungsaspekten, Kompetenzniveaus und Themenbereichen* unterscheidet. Kompetenzen und Teilkompetenzen zu den einzelnen Niveaustufen erscheinen ausformuliert und werden vereinzelt mit illustrierenden Beispielen versehen. Ebenfalls am Standards-Konzept von HarmoS orientiert ist die Gliederung der obligatorischen Schulzeit in drei Zyklen, zu deren jeweiligem Ende die Messung der Zielerreichung der Standards erfolgt (Nordwestschweizerische Erziehungsdirektorenkonferenz 2008; vgl. Kap. 4.3).

5.2.2 Bildungsstandards und ihre Konsequenzen für die Lehrpläne

Lehrpläne werden durch Bildungsstandards nicht ersetzt. Sie können auch nicht einfach in Standards umgeschrieben werden, indem Fachinhalte zu Kompetenzen erklärt werden. Vielmehr bilden Lehrpläne im Sinne eines Kerncurriculums die *Basis* für praktikable Standards und darauf abgestimmte Testaufgaben, wie nachfolgende Abbildung 16 schematisch zeigt. Für die praktische Arbeit von Lehrpersonen bedeutet dies, dass Lehrpläne in ihrer curricularen Orientierungsfunktion gestärkt werden, da sie *Ziele und Kerne eines kulturellen Grundbestandes an Wissen und Können mit Bezug auf verschiedene Modi der Weltbegegnung*, nicht jedoch additive Stoff- und Inhaltssammlungen präsentieren, die Auswahlangebote für die Planung von Klassenunterricht darstellen. Damit wird ihre Funktion weniger in einer Art Checkliste dessen bestehen, was im Unterricht *inhaltlich* „durchgenommen" werden muss, sondern in der Beschreibung dessen, was Lernende *können sollen* und wie Kompetenzen curricular aufgebaut werden können.

Entscheidend für die Glaubwürdigkeit und Akzeptanz der Lehrpläne wird sein, dass sie einerseits langfristig relevante Inhalte als Kern zu identifizieren vermögen und gleichzeitig den Bezug der Inhalte zu den Standards in den Kompetenzbeschreibungen klar ersichtlich machen.

Lehrpläne und Kerncurricula

```
┌─────────────────────────────────┐
│      Lehrplan/Kerncurriculum    │
└─────────────────────────────────┘
                ▼
┌─────────────────────────────────┐
│         Kompetenzmodell         │
└─────────────────────────────────┘
                ▼
┌─────────────────────────────────┐
│        Bildungsstandards        │
└─────────────────────────────────┘
                ▼
┌─────────────────────────────────┐
│      Aufgaben zur Überprüfung   │
│  der Wirksamkeit von Bildungsstandards │
└─────────────────────────────────┘
                ▼
┌─────────────────────────────────┐
│       Unterrichtsgestaltung:    │
│ – Kultureller Grundbestand von Wissen und Können │
│ – Arbeitstechniken und Lernstrategien/soziale │
│   und kommunikative, metakognitive Strategien │
└─────────────────────────────────┘
```

Abbildung 16: Bildungsstandards im Gesamtzusammenhang (Quelle: Oelkers/Reusser 2008, S. 314)

Aufgabe 22: Studieren Sie als Beispiel den Lehrplan des Kantons Zürich (Kanton Zürich 2007; online unter: http://www.vsa.zh.ch/file_uploads/bibliothek/k_268_Lehrplan/4470_0_lehrplanfrdievolksschule.pdf [recherchiert am 27.11.2008]). Was wäre an diesem Lehrplan – bezogen auf ein ausgewähltes Fach oder eine Altersstufe – zu ändern, um der Forderung nach einem Rahmenlehrplan gerecht zu werden?

5.3 Lehrmittel und Aufgaben

Als nächstes Element sind in zuvor dargestelltem Modell (vgl. Abbildung 16) Aufgaben zur Überprüfung von Bildungsstandards aufgeführt. Mit Aufgaben und Lehrmitteln verbinden sich jeweils auch unterschiedliche Kulturen der Vermittlung von Inhalten. Diese Aufgabenkulturen und ihre Bedeutung für die Arbeit von Lehrpersonen sollen im Folgenden näher betrachtet werden.

5.3.1 Zur Bedeutung von Lehrmitteln im Unterricht

Lehrmittel stellen eine bedeutsame und eigenständige Größe bei der Umsetzung curricularer Vorgaben dar, nicht zuletzt, weil sie die zu bearbeitenden Inhalte vor dem Hintergrund entsprechender Fachkulturen in adressatenspezifisch aufbereitete Lehrtexte und Aufgabensammlungen transformieren. Die Auswahl sowie die Art und Weise der Bearbeitung bestimmter Inhalte und Themen in einem Unterrichtsfach präsentiert deshalb oft auch die Sichtweise eines bestimmten Lehrmittels und dessen Autorschaft. Oft geht mit einem Lehrmittel eine ganz bestimmte Akzentuierung spezifischer inhaltlicher oder didaktischer Aspekte einher, während andere Aspekte diskreter berücksichtigt oder ausgeblendet werden. Zudem legen Lehrmittel bestimmte methodische Settings nahe. Anders ausgedrückt: In Lehrmitteln wird „konstruiert", was „Sache ist" in einem Fach. Lehrmittel beantworten damit die *WAS-Frage der Didaktik*, transportieren aber gleichzeitig eine bestimmte didaktische Kultur, indem sie Annahmen der Autorinnen und Autoren über Lernen und Lehren reproduzieren (Reusser 2006).

Im Zuge eines sich wandelnden Lehr-Lern-Begriffs ist in den vergangenen Jahren eine Entwicklung festzustellen, welche Inhalt und Struktur vieler Lehrmittel beeinflusst. Während traditionelle Lehrmittel oftmals strukturierte Stoffsammlungen in einem bestimmten Wissensgebiet darstellten und damit den Anforderungen eines Unterrichts genügten, welcher vorwiegend durch lehrerzentrierte, direkte Instruktion gekennzeichnet war, kommt in neueren Lehrmitteln eine kognitiv-konstruktivistische Auffassung von Lernen und Lehren zum Ausdruck. Ihr liegt nicht nur ein mehrdimensionaler Kompetenz- und Wissensbegriff zugrunde, sondern sie unterstützt auch die Vermittlung von individuellen und sozialen Lernstrategien. Ein Beispiel dafür stellt etwa die Lehrmittelreihe *Lernwelten* des Berner Lehrmittelverlags dar: In Auseinandersetzung mit konkreten Inhalten des Faches *Natur – Mensch – Mitwelt* soll unter anderem ein sowohl themen- als auch alltagsbezogener Unterricht erfolgen und aktiv-entdeckendes und situatives Lernen, das individuell wie auch kooperativ erfolgen kann, ermöglicht werden (Müller/Adamina 2000).

Entsprechend ist davon auszugehen, dass Schülerinnen und Schüler aufgrund bestimmter inhaltlicher oder didaktischer Schwerpunktsetzungen in Lehrmitteln bestimmte Kompetenzen besser ausbilden und andere weniger. In PISA 2003 etwa erreichten die Schweizer Jugendlichen im mathematikbezogenen Teilbereich „Ungewissheit" einen deutlich tieferen Wert als in den Teilkompetenzen „Raum und Form",

„Veränderungen und Beziehungen" sowie „Quantitatives Denken". Es kann angenommen werden, dass die Jugendlichen vor allem deshalb vergleichsweise schlecht auf die PISA-Aufgabenbeispiele vorbereitet waren, weil den Themenbereichen der Wahrscheinlichkeitsrechung und Statistik in den Lehrplänen keine große Bedeutung zukommt (Zahner Rossier u. a. 2004) und sie demnach auch in den Lehrmitteln unterrepräsentiert sind. Wenn zudem davon ausgegangen wird, dass Lehrmittel nicht nur für den schulischen Unterricht eingesetzt werden, sondern auch eine wichtige Grundlage für die Hausaufgaben bilden, welche Schülerinnen und Schüler zu lösen haben, und wenn zudem vor Augen gehalten wird, dass etliche auf dem Markt erhältliche und im Unterricht ebenfalls verwendete Zusatzlehrmittel sich von ihrem Angebot her auf die offiziellen Lehrmittel beziehen, macht dies deutlich, dass bei der Einführung von Bildungsstandards auch Lehrmittel geschaffen werden müssen, welche sowohl dem Kompetenzerwerb als auch der Standarderreichung dienen.

5.3.2 Auf dem Weg zu einer veränderten Aufgabenkultur

Am Beispiel der Arbeiten an Bildungsstandards und sprachregionalen Lehrplänen in der Schweiz lässt sich – ähnlich wie bei PISA – auch eine Orientierung am angelsächsischen „Literacy"-Konzept erkennen, das den Erwerb von Kompetenzen als notwendig für die Teilhabe am gesellschaftlichen Leben erachtet. In Bezug auf Lesekompetenz („Reading Literacy") ist beispielsweise die anzustrebende Fähigkeit gemeint, geschriebene Texte verstehen, nutzen und reflektieren zu können, um auf diese Weise zu Informationen zu gelangen, die es erlauben, mit anderen kommunizieren zu können (Deutsches PISA-Konsortium 2001). In Entsprechung dazu wird unter „Mathematical Literacy" der funktionale Gebrauch von Mathematik „in vielfältigen außerschulischen Situationen" (Deutsches PISA-Konsortium 2004, S. 48) verstanden. Damit wird zumindest im deutschen Sprachraum von einem traditionellen inhaltsorientierten Kanon-Konzept der Allgemeinen Bildung abgerückt zugunsten eines stärker pragmatischen, handlungs- und problemlöseorientierten Kompetenzkonzepts, wie es die OECD verwendet (Tenorth 2004). Dies kann auch als Reaktion auf Befunde gedeutet werden, wonach im Mathematikunterricht in den westlichen Ländern oft verfahrensorientierte (prozedurale) und wenig komplexe Aufgaben eingesetzt werden, welche zwar dazu dienen, dass grundlegende Fertigkeiten mathematischen Arbeitens erworben werden, die aber lediglich einen kleinen Teil des Spektrums mathematischer Kompetenzen abbilden. Im Gegensatz dazu sind etwa japanische Mathematikaufgaben durch einen höheren Komplexitätsgrad und durch eine ausgeprägtere Denk- und Problemlöseorientierung gekennzeichnet (Blum u. a. 2006; Reusser/Pauli 2003).

Weiter muss berücksichtigt werden, dass traditionelle Lehrmittel im Zeitalter des Internets ihre dominierende Position in der Wissensvermittlung einbüßen. Lehrpersonen und vor allem auch die Lernenden können sich über „Wikipedia", andere Wissensportale und vielfältige Suchmaschinen schnell Informationen zu einem bestimmten Sachgebiet verschaffen – und dies ab dem Primar- bzw. Grundschulalter.

Ebenso sind heute Musterlektionen oder Aufgabenbeispiele über Internet verfügbar. Elektronisch aufbereitete Unterrichtsmaterialien haben sich als Schlüsselfaktor einer verstärkten Nutzung bestehender Computernetzwerke in Bildungskontexten herausgestellt.

In Deutschland etwa wurden im Rahmen des Modellversuchsprogramms der Bund-Länder-Kommission für Bildungsplanung und Forschungsförderung (BLK) SINUS („Steigerung der Effizienz des mathematisch-naturwissenschaftlichen Unterrichts") Lehrpersonen aufgefordert, eines der nachfolgend aufgeführten Module zu besuchen, um sich auf diese Weise Kompetenzen zur Entwicklung des eigenen Unterrichts anzueignen (s. Dokument 31: *Veränderter Mathematikunterricht*).

Elf Module von SINUS

- Weiterentwicklung der Aufgabenkultur im mathematisch-naturwissenschaftlichen Unterricht;
- naturwissenschaftliches Arbeiten;
- aus Fehlern lernen;
- Sicherung von Basiswissen – verständnisvolles Lernen auf unterschiedlichen Niveaus;
- Zuwachs von Kompetenz erfahrbar machen: kumulatives Lernen;
- Fächergrenzen erfahrbar machen: fächerübergreifendes und -verbindendes Arbeiten;
- Förderung von Mädchen und Jungen;
- Entwicklung von Aufgaben für die Kooperation von Schülern;
- Verantwortung für das eigene Lernen stärken;
- Prüfen: Erfassen und Rückmelden von Kompetenzzuwachs;
- Qualitätssicherung innerhalb der Schule und Entwicklung schulübergreifender Standards.

(Quelle: Prenzel 2000; Prenzel u. a. 2005)

Am weitaus häufigsten wurde dabei das erste Modul gewählt, in dessen Rahmen die Lehrpersonen lernen konnten, wie sie abwechslungsreiche Anwendungs- und Übungsaufgaben generieren, in variierenden Kontexten verwenden und auf diese Weise zu Vernetzung und Flexibilisierung von Wissen beitragen können (Prenzel 2000; Prenzel u. a. 2005). Ziel war es, Aufgaben zu entwickeln, welche

> „Verstehen fördern und fordern, realistische Anwendungen betreffen, mehrere Lösungswege zulassen oder systematisch früheren Stoff aufgreifen und wiederholen. Zugleich sollen die Schülerinnen und Schüler bei der Lösung von Aufgaben begleitet, unterstützt und angeleitet werden."
> (Prenzel 2005, S. 261)

Im Nachfolgeprogramm SINUS-Transfer, welches in zwei Programmwellen zwischen 2003 und 2007 in 13 deutschen Bundesländern mit über 1800 Schulen durchgeführt wurde, wurden entsprechende Erfahrungen genutzt, um Unterrichtsentwicklung im großen Stil zu betreiben (SINUS-Transfer 2007). Dabei entstanden – gewissermaßen als Nebenprodukt der Vermittlung von Aufgabenkulturen – umfangreiche Aufgaben- und Materialsammlungen, welche zum Teil weiterhin über die Bildungsserver einzelner Bundesländer verfügbar sind (SINUS Schleswig-Holstein 2008). Damit wird sichtbar, dass nicht nur die Erstellung traditioneller Lehrmittel bedacht werden will, sondern dass die vielfältigen Möglichkeiten von Bildungsservern und Lernplattformen genutzt werden können und müssen, um standardbezogene Aufgaben zu generieren, welche im Unterricht auch zur Anwendung gelangen. Anfragen an die Verantwortlichen verschiedener Lehrmittelverlage der deutschsprachigen Schweiz zeigen, dass davon ausgegangen wird, dass die Implementierung von Standards zwar auch von der Einführung neuer Lehrmittel begleitet sein kann und wird, dass aber vor allem bestehende Lehrwerke modifiziert werden, da sich die Standards in der Regel auf bestimmte Themen aus dem Repertoire eines Faches beziehen. Insofern werden Überarbeitungen vor allem dazu dienen, standardrelevante Inhalte explizit auszuweisen und Möglichkeiten der Beobachtbarkeit und Beurteilung zu kommunizieren.

Einen ebenfalls vielversprechenden Weg im Hinblick auf die Einführung des kompetenzorientierten Mathematikunterrichts postulieren Blum u. a. (2006), indem sie nach einer Darstellung sowohl des Kompetenzbegriffs als auch der deutschen Standards der Kultusministerkonferenz (KMK) für Mathematik bestimmte Aufgabentypen benennen und ihr Buch mit einer Aufgabensammlung abschließen. Jede der dargestellten Aufgaben wird im Hinblick auf die zentralen mathematischen Kompetenzen (mathematisch argumentieren, mathematisches Problemlösen, mathematisches Modellieren, mathematische Darstellungen verwenden, mit symbolischen, formalen und technischen Elementen der Mathematik umgehen sowie mathematisches Kommunizieren) klassifiziert. Zudem werden Möglichkeiten der Unterrichtsgestaltung genannt, welche einem nachhaltigen Kompetenzerwerb dienlich sind. Namentlich thematisiert werden der diagnostische Einsatz von Aufgaben im Unterricht, intelligentes Üben, Projektorientierung und langfristiger Kompetenzaufbau (Blum u. a. 2006).

Aufgabe 23: Betrachten Sie die folgenden zwei Mathematikaufgaben:
- „Trinkpäckchenaufgabe" (s. Dokument 32: *Trinkpäckchenaufgabe*)
- „Eisbergaufgabe" (s. Dokument 33: *Eisbergaufgabe*).

Was unterscheidet sie von herkömmlichen Satzaufgaben?
Welche mathematischen Kompetenzen werden in diesen Aufgaben abgebildet?

5.3.3 Bildungsstandards als Prozessstandards

Die bisherigen Ausführungen machen deutlich, dass verordnete Bildungsstandards allein kaum zu einer produktiven Veränderung und Weiterentwicklung der schulischen Bildungs- und Lernprozesskultur führen dürften. Lehrpersonen müssen neben hinreichend präzise formulierten Ergebniserwartungen (wie sie die Standards darstellen) verlässliche Aufforderungen und Anregungen dazu erhalten, wie produktives Lernen schülerseitig zu gestalten ist. Entsprechend müssen Bildungsstandards in engem Bezug zu Lehrplänen und vor allem zu Lehrmitteln und Aufgaben stehen. Damit wird aber auch deutlich, dass Standards, welche Erwartungen an den Output definieren, in mehr oder weniger direkter Weise auch Lehren und Lernen beeinflussen. Wie ausgeführt wurde, werden vor allem über Lernaufgaben auch prozessdidaktische Leitideen vermittelt, die von Lehrpersonen übernommen oder abgelehnt werden können. Bildungsstandards stellen nebst Erwartungen über zu realisierende „Lernprodukte" somit immer auch *Prozessstandards* dar, welche Erfordernisse und Qualitätskriterien für den Unterricht und damit für das individuelle und soziale Lernen festlegen (vgl. Kap. 6).

Diesem umfassenden Anspruch versuchen beispielsweise die *Opportunity to Learn-Standards* der nationalen Mathematiklehrervereinigung *National Council of Teachers of Mathematics* (NCTM) in den USA gerecht zu werden. In „Principles and Standards for School Mathematics" (National Council of Teachers of Mathematics 2000) werden Standards für das Unterrichtsfach Mathematik für alle Stufen der öffentlichen Schulen, vom Vorschulbereich bis zum zwölften Schuljahr, formuliert (*NCTM;* online unter http://standards.nctm.org [recherchiert am 03.04.2009]). Für jede Stufe werden dieselben Standards (Zahlen und Operationen, Algebra, Geometrie, Messen, Datenanalyse und Wahrscheinlichkeit, Problemlösen, Begründen und Beweisen, mathematische Kommunikation, Verbindungen zu anderen Gebieten, Darstellungen) spezifiziert und durch Aufgabenbeispiele illustriert. Und in ähnlicher Weise wie bei Blum u. a. (2006) werden Prinzipien für das Fach Mathematik formuliert, welche einen qualitativ hochstehenden und engagierten Mathematikunterricht ermöglichen sollen:

Prinzipien für das Fach Mathematik

▸ **Gleichheit:** Alle Schülerinnen und Schüler sollen gleichermaßen mit hohen Anforderungen und maximaler Unterstützung rechnen können.
▸ **Curriculumsbezogenheit**: Mathematikunterricht soll in einer kohärenten Weise erfolgen und deutlich über die verschiedenen Stufen abgebildet erscheinen.
▸ **Lehrprinzip:** Effektiver Mathematikunterricht setzt beim Verständnis der Lernenden an und versteht es, sie für die zu lernenden Inhalte zu motivieren.

▼

> ▸ **Lernprinzip:** Schülerinnen und Schüler sollen Mathematik durch Verstehen und aktive Wissenskonstruktion aus dem Vorwissen lernen.
> ▸ **Verfahrensprinzip:** Die Vermittlung mathematischer Verfahren und Techniken soll im Dienste der Unterstützung der Lernprozesse von Schülerinnen und Schülern erfolgen.

(Quelle: NCTM 2000)

Durch den kompetenzbasierten Ansatz, den curricularen Aufbau und die Konkretisierung in Form von Beispielaufgaben repräsentieren die Standards des NCTM eine anspruchsvolle *All-in-one-Lösung*. Weniger als auf die Messung des Outputs wird das Augenmerk hier auf die *Prozessebene* gelenkt, indem benannt wird, welche Inhalte auf welche Weise und mit welchem Ziel vermittelt werden sollen.

5.4 Fazit

Selbst wenn eine Einführung von Bildungsstandards klar benennbare und über konkrete Handlungen kontrollierbare Kompetenzen umfasst, ist damit noch nicht sichergestellt, dass die Standards ihren Niederschlag im Unterricht finden. Standards, welche die Resultate von Bildungsprozessen in Form von Lernleistungen messen, benötigen ihre Entsprechung auf der *Input-* und Prozessseite. Für die Lehrpersonen bedeutet dies, dass sie wissen müssen, was als Kompetenz anzustreben und zu messen ist. Entsprechend müssen Tests fair und vertrauenswürdig sein, ebenso muss für Lehrende klar sein, welche Informationen über Tests gewonnen werden, an wen diese Informationen gelangen und wie sie letztlich verwertet werden können und müssen.

Um Lehrpersonen darin zu unterstützen, standardbezogen zu unterrichten, muss der Bezug von Standards auf die Input- und Prozessseite schulischer Vermittlung sichergestellt werden. Für die Grob- und die Feinplanung von Unterricht sind Lehrpersonen auf die strukturierende Hilfe von Lehrplänen und Lehrmitteln angewiesen. Angesichts des lehrerseitig in den vergangenen Jahren deutlich und wiederholt vorgetragenen Belastungsempfindens (z. B. Ulich u. a. 2002) ist anzunehmen, dass die Vorbereitungsarbeiten der Lehrpersonen einem pragmatischen Muster folgen, welches einen ökonomischen Umgang mit zeitlichen Ressourcen vorsieht. Entsprechend müssen sowohl Tests als auch Lehrpläne und Lehrmittel sinnvolle und einsehbare Rahmungen darstellen, welche die Planung und Durchführung von Unterricht auf den verschiedenen Niveaus ermöglichen und zu klaren und gültigen diagnostischen Aussagen bezüglich der Lernprozesse von Schülerinnen und Schülern führen. Standards erscheinen dann weniger als Messlatte am Ende eines vorangegangenen und letztlich nicht klar definierten Prozesses, sondern – durchaus im Sinne der beschriebenen NCTM-Standards – als *Opportunities-to-learn*, als Gelegenheiten, nachhaltige und auf gründliches Verstehen angelegte Lernprozesse anzuregen und das Lehren danach auszurichten.

Für die Aus- und Weiterbildung von Lehrpersonen bedeutet dies zuallererst, dass sie in der Ausbildung mit dem Begriff der Kompetenz und seiner Modellierung vertraut gemacht und dass sie weiter in die Lage versetzt werden müssen, curriculare Strukturen – konkret: fachinhaltliche Facetten und Niveaus von Kompetenz und Verstehensqualität – einerseits in spezifischen Lernaufgaben, andererseits in einem Unterrichtsfach erkennen zu können. Weiter bedeutet dies, dass angehende Lehrpersonen diagnostische Kompetenzen ausbilden müssen, um in Ergänzung zu den über Standards erzeugten Informationen Aussagen über die Leistungsentwicklung der Lernenden machen zu können. Hierzu ist wiederum genügend Sensibilität gefragt: Lehrpersonen als verantwortungsbewusst Handelnde sind angesprochen und müssen in der Lage sein, das Vorhaben „Bildungsstandards" sinnvoll umzusetzen. Als Voraussetzung dafür müssen sie einerseits den Sinn der Reform erkennen können und andererseits eine Vorstellung davon haben, wie sich die Reformziele produktiv realisieren lassen. Dazu sind Rahmenbedingungen, wie sie in diesem Kapitel dargestellt worden sind, unerlässlich. Weiterhin benötigen Lehrende aber auch ein Set von Möglichkeiten, welches von ihnen eine nachhaltige Weiterentwicklung ihrer professionellen Kerntätigkeit – der Unterrichtsarbeit – ermöglicht (vgl. Kap. 6).

Weiterführende Literatur
Becker, G. u. a. (Hg.) 2005: Standards. Unterrichten zwischen Kompetenzen, zentralen Prüfungen und Vergleichsarbeiten. (Friedrich Jahresheft XXIII) Seelze
Bildungsdirektion Kanton Zürich, Bildungsplanung (s.d.): Testbereiche der Lernstandserhebung 1. Klasse. Zürich: Bildungsdirektion. Online unter: http://www.bildungsdirektion.zh.ch/internet/bi/de/Direktion/planung/de/Projekte/Lernstand/lernstand2.SubContainerList.SubContainer1.ContentContainerList.0004.DownloadFile.pdf [recherchiert am 10.12.2008].
Blum, W. u. a. 2006: Bildungsstandards Mathematik: konkret. Sekundarstufe I: Aufgabenbeispiele, Unterrichtsanregungen, Fortbildungsideen. Berlin
National Council of Teachers of Mathematics [NCTM] (Hg.) 2000: Principles and Standards for School Mathematics. Reston
Tresch, S. 2007: Potenzial Leistungstest. Wie Lehrerinnen und Lehrer Ergebnisrückmeldungen zur Sicherung und Steigerung ihrer Unterrichtsqualität nutzen. Bern
Walther, G. u. a. 2007: Bildungsstandards für die Grundschule: Mathematik konkret. Berlin

6. Bildungsstandards und ihre Bedeutung für die Unterrichtsentwicklung

Wird über Nutzen und Wirkungen von Bildungsstandards und entsprechender Leistungsmessungen für den Unterricht und schulisches Lernen diskutiert, ist schnell die Redensart zur Hand, wonach die Sau vom Wiegen nicht fetter wird. Damit wird zum Ausdruck gebracht, dass die wiederholte Messung von Kompetenzen noch keine Leistungssteigerungen bei den Lernenden bewirke. Tatsächlich zeigen Untersuchungsergebnisse aus dem angelsächsischen Raum, dass die Einführung zentraler Tests zwar Veränderungen hinsichtlich Unterrichtsinhalten und -methoden mit sich bringt, Auswirkungen auf den Leistungserwerb und die Unterrichtspraxis dagegen unklar bleiben. Nachdenklich stimmen sodann Befunde, wonach Lehrpersonen in den USA ihre Unterrichtspraxis stärker an den Testsystemen als an den Standards selbst ausrichten (Herman 2004). Sollen Bildungsstandards zur Sicherung und Steigerung der Qualität schulischer Arbeit beitragen, müssen Maßnahmen ergriffen werden, die allen Schülerinnen und Schülern eine nachhaltige Förderung angedeihen lassen und die sicherstellen, dass ein bestimmtes Sockelniveau an Basiskompetenzen von allen Lernenden erreicht werden kann. Damit gerät der Unterricht in den Blick: Wie muss Unterricht gestaltet werden, damit er Lernen ermöglicht, das über den Erwerb von elementaren Fertigkeiten und Kenntnissen hinaus produktive Denk- und Verstehensprozesse anregt? Wie in den Kapiteln 2 und 5 dargestellt, wird die Architektur von Bildungsstandards von einem Kompetenzbegriff getragen, in dessen Rahmen Lernen als individueller und sozialer Kulturalisations-, Entwicklungs- und Problemlöseprozess verstanden wird. Bezogen auf höhere Niveaustufen von Bildungsstandards muss ein qualitätsvoller Unterricht die Voraussetzungen dafür schaffen, dass solch höhere Formen des Kompetenzerwerbs auch tatsächlich angeregt und erreicht werden.

Entsprechend sollen in diesem Kapitel, ausgehend von der Darstellung eines zeitgemäßen Lehr-Lern-Begriffs, Möglichkeiten erörtert werden, wie Unterricht zu gestalten ist, damit produktives Lernen gefördert wird. Der Erörterung von Merkmalen effektiven Unterrichts folgen Möglichkeiten, wie Lehrpersonen einen entsprechenden Unterricht gestalten und (weiter-)entwickeln können – dies unter der Annahme, dass die Einführung von Bildungsstandards nur dann einen günstigen Einfluss auf die Qualität schulischer Arbeit haben kann, wenn der professionellen Entwicklung von Lehrpersonen genügend Beachtung geschenkt wird und Lehrende als die hauptsächlichen Akteure mit praxisnahen und erprobten Werkzeugen zur Unterrichtsentwicklung ausgestattet werden. Damit wird die Bedeutung der Prozessebene im Bildungssystem verdeutlicht; Bildungsstandards legen nicht bloß die zu erreichenden Ergebnisse fest, sondern müssen Wirkungen auch auf die Gestaltung optimaler Lehr-Lern-Szenarien entfalten.

6.1 Ein verändertes Verständnis von Lernen ...

Wie im vorangegangenen Kapitel dargestellt, setzt das mit der Einführung von Bildungsstandards einhergehende Grundbildungskonzept einen Lernbegriff voraus, in dessen Zentrum die Beherrschung von Kulturtechniken – verstanden als basale Modi der Weltbegegnung und des kulturellen Gestaltungshandelns – als Voraussetzung für eine erfolgreiche Lebensbewältigung verstanden wird. In Zeiten sich wandelnder Lebens- und Arbeitsbedingungen erfordert Letzteres auch, Lernen als lebenslange Aufgabe zu verstehen. Damit wird nicht nur auf die Eigenaktivität des Subjekts verwiesen, sondern auch auf die Bedeutung allgemeiner Lern- und Verstehenskompetenzen, welche von Individuen angeeignet werden müssen, damit diese gewappnet sind für vielfältige Formen und Anforderungen des späteren Weiterlernens und der Weiterbildung. Schulische Lehr-Lern-Prozesse dürfen sich nicht nur auf die Vermittlung kulturell bedeutsamen Wissens beschränken, sondern müssen darüber hinaus die Aneignung von Strategien des Lernens und Verstehens ermöglichen. Produktive schulische Lernaufgaben knüpfen demnach nicht nur an disziplinären Begriffen, sondern auch an lebensweltlichen Kontexten an und sind als problemorientiert gestaltete Lernanlässe geeignet, Lernende im Sinne eines *ko-konstruktivistischen Lernprozessverständnisses* abzuholen und zu aktivieren. Im Kern besagt ein solches Verständnis, dass die vom Einzelnen erfahrene Wirklichkeit das Ergebnis fortschreitender gedanklicher Konstruktion ist. Diese Konstruktion kann individuell, aber auch sozial unterstützt erfolgen (sozialer Konstruktivismus). Folgende Kernelemente charakterisieren einen konstruktivistischen Lernbegriff (Reusser 2006):

- Wissen und Verstehen lassen sich nicht passiv erwerben, sondern werden als geistige Konstruktionsleistungen verstanden. Entsprechend sind Wissenserwerbs- bzw. Lernprozesse aktiv, kumulativ und idealerweise problemlösend.
- Wissen ist bereichsspezifisch und setzt am mehr oder weniger intelligent strukturierten und vernetzten Vorwissen eines Individuums an.
- Wissen kann vor allem dann vielfältig genutzt und auf neue Situationen übertragen werden, wenn es situiert und über Problemlöseprozesse erworben und anhand von Beispielen vertieft und gefestigt worden ist.
- *Lernkompetenzen*, insbesondere *Lernstrategien*, lassen sich kaum über direkte Instruktion vermitteln; ihre Ausbildung erfolgt vor allem „immersiv"[18] über reflexives und prozessbewusstes, individuelles und ko-konstruktives fachliches Lernen.
- Eigene Konstruktionsleistungen der Lernenden und damit eine im Verlauf der Schulzeit an Anteilen substanzieller werdende *Selbststeuerung* des Lernens sind unumgänglich beim Erwerb von Begriffen und bei der Organisation von Erfahrungen.

---

[18] *Immerser* = eintauchen; gemeint ist, dass Lernstrategien nicht isoliert und auch nicht direkt über verbale Instruktion erworben werden, sondern dadurch, dass die Lernenden in eine Sache „eintauchen" und in der aktiven, problemlösenden Auseinandersetzung, welche eine Reflexion über Vorgehensweisen, Lernwege, Sackgassen einschließt, ihr Repertoire an Strategien des selbstgesteuerten und des kooperativen (sozialen) Lernens auf- und ausbauen.

▸ Lernen ist dabei immer auch in *sozialen Kontexten* verankert, es erfolgt im Dialog mit der Umwelt und ihren konkreten (Lern-)Angeboten und wird durch die vorhandenen kulturellen Symbolsysteme unterstützt.

Bei aller Betonung des aktiven und (ko-)konstruktiven Charakters von Lernprozessen ist darauf hinzuweisen, dass Lernen unter einem konstruktivistischen Blickwinkel nicht bedeutet, Erkenntnis mit subjektiver Sinnkonstruktion gleichzusetzen. Auch wenn Lernen einen subjektiven Sinnbildungsprozess darstellt, ist damit über die „objektive" Qualität seiner Ergebnisse noch nichts ausgesagt. So können subjektive Schülervorstellungen auch falsch sein (Fehler, Fehlkonzepte) und sind mit wissenschaftlich erhärtetem Kulturwissen nicht gleichzusetzen. Zur sozial-interaktiven Seite des Lernbegriffs gehört, dass Bedeutung, Einsicht und „Wahrheit" (d.h. Wissen, das sich im Fortgang des Handelns und des Weiterdenkens bewährt) oft in mehreren konstruktiven Anläufen erarbeitet und ausgehandelt werden müssen. Ebenso bedeutet konstruktivistisches Lernen nicht den Verzicht auf lehrerseitige Instruktionen zugunsten eines vollständigen und autonomen Wissenserwerbs durch die Lernenden. Lehrpersonen kommt auch in einem konstruktivistischen Lernverständnis weiterhin die Aufgabe zu, Ziele zu konkretisieren, Wissensinhalte zu strukturieren und deren Erwerb durch eine vielfältige Palette von Maßnahmen der Lernunterstützung anzuleiten.

6.2 ... und Lehren

Selbstredend bedingt ein solcher Wandel des Lernbegriffs auch ein erweitertes Verständnis der Unterrichtsarbeit. Im Rahmen von Unterricht sollen nicht ausschließlich Wissensinhalte vermittelt, sondern Gelegenheiten geschaffen werden, um Schülerinnen und Schülern deren (Nach-)Konstruktion zu ermöglicht. Lehrpersonen sind in diesem Sinne nicht mehr lediglich Wissensvermittler, Instruierende oder Fachpersonen für den Stoff, sondern zusätzlich kognitive Verhaltensmodelle, Lernberater, Gestalter von Lernumgebungen und Fachpersonen fürs Lernen (Reusser 1999). Lehrpersonen haben damit zusätzliche und neue Rollen, welche es ihnen erlauben, das Interaktionsverhältnis mit den Lernenden auf vielfältige Weise sowie Lernumgebung und -inhalt entsprechend zu gestalten. Damit wird ebenfalls dem Umstand Rechnung getragen, dass sich im Zuge des besagten neuen Lernverständnisses in den vergangenen Jahren auch Lehr- und Lernformen etabliert haben, welche zum Teil aus reformpädagogischen Traditionen heraus neu entdeckt wurden und insgesamt ein Gegengewicht zu den geläufigen Formen direkter Instruktion bilden. Insbesondere sind dies Formen des Projektunterrichts, des Werkstattunterrichts sowie Arbeits- respektive Wochenpläne. Allen gemeinsam ist, dass sie eine stärkere Selbststeuerung und Handlungsorientierung der Lernenden sowie gewisse Freiheitsgrade hinsichtlich Auswahl, Strukturierung und Bearbeitung des Lernangebots postulieren. Insgesamt ist die Aufgabe von Lehrenden dabei anspruchsvoller geworden, einerseits, weil sie ein erweitertes

Repertoire an Rollen und Aufgaben beinhaltet, andererseits, weil sie einer zunehmend heterogenen Schülerschaft gerecht werden muss. Für einen Unterricht, der sich an Bildungsstandards orientiert, bedeutet dies: Lernende müssen „die Chance haben, während des Unterrichts das zu lernen, was sie nach dem Unterricht können sollen" (Schott/Azizi Ghanbari 2008, S. 9). Das heißt ebenfalls, dass Unterricht dem Spektrum unterschiedlicher Kompetenzniveaus gerecht werden muss, da die Lernenden unterschiedlich anspruchsvolle Formen des Lernens praktizieren sollen.

Es greift deshalb auch zu kurz, die Auswirkungen eines konstruktivistischen Lernverständnisses ausschließlich an einem erweiterten Rollenrepertoire von Lehrpersonen sowie den Methoden und Gestaltungsformen von Unterricht festmachen zu wollen. Damit werden zwar wichtige Oberflächen- oder Sichtstrukturen von Unterricht benannt, nicht aber tiefenstrukturelle Bedingungen und Qualitätsmerkmale. Wenn etwa der Begriff der Proportionalität verstanden werden soll, müssen verschiedene psychologische Prozesse angeregt werden, in deren Verlauf Lernende sich motivieren müssen, die Struktur eines Problems zu identifizieren, Lösungsalternativen zu suchen und auszuprobieren sowie das Erlernte zu behalten, zu üben und auf vergleichbare Problemstellungen zu übertragen (Roth 1957). Entsprechend hat Hans Aebli sein Standardwerk *Grundformen des Lehrens* (1961) in einen „psychologischen" und einen „didaktischen" Teil gegliedert. Das didaktische Handeln der Lehrperson – die Lehrarbeit – ist dabei immer in Relation zum Lernen der Schülerinnen und Schüler zu sehen; Lehren und Lernen sind wechselseitig aufeinander bezogen. Ein Modell, das dieser Interaktivität und der Charakteristik anspruchsvoller Lehr-Lern-Prozesse Rechnung trägt, stammt von Shuell (1996) und sieht folgende Elemente vor:

- Klären der Elemente,
- Motivieren,
- Aktivieren des Vorwissens,
- Ausrichten der Aufmerksamkeit,
- Repräsentieren des Lerninhaltes,
- Ausführen von Vergleichsoperationen,
- Generieren und Prüfen von Hypothesen,
- Wiederholen und Konsolidieren,
- Suchen nach und Einbezug von Rückmeldungen,
- Bewertung des Lernstandes,
- Prüfen des Verständnisses,
- Kombinieren und Integrieren.

Werden Unterrichten einerseits und schülerseitige Lernprozesse andererseits miteinander in Beziehung gebracht, gilt es vorerst, einem möglichen Missverständnis zu begegnen. Ein Fehlschluss könnte – im Sinne eines „Lehr-Lern-Kurzschlusses" – darin bestehen, eine direkte und umfassende Auswirkung des Wirkens von Lehrpersonen auf die Lern- und Verstehensvorgänge der Schülerinnen und Schüler anzunehmen. Dies ist genauso verfehlt wie die gegenteilige Annahme, gemäß welcher Lehrpersonen (im Sinne eines reformpädagogisch aufgeladenen Konstruktivismusbegriffs) keinen wesentlichen Einfluss auf die Lernarbeit hätten. Beide Extrempositionen sind nachweislich falsch: Lehren bewirkt nicht einfach Lernen, ebenso wenig kann komplexes Kulturwissen ausschließlich selbstorganisiert und ohne jegliche Anleitung nachentdeckt werden. Aus der Unterrichtsforschung ist bekannt, dass fachliche Lernfortschritte von Schülerinnen und Schülern zu einem respektablen Anteil aus der Qualität des Unterrichts erklärt werden können. In früheren Metaanalysen wurde davon ausgegangen, dass der diesbezügliche Anteil an geklärter Varianz ca. 25 % betrage. Später wurde diese Einschätzung nach unten korrigiert und es wurde angenommen, dass durch die Qualität des Unterrichts lediglich maximal 15 % der Schülerleistung erklärt werden können (Einsiedler 1997). Heute wird der Einfluss von Unterricht auf die Lernfortschritte der Schülerinnen und Schüler mit ca. 30 % wieder bedeutend höher eingeschätzt (Hattie 2003). Dabei muss vor Augen gehalten werden, dass schulischer Unterricht einem Angebot entspricht, das Lernende in je unterschiedlichem Ausmaß nutzen. Oder anders ausgedrückt: „Unterricht wird danach als unterschiedlich qualitätsvolles Angebot von Lerngelegenheiten verstanden, welches in Abhängigkeit von individuellen und kontextuellen Bedingungen von den Lernenden mehr oder weniger qualitätsvoll genutzt wird" (Reusser 2008, S. 14; vgl. auch Dokument 34: *Reusser Unterrichtsentwicklung*).

6.3 Zur Qualität von Unterricht

Unterricht hat einen wesentlichen Anteil daran, wie nachhaltig Schülerinnen und Schüler lernen. Im Hinblick auf Standards, welche an eine konstruktivistische Auffassung von Lernen anschließen, sind Lehrpersonen herausgefordert, nicht nur über ihre Rollen und Methoden nachzudenken, sondern über tiefenstrukturelle Aspekte der Unterrichtsarbeit generell. Im Rahmen der Unterrichts- und Schuleffektivitätsforschung wurden in den vergangenen Jahren zahlreiche Faktoren von Lehrerhandeln gefunden, welche in einem bedeutsamen Zusammenhang mit guten Schülerleistungen in bestimmten Fachbereichen stehen. Im Zuge zunehmend komplexerer methodischer Vorgehensweisen und empirischer Modellierungen wurde es möglich, vielfältige Dimensionen des Lehr-Lern-Geschehens zueinander in Beziehung zu setzen und deren Einfluss auf fachliche und überfachliche Lernergebnisse zu ermitteln, wobei auch Hintergrundvariablen wie Geschlecht, soziale Herkunft der Schüler, Schultyp usw. statistisch kontrolliert wurden. Dabei konnten verschiedene Variablen und Merkmale ermittelt werden, welche in direktem Zusammenhang mit dem Erreichen guter Lernleistungen der Schülerinnen und Schüler stehen.

Als Grundfigur für das Verstehen von Unterricht und dessen Prozessen sei an dieser Stelle auf ein Modell hingewiesen, welches in der didaktischen Diskussionstradition als didaktisches Dreieck bezeichnet wird und es erlaubt, drei Qualitätskulturen des Unterrichts zu benennen, die sich aus dem Verhältnis zwischen Lehrperson, Lernenden und dem jeweiligen Unterrichtsgegenstand ergeben (vgl. Abbildung 17). Diesen Kulturen lassen sich Qualitätsmerkmale zuordnen, welche einem konstruktivistischen Lern- und Interaktionsverständnis entsprechen und durch Forschungsarbeiten zu Effektivität und Qualität von Unterricht erhärtet werden können.

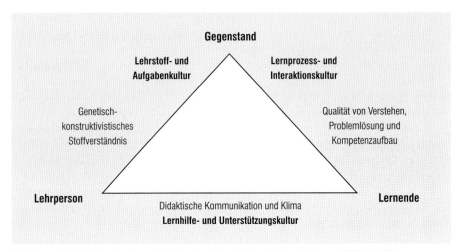

Abbildung 17: Artikulation einer konstruktivistischen Unterrichtskultur (Quelle: Reusser 2006, S. 162)

Zur *Lehrstoff- und Aufgabenkultur* gehören:
- klare Ziele und Standards,
- eine entsprechende Aufgabenkultur (vgl. Kapitel 5),
- ein sachlogischer Stoffaufbau und
- die Qualität der Lehrmittel.

Ziel ist ein genetisch-konstruktivistisches Stoffverständnis, bei dem Lernende einen Inhalt als etwas Gewordenes begreifen können, indem sie etwa die Problemstellung, welche den Ausgangspunkt für das zu Erlernende bildet, kennen. Lehrpersonen müssen sich dabei unter anderem folgende Leitfragen stellen:
- Bestehen didaktische Möglichkeiten, damit Lernende einen Stoff problemlösend nachkonstruieren können?
- Kann mit Lerngegenständen in multiplen Kontexten gearbeitet werden?
- Verfügen Schülerinnen und Schüler über Möglichkeiten, unterschiedliche Positionen und Einschätzungen mitteilen und aushandeln zu können?

Zur *Lernprozess- und Interaktionskultur* gehören:
- Klassenführung und Zeitnutzung,
- Methodenqualität und Inszenierungsvielfalt,
- Verstehensklarheit und Sinnfluss,

- kognitive Aktivierung,
- Motivierungsqualität,
- Individualisierung und adaptive Lernbegleitung sowie
- die Unterstützung von Selbstregulation und Lernstrategien.

Dabei sind unter anderen folgende Aspekte zu beachten:
- Besteht eine Balance zwischen selbst organisiertem und rezeptivem Lernen?
- Wird bei der Vorstellungs- und Erfahrungswelt der Lernenden angesetzt?
- Besteht die Möglichkeit zu Aktivitäten, in deren Rahmen Lernende wissensbildende Erfahrungen möglichst autonom machen können?
- Besteht eine Balance zwischen Selbsttätigkeit einerseits und interaktivem, kooperativem Austausch andererseits?
- Erlaubt die Lernumgebung Möglichkeiten zur Differenzierung und trägt sie auch der Heterogenität einer Klasse Rechnung?
- Haben Lernende in ausreichendem Maße unterschiedliche Hilfsmittel und Medien zur Unterstützung des Lernens zur Verfügung?

Zur *Lernhilfe- und Unterstützungskultur* gehören:
- ein positives Sozialklima,
- eine sinnstiftende Gesprächsführung,
- eine individuelle Schülerorientierung,
- diagnostische Kompetenz sowie
- Wertschätzung und Wärme.

Gemäß dem hier dargelegten pädagogisch-konstruktivistischen Verständnis von Lehren und Lernen müssen sich Lehrpersonen in einem Spektrum zwischen direkter Instruktion und Lernberatung bewegen können. Entsprechend ergeben sich u. a. folgende Leitfragen (Reusser 2006):
- Ermöglichen Lehrpersonen das Lernen nach dem Lehrlingsprinzip, indem sie sowohl Verhaltensmodell, Tutor, Lerngerüst, Coach und Lernhelfer sind?
- Bieten Lehrpersonen sowohl fachliche als auch lernprozessbezogene Hilfestellungen an, vor allem wenn es um den Erwerb anspruchsvollen Wissens geht?
- Können im Unterricht Fragen gestellt, Hypothesen kritisiert und Widersprüche diskutiert werden?
- Sind Arbeitsrückschau, Lernreflexion und Erfolgskontrollen integrale Bestandteile des Lernprozesses?

Die hier aufgeführten Voraussetzungen für gelingendes Lernen bieten eine umfassende Basis sowohl für Lehrpersonen, eigenen und fremden Unterricht zu reflektieren, als auch für Ausbildende in Bezug auf die Festlegung berufspraktisch relevanter Themen. Beim Versuch, ein allgemeingültiges Konzept guten Unterrichts zu entwickeln, muss allerdings in Betracht gezogen werden,

- dass mit Unterricht verschiedene – fachliche und überfachliche – Ziele erreicht werden wollen,
- dass Unterricht sich an verschiedene Gruppen von Lernenden richtet,
- dass diese Lernenden unterschiedliche Voraussetzungen mitbringen,
- dass Schüler, Lehrpersonen oder auch unabhängige Betrachter je unterschiedliche Sichtweisen, Erwartungen und Maßstäbe bezüglich Unterricht haben und
- dass von kurz-, mittel- oder langfristigen Unterrichtswirkungen ausgegangen werden kann (Helmke 2003).

Aus der Wirkungsforschung ist zudem bekannt, dass Lehrpersonen in der Lage sind, bestimmte schwach ausgeprägte Facetten der Lehrkompetenz durch andere, welche bei ihnen besser ausgeprägt sind, auszugleichen (Kompensations-, Substitutionseffekte). Ebenfalls muss beachtet werden, dass es von entscheidender Bedeutung ist, ob Qualitätseinschätzungen zu Unterrichtsmerkmalen bei Lehrpersonen, Schülerinnen und Schülern oder externen Beobachtern eingeholt werden. In einer Untersuchung von Clausen (2002) erwiesen sich die Übereinstimmungen der drei *Perspektiven* zu verschiedenen Konstrukten der Unterrichtsqualität insgesamt als eher klein. Weiter müssen auch emotionale und kognitive Faktoren der Schülerinnen und Schüler in den Blick rücken, welchen eine hohe Erklärungskraft zukommt, weshalb ein Zielverhalten in bestimmten Fällen gezeigt respektive nicht gezeigt wird (Bromme u. a. 2006).

Zusammenfassend kann aus dem Gesagten zwar der Schluss gezogen werden, „dass es ‚den' optimalen Unterricht, ‚die' ideale Lehrmethode nicht gibt – und auch gar nicht geben kann" (Helmke 2003, S. 46). Dennoch: Gute Lernleistungen können nicht auf beliebige Art und Weise „erzeugt" werden und die Qualität des Unterrichts ist in hohem Maße mitentscheidend für die Güte der Lernleistungen. Und weiter: Die Qualität und die Wirksamkeit von Unterricht lassen sich anhand bestimmter Kriterien erfassen. Damit wird das Konzept auch für die Aus- und Weiterbildung von Lehrpersonen bedeutsam. Auch wenn es sich verbietet, aus der Unterrichtsforschung geradlinig Konsequenzen für das Lehrerhandeln abzuleiten, scheint sich ein gemeinsames Verständnis dessen zu etablieren, was unter qualitätsvollem und effektivem Unterricht zu verstehen ist. Entsprechend sind im Rahmen von Reformen, wie der Einführung von Bildungsstandards, Maßnahmen zur Unterrichtsentwicklung mitzubedenken und nach Möglichkeit auch einzuführen, um dem Kernanliegen nachhaltiger Kompetenzenbildung bei den Lernenden Nachdruck zu verleihen.

6.4 Schulische Innovation durch Unterrichtsentwicklung

Wie dargelegt, ist es nicht trivial, aus der Erkenntnis darüber, was lernwirksamen Unterricht auszeichnet, Maßnahmen abzuleiten, welche der Entwicklung eines solchen Unterrichts dienen. Unterricht findet in je spezifischen Situationen und Kontexten statt und eine unreflektierte Übernahme von Szenarien, die sich anderweitig bewährt haben, muss nicht zwingend zum Erfolg führen. Entsprechend zurückhaltend war man lange Zeit mit dem Einsatz bestimmter Werkzeuge und Instrumente der Unterrichtsentwicklung in den Schulen, aber auch in der Lehrer(fort-)bildung. Im Gegensatz zu anderen – von Status und Ausbildung her vergleichbaren – Professionen verfügt die Lehrerinnen- und Lehrerbildung nur in beschränktem Maße über „Tools", welche jenseits von Beliebigkeit und Gutdünken in der professionellen Aus- und Weiterbildung des pädagogischen Personals eingesetzt werden. Dennoch wurden in den vergangenen Jahren Möglichkeiten aufgezeigt und Instrumente entwickelt, die Qualität von Unterricht nachhaltig zu steigern. Einige davon waren Gegenstand wissenschaftlicher Evaluation und haben sich auch in vielfältigen Praxiskontexten bewährt.

Wie bereits in Kapitel 5 thematisiert, verstehen Lehrpersonen Reformen in einer bestimmten Weise und passen die an sie herangetragenen Anforderungen an die eigenen Bedürfnisse und Gegebenheiten so an, wie es den subjektiv wahrgenommenen Erfordernissen ihres beruflichen Alltags entspricht. Was bedeutet dies für die Einführung von Bildungsstandards?

Erste Erfahrungen aus Österreich zeigen, dass Bildungsstandards weniger als Instrumente und Katalysatoren der Unterrichtsentwicklung denn als zusätzliche Evaluationsmöglichkeit angesehen werden (Altrichter/Posch 2007; Beer 2007; vgl. auch Kap. 4.2). Erfahrungen mit Standards in den USA bilanzierend warnt Ravitch (2007) davor, dass Schulen zu sogenannten „Test-prep-Factories" verkommen könnten. Bei der Einführung von Bildungsstandards ist deshalb darauf zu achten, dass diese nicht primär als „Testkeule", sondern im Hinblick auf das Potenzial, „Lehren und Lernen auf gemeinsame Ziele aus[zurichten]" (Klieme u. a. 2003, S. 47), wahrgenommen sowie Schulen und Lehrpersonen in ihren Bestrebungen unterstützt werden, unter Einbezug von testbasierten Rückmeldungen die didaktischen Prozesse in ihren Klassen bzw. die Qualität des Lernens von Schülerinnen und Schülern zu optimieren. In den folgenden Abschnitten werden einige Werkzeuge und Möglichkeiten beschrieben, mit deren Hilfe Unterricht im beschriebenen Sinne weiterentwickelt werden kann.

6.4.1 Unterrichtsentwicklung als Kernaufgabe

Unterrichtsentwicklung wurde lange Zeit als bloßer Teil der Schulentwicklung verstanden. Heute wird sie als deren Kern gesehen, der sich in den vergangenen Jahren zu einer eigenständigen Disziplin entwickelt hat, wovon eine wachsende Zahl von Publikationen zeugt (z. B. Altrichter/Posch 1998; Bastian 2007; Gschwend/Claude 2004; Klippert 2004). Unter Unterrichtsentwicklung ist mehr zu verstehen als lediglich eine

Modernisierung und Erweiterung des Repertoires an Methoden. Vielmehr geht es um systematische und gemeinsame Anstrengungen aller beteiligten Akteure zur Verbesserung von Lehren und Lernen im Unterricht (Bastian 2007). Damit ist Unterrichtsentwicklung im weitesten Sinne Oberbegriff der in den folgenden Abschnitten dargestellten Verfahren.

Gemeinsamkeiten verschiedener Modelle von Unterrichtsentwicklung

- Zielgerichtetheit im Sinne gemeinsam formulierter, realisierbarer und überprüfbarer Ziele,
- Systematik in Bezug auf Training, Pflege und Vertiefung des Gegenstands der Entwicklung,
- Methodentraining, in dem angemesse Arbeits- und Lerntechniken zum Einsatz gelangen,
- Schaffung von Lernarrangements,
- unterrichtsbezogene Teamarbeit,
- Training und Pflege des Gelernten,
- Vernetzung des Gelernten in Bezug auf die gesamte Schule sowie
- Evaluation

(Quelle: nach Rolff 2007)

Forschung und Erfahrung zeigen, dass Unterrichtsentwicklung nicht als „von oben" verordneter Prozess, sondern nur unter dem Einbezug eigenverantwortlicher Lehrpersonen funktionieren kann (vgl. Gräsel/Parchmann 2004; Gärtner 2007). Entsprechend müssen Unterrichtsentwicklungsmaßnahmen als sinnvoll und potenziell nutzbringend wahrgenommen werden, zumal Reformprozesse oftmals längere Zeit in Anspruch nehmen, ressourcenintensiv sind und Wirkungen sich nicht auf Anhieb einstellen.

Sinnvollerweise finden solche Entwicklungsprozesse nicht nur als schulexterne Fortbildungsveranstaltungen, sondern auch vor Ort statt. Das heißt, dass mit einem Lehrerkollegium als Ganzem oder einer Fachschaft unter Berücksichtigung des einzelschulischen Kontextes gearbeitet wird – eine Forderung, welche gerade im Zuge teilautonomer Profilbildungen von Schulen Gewicht erhält. Damit geraten verschiedene Formen der Kooperation von Lehrpersonen in den Blick. Diesem Thema ist der folgende Abschnitt gewidmet, in dem der Forschungsstand zu diesem Thema dargestellt wird und Möglichkeiten aufgezeigt werden, wie Lehrpersonen mit entsprechenden Maßnahmen arbeiten können.

Ebenso sollen Entwicklungsprozesse angestrebt werden, die es ermöglichen, das Lernen möglichst aller Schülerinnen und Schüler im Hinblick auf Wissen, Können und Eigenverantwortung nachhaltig zu beeinflussen. Dies ist insbesondere vor dem Hintergrund der in den PISA-Studien offenbar gewordenen großen Leistungsvarianz, zum Beispiel der Schweizer Achtklässler, eine große Herausforderung. In diesem Zusammenhang gilt es unter anderem, Maßnahmen zu entwickeln und umzusetzen, welche eine angemessene Förderung für den relativ großen Anteil leistungsschwacher Schülerinnen und Schüler vorsehen. Lehrpersonen müssen in der Lage sein, einen sowohl auf Verstehen und Können als auch auf Motivation und Selbstwirksamkeit ausgerichteten Unterricht zu realisieren und dabei die Lernenden zu aktivieren und mit der Sache, jedoch auch untereinander in Interaktion treten zu lassen.

6.4.2 Kooperative Unterrichtsentwicklung in Netzwerken

Zwar teilen Lehrpersonen den Arbeitsort und unterrichten – je nach Schulform und -typ – dieselben Klassen, aber als eigentliches „Kerngeschäft" ist Unterrichtsarbeit in der Regel nach wie vor Einzelarbeit. Von außen betrachtet weisen Einzelschulen daher eine gefügeartige Gesamtstruktur auf (Rolff 1993) und erscheinen als lose gekoppelte Systeme (Fend 1986). Durch den Befund, „dass der Einzelschule als pädagogischer Handlungseinheit eine große Bedeutung zukommt" (Fend 1986, S. 275), und die Feststellung, dass kollegiale Zusammenarbeit zwischen Lehrpersonen als ein zwischen guten und verbesserungsbedürftigen Schulen differenzierender Aspekt erscheint (Fend 1986), wurde Lehrerkooperation in der Folge auch zum Gegenstand der Forschung zu Schulqualität und Schulentwicklung.

    Schley (1998) postuliert in Anlehnung an Konzepte aus der Organisationspsychologie Teamkooperation als bedeutsam für Schulentwicklungprozesse. Dabei rückt die Teamkonstellation aufgrund stabiler Persönlichkeitsmerkmale der einzelnen Mitglieder in den Fokus der Betrachtung. Kooperation wird auf der Grundlage je verschiedener Teamkulturen betrachtet, welche entweder durch Innovations-, Verfahrens-, Personen- oder Ergebnisorientierung charakterisiert werden können (Schley 1998). Seit Beginn der 1990er-Jahre ist im deutschen Sprachraum zudem ein Trend zu teilautonomen Schulen festzustellen (vgl. Kap. 3.3). Lehrerkollegien und Schulleitungen sind aufgefordert, Leitbilder für ihre Schulen und ein Qualitätsmanagement zu entwickeln. Kooperation bezieht sich damit auf wesentliche Belange der Schulentwicklung und erscheint neben Innovationsbereitschaft, pädagogischem Engagement und anderen Merkmalen als ein konstitutives Merkmal qualitativ guter Schulen (Steffens/Bargel 1993).

    Wie jedoch lässt sich Kooperation charakterisieren? Welche Aspekte von Kooperation sind insbesondere für die Arbeit von Lehrpersonen von Bedeutung? Steinert/Klieme (2003) haben auf der Basis einer Befragung von mehr als 4000 Lehrpersonen an 93 Schulen des Bundeslandes Hessen Items ermittelt, welche nicht nur die berufliche Kooperation von Lehrpersonen beschreiben, sondern auch eine Zuteilung der Schulen zu einer höheren oder tieferen Stufe von Kooperation ermöglichen. Dabei wurden sowohl unterrichtsbezogene Aspekte von Kooperation (z. B. „Wir haben eine gute fachspezifische Zusammenarbeit.") als auch organisationale Merkmale (z. B. „Wir werden rechtzeitig und ausreichend über wichtige Vorgänge informiert.") oder Aspekte des Personalmanagements (z. B. „Wir erarbeiten gemeinsam Strategien zur Bewältigung beruflicher Probleme.") berücksichtigt. Die am leichtesten zu realisierenden Formen von Kooperation bezogen sich auf fachspezifische Zusammenarbeit, Erarbeitung eines Schulprofils, kollegiale Mitbestimmung, Koordination der Unterrichtsarbeit innerhalb der Jahrgangsstufe, Informationsfluss und Beteiligung an der Festlegung der Stundenpläne. Steinert u. a. (2006) berichten weiter über Unterschiede zwischen verschiedenen Schulformen bezüglich der auf diese Weise erhobenen Kooperation: So fanden sich in Gymnasien insgesamt tiefere Ausprägungen von Kooperation als in den anderen Formen der Sekundarstufe, was angesichts der Binnenstruktur der Ersteren nicht erstaunt. So umfasst die Arbeit etlicher Fachlehrpersonen oft unterschiedliche Teilpensen an mehreren Schulen, was die Planung vor allem von intensiver Zusammenarbeit nachhaltig erschwert.

Bei allen bisher erwähnten Arbeiten wurde von einem Konzept von Lehrerkooperation ausgegangen, welches sich an den Bedürfnissen der Einzelschule orientiert und verschiedenste Bereiche möglicher Zusammenarbeit im Blick hat. Davon ausgehend, dass es *die* Lehrerkooperation nicht gibt, sondern verschiedene Kooperationsformen mit unterschiedlichen Funktionen nebeneinander bestehen (Gräsel u. a. 2006), ergibt sich die Notwendigkeit differenzierender Forschungszugänge. Dabei muss vor allem die konkrete Unterrichtsarbeit im Fokus stehen. Wie kann professionelle Zusammenarbeit in Bezug auf dieses „Kerngeschäft" pädagogischen Handelns charakterisiert werden? Welche Effekte sind von ihr zu erwarten?

In Anlehnung an ähnliche Konzepte aus dem angelsächsischen Raum entstanden in den vergangenen Jahren auch im deutschsprachigen Raum professionelle Lerngemeinschaften von Lehrerinnen und Lehrern (PLG) (Bonsen/Rolff 2006). Damit werden folgende Ziele angestrebt:

- erfolgreiches Lernen neuer Unterrichtstechniken und eine Erweiterung des professionellen Wissens,
- tieferes Verständnis des Unterrichtsstoffes,
- Verständnis der Bedeutsamkeit der eigenen Rolle bei der Unterstützung und Förderung der Schülerinnen und Schüler,
- eine höhere Kapazität, sich auf die Bedürfnisse der Schülerinnen und Schüler einzustellen,
- höhere Berufszufriedenheit sowie
- höhere Motivation für Veränderung.

In einer Analyse zum Ausbaustand von PLG in Deutschland wurde festgestellt, dass sich diese Form kooperativer Zusammenarbeit durch folgende Merkmale charakterisieren lässt: reflektierender Dialog, De-Privatisierung der Unterrichtspraxis, Fokus auf Lernen statt auf Lehren, Zusammenarbeit und gemeinsame handlungsleitende Ziele (Bonsen/Rolff 2006).

Ausgehend von den eher mittelmäßigen Leistungen der deutschen Schülerinnen und Schüler im Rahmen der TIMSS-Studie wurde das Bund-Länder-Kommission(BLK)-Modellversuchsprogramm *Steigerung der Effizienz des mathematisch-naturwissenschaftlichen Unterrichts* (SINUS) gestartet (Ostermeier u. a. 2004; BLK-Programm

SINUS-Transfer 2006). Mit diesem Programm sollten folgende Ziele erreicht werden (Prenzel u. a. 2005):
- Professionalisierung der Lehrkräfte,
- Verbesserung der Gestaltung des Unterrichts durch Weiterentwicklung der Aufgabenkultur sowie
- Verbesserung der Lernprozesse und Lernergebnisse der Schülerinnen und Schüler in Mathematik und Naturwissenschaften, indem auf ein vertieftes und verständnisorientiertes Lernen hingearbeitet werden soll.

SINUS umfasste elf Module, welche den Rahmen für unterrichtsbezogene Qualitätsentwicklung bilden (vgl. Kap. 5.3.2). Dabei konnten die Lehrpersonen diejenigen Module auswählen, welche ihnen bedeutsam erschienen, und auch die Wahl der Teilaspekte bestimmen (Ostermeier 2004).

Im Rahmen einer summativen Evaluation wurde mit einem Untersuchungsdesign gearbeitet, bei dem 102 Schulen des Versuchs mit Schulen aus der PISA-Erweiterungsstichprobe hinsichtlich verschiedener Merkmale verglichen wurden (Prenzel u. a. 2005). Gefragt wurde unter anderem nach der Häufigkeit von Kooperation, nach Einstellungen gegenüber den Fächern Mathematik und Naturwissenschaften sowie nach den erzielten Fachleistungen der Schülerinnen und Schüler. Dabei zeigte sich unter anderem, dass:
- die Häufigkeit der Kooperation vor allem in den Hauptschulen, in den Schulen mit mehreren Bildungsgängen (MBG) und in den Realschulen der SINUS-Stichprobe höher liegt als in den Schulen der Kontrollgruppe, dass dieser Effekt aber an den Gymnasien und Integrierten Gesamtschulen nicht eintritt;
- die Leistungen in den SINUS-Schulen sowohl in Mathematik als auch in Naturwissenschaften in Hauptschulen, MBG und Integrierten Gesamtschulen höher liegen, nicht aber in Gymnasien und Realschulen;
- die Unterschiede insgesamt in den genannten Bereichen auf den tieferen Schulstufen stärker zu sein scheinen als in den Gymnasien (Prenzel u. a. 2005).

Ostermeier (2004) hat die Entwicklung der Akzeptanz des Programms unter die Lupe genommen. Dabei erhob er die Daten von über 500 Lehrpersonen in 161 Schulen, ihren Schulleitungen sowie den Schüler- und Elternvertretungen. Als wichtigste Ergebnisse lassen sich folgende Befunde festhalten (Ostermeier 2004):
- Die Kooperationsaktivitäten der Lehrpersonen nahmen von Messzeitpunkt 1 zu Messzeitpunkt 2 leicht ab.
- Die Lehrpersonen erlebten die Kooperation schon während des ersten Messzeitpunktes als etwas Positives – ein Effekt, der sich im Rahmen der zweiten Erhebung sogar noch verstärkte.
- Ebenso berichteten die Befragten über eine hohe Zufriedenheit mit dem Programm, welche zwischen den Messzeitpunkten noch zunahm.

Bilanzierend lässt sich feststellen, dass Kooperation eindeutig positive Effekte zeigt, wenn sie spezifisch und systematisch erfolgt. Vorzugsweise wird sie dort eingesetzt, wo sie für Lehrpersonen am naheliegendsten und greifbarsten erscheint – in der Unterrichtsarbeit. Dabei ist aber auch zu beachten, dass Kooperation nicht nach einem festgelegten Muster abläuft und deshalb kaum über die Steuerung des Gesamtsystems eingeführt werden kann, sondern als kontextabhängig und situationsspezifisch wahrgenommen wird. Als sinnvoll erweist sich hier am ehesten eine Angebots-/Nutzungs-Struktur, wie sie die SINUS-Module darstellten.

6.4.3 Fachdidaktisch-pädagogisches Coaching

Im Zuge verstärkter Professionalisierung haben sich in den vergangenen Jahren für anspruchsvolle Berufsbereiche unterschiedliche Formen der Beratung und der berufsbezogenen Weiterbildung entwickelt, die sich unter dem Oberbegriff „Coaching und Mentoring" zusammenfassen lassen. Allen gemeinsam ist, dass sie dem Aufbau und der Weiterentwicklung beruflicher Kernkompetenzen dienen, unter Berücksichtigung der beruflichen Entwicklungsziele und der individuellen Ressourcen und Bedürfnisse der Individuen. Auch für die professionelle Weiterentwicklung von Lehrpersonen gelangen verschiedene Varianten von Coaching zum Einsatz. Eine dem Ausbau der Lehr-Lern-Kompetenz dienende Form wird im Folgenden vorgestellt.

Nach Shulman (1986, 1987) verfügen Lehrpersonen über verschiedene Arten von Wissen:
- *Content Knowledge* (disziplinär-fachinhaltliches Wissen),
- *Curricular Knowledge* (curriculares Wissen),
- *Pedagogical Knowledge* (allgemein fachdidaktisch-pädagogisches Wissen) sowie
- *Pedagogical Content Knowledge* (fachspezifisch-pädagogisches Wissen).

Vor allem Letzteres hat sich „als zentraler Bestandteil professioneller Lehrerkompetenz" (Staub 2001, S. 180) erwiesen. Charakteristisch daran ist, dass es sich um eine „Verschmelzung von Wissen verschiedener Herkunft wie auch eigener Erfahrung" (Staub 2001, S. 180) handelt. Fachspezifisch-didaktisches Wissen setzt sich aus disziplinärem Fachwissen, allgemein pädagogisch-didaktischem und psychologisch-didaktischem Wissen und der Erfahrung aus Anwendungen in konkreten Handlungssituationen zusammen (Staub 2004). Damit wird auch deutlich, wie eng entsprechendes Wissen mit Überzeugungen (*beliefs*) zusammenhängt, welche im Rahmen einer pädagogischen Laufbahn entwickelt werden (Dann 1983, 1994) und somit relativ stabil und teilweise auch implizit sind. In Untersuchungen konnte denn auch eine relativ hohe Konsistenz des Zusammenhangs zwischen subjektiven Theorien und dem Handeln von Lehrpersonen nachgewiesen werden (Dann 1983, 1994). Entsprechend muss eine Modifikation sowohl die Ebene der eigentlichen Wissensgehalte und Überzeugungen als auch das in konkreten Situationen manifestierte Handlungswissen betreffen. Die Veränderung einer Wissensstruktur ist dabei umso schwieriger, je mehr sich eingewurzelte Überzeugungen und Gewohnheiten des Handelns mit dieser verbinden.

Probleme für die Lehrerbildung ergeben sich in diesem Zusammenhang vor allem dadurch, dass traditionelle Verfahren der Fort- und Weiterbildung, welche meist als reine Wissensvermittlung und Belehrung ohne Nachbetreuung gestaltet sind, sich für die Veränderung von in subjektiven Theorien verankertem professionellem Verhalten als wenig wirksam erwiesen haben. Dies ist ein wichtiger Grund dafür, dass in den vergangenen Jahren Coaching-Ansätze (nicht nur) für Lehrpersonen zunehmend an Bedeutung gewonnen haben. Von den unterschiedlichen Konzepten soll an dieser Stelle der direkt auf die Unterrichtsebene zielende Ansatz des *„Content Focused Coaching"* (Staub 2001, 2004; West/Staub 2003) etwas genauer beschrieben werden. Mit anderen Ansätzen wie *Clinical-Supervision, Peer-Coaching* oder reflexiven Praktika versucht er das im Berufsfeld situierte professionelle Lehrerhandeln *on the job* zu unterstützen und zu fördern.

Ausgehend vom Konzept der Kognitiven Meisterlehre (Collins u. a. 1989), welches dem Lehrenden eine modellierende und später begleitende Rolle zuweist, wird ein Coaching-Ansatz entwickelt, der „die individualisierte und situationsbezogene Unterstützung eines Lerners, einer Lernerin bei der Bearbeitung einer komplexen Aufgabenstellung durch eine Person, die in der Bearbeitung solcher Aufgabenstellungen selber über eine hohe Expertise verfügt" (Staub 2001, S. 183), umfasst. Die Rolle des Coachs ist dabei weniger die eines ausschließlich beobachtenden Prozessberaters wie in den meisten diesbezüglichen Ansätzen, sondern diejenige einer in allen Belangen der Arbeit aktiv mitwirkenden Fachperson, die sich als Lernende versteht und ihr unterrichtsrelevantes Wissen wie auch ihre Tätigkeit als Coach reflektiert und weiterentwickelt (Staub 2004). Notwendigerweise verfügen Coaches über eigene Erfahrungen als Lehrpersonen und als Ausbildende von Lehrpersonen (Staub 2001; online unter http://www.phtg.ch/fileadmin/user_upload/Dokumente/PFW/Forschung/PHTG_FB_05-Kollegiales_Unterrichtscoaching.pdf [recherchiert am 17.03.2009]).

Eine Stärke dieses Ansatzes besteht nicht zuletzt darin, dass er sowohl bei erfahrenen Lehrpersonen als auch bei Berufsanfängern eingesetzt werden kann (West/Staub 2003).

Folgende Gestaltungsmerkmale sind für das Setting charakteristisch:
- Der Hauptfokus gilt dem Lernen der Schülerinnen und Schüler.
- Der Coach bringt seine Kompetenz nicht allein oder primär in der (retrospektiven) Reflexion über Unterricht ein, sondern er beteiligt sich als mitverantwortlicher Partner bereits während der Vorbereitung und Durchführung des Unterrichts (Staub 2001).

Dementsprechend ist der Coach sowohl an der Planung der Lektion als auch am eigentlichen Unterricht und an der Nachbesprechung mitbeteiligt. In der ersten Phase stellen Coach und Lehrperson beispielsweise Überlegungen dazu an (Staub 2006),
- welcher Art das beabsichtigte Lernen ist,
- welches die beabsichtigten Lernziele sind,
- an welches Vorwissen der Lernenden angeknüpft werden kann,
- welche Schwierigkeiten zu erwarten sind und
- welche Gelegenheiten den Schülerinnen und Schülern geboten werden können, ihr Denken offenzulegen (Staub 2006).

Im Unterricht selbst nimmt der Coach Mitverantwortung für das Lernen der Schüler wahr, indem er sich aktiv an Unterrichtsgesprächen und einzelnen Elementen der Lektion beteiligt (Staub, 2001, 2004, 2006), während die Unterrichtsnachbesprechung ein „Coaching der didaktischen Reflexion" (Eggenberger/Staub 2001) ist, in dessen Rahmen der Coach auf bestimmte Unterrichtsepisoden Bezug nimmt, wobei auch wieder die Lernprozesse der Schülerinnen und Schüler unter die Lupe genommen werden (Staub 2001, 2004, 2006). Auf diese Weise soll vermieden werden, dass eine Lehrkraft „zum Klassenmanager für Schulbuchbearbeitung" (Staub 2001, S. 191) wird, anstatt im Sinne eines kognitiv-konstruktivistischen Verständnisses von unterrichtlichem Lernen adaptiv auf Beiträge der Lernenden einzugehen (Staub 2001).

Im Hinblick auf die Einführung und Implementierung von Bildungsstandards kommt Ansätzen wie dem beschriebenen insofern große Bedeutung zu, als sie die Einzelsituation, der eine Lehrperson im Unterricht ausgesetzt ist, aufbrechen und eine Reflexion professioneller Gewohnheiten und Überzeugungen erlauben. Das beschriebene Instrument erlaubt die maßgeschneiderte Entwicklung der Professionalität der einzelnen Lehrperson, so dass sowohl individuellen Defiziten als auch Entwicklungsbedürfnissen Rechnung getragen werden kann.

Allerdings muss berücksichtigt werden, dass ein solcher Ansatz vom Engagement und den bereitgestellten Ressourcen abhängig ist. Das hier vorgestellte Modell wurde unter anderem an einem großen New Yorker Schuldistrikt realisiert, wodurch die engagierte Arbeit der Verantwortlichen ermöglicht wurde, dass über mehrere Jahre in ausreichendem Maße Coachs ausgebildet werden konnten (West/Staub 2003). Ebenso muss sich die Erkenntnis durchsetzen, dass Coaching vielmehr ein Privileg als eine unerwünschte und aufgezwungene Nachhilfemaßnahme für unbeholfene Lehrpersonen darstellen sollte. Nicht zuletzt müssen auch finanzielle Möglichkeiten berücksichtigt werden. Insgesamt aber stellt fachdidaktisch-pädagogisches Coaching ein mögliches Werkzeug dar, mittels dessen Lehrpersonen bei der Vermittlung von Kompetenzen unterstützt werden können.

6.4.4 Videobasierte Unterrichtsentwicklung

In den vergangenen Jahren gelangte die Videografie in mannigfaltigen Ausbildungskontexten zum Einsatz. So leisten Videoaufnahmen etwa beim Erwerb wichtiger Bewegungsabläufe in bestimmten Sportarten wertvolle Dienste, indem Novizen beispielsweise *Best-Practice-Modelle* dargeboten werden oder indem sie mit ihren noch verbesserungswürdigen Versuchen konfrontiert werden. Auch bei der Schulung bestimmter Berufsgruppen (z. B. Verkaufspersonal) kommen Videos zum Einsatz.

Was die Forschung anbelangt, hat die Videografie vor allem im Rahmen von internationalen leistungsvergleichenden Studien große Aufmerksamkeit erfahren (Krammer/Reusser 2004). Mit videografiertem Unterricht wird es zudem möglich, „über einen wichtigen Teil unserer kollektiven Kultur, nämlich Bildungsprozesse, ein objektives Gedächtnis herzustellen" (Krammer/Reusser 2004 S. 82).

Für die Aus- und Weiterbildung von Lehrpersonen bietet der Einsatz von Videos bisher nicht verfügbare Möglichkeiten zu Selbstreflexion und Feedback. Dabei können illustrative oder problemorientierte Fallbeispiele dargeboten werden (Petko/Reusser 2005).

Möglichkeiten der zielgerichteten Reflexion von Lehr- und Lernprozessen durch Videografie sind unter anderem folgende:

- Unterrichtsprozesse können in ihrer Komplexität und Variabilität sichtbar gemacht werden,
- Videos besitzen eine hohe Anschaulichkeit und Realitätsnähe,
- flüchtige Praxissituationen können strukturiert beobachtet werden,
- wiederholte Beobachtung und Archivierung sind möglich,
- unterrichtsbezogene Denk- und Handlungsmuster können objektiviert werden,
- Referenzierung und Reflexion von Standards und Best Practice werden ebenso möglich wie eine problemorientierte Analyse,
- Theorien, Kernideen und Konzepte des Lehrens und Lernens können in Sichtstrukturen unterschiedlichen Handelns übersetzt werden,
- die (fach-)didaktische Verständigung über Lehr- und Lernprozesse wird erleichtert,
- verschiedene Analysemethoden werden miteinander verbunden und
- Videos können vielseitig eingesetzt werden.

(Quelle: Reusser 2005)

Diese Optionen ermöglichen Lernprozesse, wie sie unter dem Sammelbegriff des situierten Lernens bzw. der situierten Kognition seit einiger Zeit gebräuchlich sind. Entsprechende Ansätze lassen sich dadurch charakterisieren, dass
- handlungswirksames Lernen sich als situationsgebundener Prozess vollzieht,
- flexibel anwendbares Wissen in authentischen und meist sozialen Praxiskontexten erworben wird,
- durch den Einbezug realer Anwendungssituationen die Entstehung „trägen Wissens" vermieden wird,
- problemorientierte Inhalte aus multiplen Perspektiven bearbeitet werden und
- selbst gesteuertes anspruchsvolles Lernen erfolgt (Reusser 2005).

Im Rahmen der Studie *Unterrichtsqualität und mathematisches Verständnis in verschiedenen Unterrichtskulturen* (Klieme/Reusser 2003) wurde 2004 eine Lehrerfortbildung gestartet, an der sowohl deutsche als auch Schweizer Lehrpersonen teilnahmen. Durch Reflexions- und Beobachtungsaufgaben sollten die Teilnehmenden in die Lage versetzt werden, ihr fachdidaktisches und curriculares Wissen sowie ihre Einstellungen und Überzeugungen gegenüber dem eigenen Fach und den Lernprozessen der

Schülerinnen und Schüler zu reflektieren (Ratzka u. a. 2005). Dabei orientierten sich die Autoren am Konzept der „professionellen Lerngemeinschaften" (Green 2003), welches vorsieht, dass sich Kleingruppen von drei bis fünf Lehrpersonen gegenseitig bei Planungs- und Reflexionsaufgaben unterstützen (Ratzka u. a. 2005). Auf Basis der internetbasierten Lernumgebung „LessonLab Visibility™" diskutierten die Teilnehmenden aufgrund ausgewählter Fragestellungen über Onlineforen über eigenen und fremden videografierten Unterricht. Im Sinne eines *blended learning*-Ansatzes gab es neben den Online- auch Präsenzphasen, mit dem Ziel, eine Vertrauensbasis für eine offene Reflexion in den Lerngemeinschaften zu schaffen. Mittels eines Online-Stimmungsbarometers wurden das Wohlbefinden, der Lerngewinn sowie auftretende technische und kommunikative Schwierigkeiten erfasst (Ratzka u. a. 2005).

Fortbildungen dieser Art profitieren nicht zuletzt von den technischen Entwicklungen, sowohl was die Erfassung als auch die Aufbereitung und Verwendung der Daten betrifft. So können heute handelsübliche DV-Kameras eingesetzt werden, um Lektionen oder Teile davon zu filmen und anschließend die Daten zur weiteren Bearbeitung auf einen Computer zu übertragen. Mit verschiedenen, zum Teil kostenfreien Programmen lassen sich die Sequenzen bearbeiten (Petko/Reusser 2005). Für Lernzwecke in der geschilderten Form erweist sich die Einbindung der Videos in eine Browser-basierte Benutzeroberfläche, welche mit zusätzlichen Begleitmaterialien verlinkt ist, als notwendig (Krammer/Reusser 2004, 2005). Exemplarisch kann hier auf die Software von LessonLab verwiesen werden, welche im Anschluss an TIMSS 1999 entwickelt wurde, um Unterrichtsvideos für Ausbildungszwecke nutzbar zu machen. (LessonLab Research Institute s. d.).

Forschungsergebnisse zu videobasiertem Lernen sind noch relativ rar. Damit bleiben viele Fragen, welche sich zu seiner differenziellen Wirksamkeit stellen, einstweilen noch unbeantwortet. Sherin/Han (2003) konnten in einer Studie nachweisen, dass sich im Laufe einer einjährigen Sequenz videobasierten Lernens mit monatlichen Treffen die Art der Gesprächsbeiträge der Teilnehmenden veränderte. Zu Beginn beurteilten sie vor allem das Verhalten der Lehrpersonen, um sich später vermehrt auf die Lernprozesse der Schülerinnen und Schüler zu konzentrieren. Ebenso wurde im Lauf der Zeit eher versucht, beobachtbares Verhalten zu verstehen, anstatt alternative didaktische Konzepte vorzuschlagen (Sherin/Han 2003). In einer Pilotstudie identifizierten Krammer/Hugener (2005) folgende Bedingungen für den produktiven Einsatz von Unterrichtsvideos:
▸ interessante Lernaufgaben, welche in sinnvoller Ergänzung zum behandelten Stoff stehen;
▸ angemessene Unterrichtsvideos, welche als zur Vertiefung des behandelten Stoffes geeignet wahrgenommen werden (je nach Lernaufgaben und thematischem Fokus hängt dies zum Beispiel von Inhalten, zu beobachtenden Lehr-Lern-Formen, Stufe oder Kameraführung ab), sowie
▸ geringe technische Arbeitsbelastung (Krammer/Hugener 2005, S. 58).

Dabei erwies sich die Zeitmarkierungsfunktion der verwendeten Software „Visibility Platform™" als nützlich, weil sie den Zugriff auf gesuchte Unterrichtssequenzen sowie die Verbindung mit Zusatzmaterialien wesentlich erleichtert.

Allerdings gilt es auch hier, die Herausforderungen im Blick zu behalten, welche bei der Reflexion und der Analyse von Unterrichtsvideos in der Lehre entstehen. So müssen sich die Teilnehmenden ihrer Subjektivität beim Betrachten der Sequenzen bewusst sein. Ebenso ist auf eine von Respekt geprägte Diskussionskultur zu achten. Auch benötigt eine eingehende Reflexion gezielte Anleitung durch geschulte Dozenten. Nicht zuletzt muss der Auswahl und Aufbereitung geeigneter Sequenzen die nötige Aufmerksamkeit beigemessen werden (Krammer/Reusser 2004, 2005). Staub (2005) verweist zudem nachdrücklich auf den Aufbau eines theoriebezogenen Verständnisses von inhaltsspezifischen Lehr-Lern-Prozessen beim Einsatz von Videos im Fachspezifisch-Pädagogischen Coaching. Videos allein sind lediglich vielversprechende Werkzeuge, welche ihr Potenzial für die Unterrichtsentwicklung nur in einer sorgfältig gestalteten Lernumgebung zu entfalten vermögen (Krammer/Reusser 2004). Nur auf diese Weise können Videos „zum Motor der Reflexion, Entwicklung und Differenzierung professionellen Handelns, Wissens und Argumentierens von Lehrpersonen werden und die Funktion von Aufzeichnung zur wertenden Beurteilung des Könnens von Lehrpersonen überwinden" (Krammer/Reusser 2004, S. 98) (s. Dokument 36: *Reflexion Unterrichtsvideos*).

Bezogen auf die Einführung und Implementierung fachlicher Standards im Unterricht wird deutlich, wie groß die Notwendigkeit einer nachhaltigen Reflexion professionellen Handelns in Bezug auf die Lernprozesse der Schülerinnen und Schüler ist. Wo das „Produkt" Bildungsstandard – oder präziser: die jeweilige Fachkompetenz der Lernenden – angestrebt wird, müssen auch die dahin führenden Prozesse und deren Qualität im Blick behalten werden (Stäudel/Blum 2005). Ein entsprechendes Qualitätsbewusstsein kann sich aber nur dort entwickeln, wo Lehrpersonen sich sowohl mit theoretischen Ansätzen, praktischen inhaltlichen Aufgaben als auch der (selbst)kritischen Beurteilung des Erreichten auseinandersetzen (Stäudel/Blum 2005). Videobasierte Aus- und Weiterbildung von Lehrpersonen bietet hier ideale Voraussetzungen, weil sie auf eine gründliche und kritische Auseinandersetzung mit dem eigenen Unterricht abzielt.

Aufgabe 24: Betrachten Sie die Videosequenz (s. Dokument 35: *Videosequenz Problemlösen im Mathematikunterricht*) und analysieren Sie diesen Lektionsausschnitt unter dem Gesichtspunkt kompetenzorientierten Unterrichts. Verwenden Sie die in Kapitel 5.1.2 genannten Kompetenzdimensionen (Zentrale mathematische Kompetenzen und Anforderungsniveaus, nach Blum u. a. 2006, S. 33 ff.). Welche Kompetenzen werden insbesondere gefördert?

6.4.5 Schülerinnen, Schüler und Lehrpersonen entwickeln ihre (professionelle) Rolle

In den vorangegangenen Abschnitten wurden Verfahren der Unterrichtsentwicklung als Werkzeuge und Instrumente des Lehrerhandelns sowie als innovative Formen der professionellen Weiterbildung von Lehrpersonen vorgestellt. Bei alledem soll aber nicht vergessen werden, dass auch die Schülerinnen und Schüler nicht nur passive Rezipienten von Unterricht sind, die sich beliebig lenken lassen, sondern aktive und für ihre Lernprozesse eigenverantwortliche Nutzer des Unterrichtsangebotes. Unter den Begriffen „Selbstreguliertes Lernen" (Boekaerts 1999; Pintrich 2000) oder „Selbstgesteuertes Lernen" (Friedrich/Mandl 1997) wird davon ausgegangen, dass Lernende in der Lage sein sollten,

> „sich selbstständig Lernziele zu setzen, dem Inhalt und Ziel angemessene Techniken und Strategien auszuwählen und sie auch einzusetzen. Ferner halten sie ihre Motivation aufrecht, bewerten die Zielerreichung während und nach Abschluss des Lernprozesses und korrigieren – wenn nötig – die Lernstrategie." (Deutsches PISA-Konsortium 2001, S. 271)

Entsprechend einem veränderten Lernbegriff ist auch von einer veränderten oder vielmehr erweiterten Lehrerrolle auszugehen, welche weniger auf ausschließliche Stoffvermittlung beschränkt ist, sondern sich im Sinne des Ansatzes der kognitiven Meisterlehre (Collins u.a. 1989) verstärkt als Verhaltensmodell, Lerngerüst, Coach, Gestalter von Lernumgebungen und damit insgesamt als Fachperson für das Lernen sieht (Reusser 1999, 2001). Deshalb ist im Unterricht die Vermittlung von Fachinhalten vermehrt mit der Einführung von Strategien und Techniken selbstgesteuerten Lernens zu kombinieren. Beispielhaft kann hier etwa auf das Forschungsprojekt WELL (Wechselseitiges Lehren und Lernen) verwiesen werden, in dessen Rahmen in acht Schulklassen der 7. und 8. Klassenstufe im Biologieunterricht über zwölf Wochen hinweg die Partnerpuzzlemethode eingesetzt wurde und das bezüglich Effektivität, Lernmotivation und weiterer Wirkungen evaluiert wurde. Laut den Ergebnissen wurden auf diese Art nicht nur zum Teil bessere Lernergebnisse erzielt, sondern es wurde auch eine insgesamt günstigere Motivation der Lernenden erreicht (Huber 2005).

6.5 Fazit

Bildungsstandards als Steuerungsinstrument zielen letztlich auf den Unterricht. Damit sind sie nicht nur – wie ursprünglich gedacht – Outputstandards, sondern sie beeinflussen auch die Prozesse des Lehrens und Lernens. Entsprechend wurde in diesem Kapitel ein Set an möglichen Maßnahmen vorgestellt, welche eine Implementierung von Standards begleiten sollten. Allerdings sind auch die genannten innovativen Werkzeuge keine absoluten Garanten für eine Entwicklung, welche die Qualität von Lernen und Lehren günstig beeinflusst. Voraussetzend muss gewährleistet sein, dass

- es gelingt, die Lehrerschaft von der Notwendigkeit der Reform zu überzeugen, und dass die Standards als Zielvorgaben für einen Bildungskern verinnerlicht werden;
- Lehrpersonen ein Professionalitätsverständnis teilen, in dem sie sich – stärker als bisher – als selbstwirksame, verantwortlich handelnde und reflektierende Praktiker verstehen;
- es gelingt, Unterrichtsentwicklung als verbindliche Aufgabe an den Aufbau und die Entwicklung teilautonomer Schulen anzukoppeln;
- die angebotenen Unterrichtsentwicklungsinstrumente es erlauben, dass Schulen und Lehrpersonen sich an konkreten und lokal gültigen Praxissituationen orientieren, um sich auf diese Weise mit der Lehr-Lern-Prozessseite von Bildungsstandards zu beschäftigen;
- Entwicklungsarbeit sich an bedeutsamen, durch empirische Forschung erhärteten Dimensionen guten und wirksamen Unterrichts orientiert;
- genügend professionelle Ressourcen (Coachingangebote, Austausch- und Feedbackmöglichkeiten, Handreichungen, *Best-Practice*-Materialien und Dokumentationswerkzeuge) regional und überregional zur Verfügung stehen, um einzelne Lehrpersonen, Lehrerteams und ganze Kollegien beraten und unterstützen zu können, sowie
- Fort- und Weiterbildung auf der Unterrichtsebene nicht nur verpflichtend eingefordert und durch abgestimmte Evaluationsmaßnahmen überprüft, sondern auch entsprechende Anreize sowie eine unterstützende Infrastruktur dafür geschaffen werden (Oelkers/Reusser 2008).

Bildungsstandards müssen dann als Risiko für den Unterricht und seine Entwicklung betrachtet werden, wenn sie als singuläre Maßnahme von außen eingeführt werden und als den eigentlichen Unterricht bedrohende Fremdkörper wahrgenommen werden. Damit könnten die angestrebten Wirkungen nicht erreicht und es könnte höchstens das evaluative Potenzial von Bildungsstandards gestärkt werden. Standards stellen für schulisches Lernen andererseits immense Potenziale dar, wenn sie als Teil einer Gesamtstrategie aufgefasst werden, welche der Unterstützung der Lehr-Lern-Prozesse dient. Eine solche Strategie bedingt, dass Lehrpersonen, aber auch Schülerinnen und Schüler als Hauptakteure vom Unterricht mit intelligiblen Werkzeugen, welche im Dienste verstehensorientierten und nachhaltigen Lernens stehen, ausgerüstet und mit deren Umgang vertraut werden. Zu beachten ist dabei, dass solche Entwicklungen Zeit brauchen und auf die Bemühungen sowohl der Betroffenen als auch von Bildungsadministration und von Institutionen im Bereich der Aus- und Weiterbildung von Lehrpersonen angewiesen sind.

Weiterführende Literatur
Ostermeier, C. 2004: Kooperative Qualitätsentwicklung in Schulnetzwerken. Münster
Prenzel, M. u. a. 2005: Wie schneiden SINUS-Schulen bei PISA ab? Ergebnisse der Evaluation eines Modellversuchsprogramms. In: Zeitschrift für Erziehungswissenschaft. 8. H. 4. S. 540–561

Ratzka, N. u. a. 2005: Lernen mit Unterrichtsvideos – Ein Fortbildungskonzept zur Entwicklung von Unterrichtsqualität. In: Pädagogik H. 5. S. 30–33

Tochon, F. V. 1999: Video Study Groups for Education, Professional Development, and Change. Madison

West, L./Staub, F.C. 2003: Content-Focused Coaching: Transforming mathematics lesson. Portsmouth NH u. a.

7. Kritik an Theorie und Praxis von Bildungsstandards

Seit der Publikation der Expertise von Klieme u. a. (2003) mit elaborierten Vorschlägen für die Einführung von *Bildungsstandards* ist die Diskussion um diese Standards im deutschen Sprachraum kontrovers geführt worden. In Kapitel 4 wurde aufgezeigt, wie Bildungsstandards in Deutschland, Österreich und der Schweiz konzipiert und implementiert wurden bzw. implementiert werden sollen. Im folgenden Kapitel werden wesentliche Kritikpunkte an Bildungsstandards dargestellt und diskutiert. Dabei konzentriert sich die Darstellung vor allem auf den angelsächsischen Sprachraum, insbesondere die USA, weil hier bereits längere Erfahrungen mit Bildungsstandards vorliegen und sich die Kritik dadurch nicht auf Vorstellungen zukünftig implementierter Bildungsstandards bezieht, sondern auf reale Erfahrungen.

7.1 Bildungsstandards: Ein Begriff erzeugt pädagogische Fronten

Die Einführung von *Bildungsstandards* rührt an tiefgreifende pädagogische Glaubenssätze – nur so lässt sich der polarisierte Diskurs erklären, der rund um dieses Konzept unter Erziehungswissenschaftlerinnen und -wissenschaftlern wahrzunehmen ist. Als Schweizer Beispiel hierfür wurde auf einen Text von Walter Herzog (2008a) mit den anschließenden Diskussionsbeiträgen in der ersten Nummer der *Schweizerischen Zeitschrift für Bildungswissenschaften* 2008 verwiesen (vgl. Kap. 4.3.3; s. Dokument 29: *Kritik Schweiz*). Hier vergleicht der Autor die Einführung von Bildungsstandards mit der Einführung der Variante 08/15 des deutschen Maschinengewehrs[19] im Ersten Weltkrieg und operiert in der Argumentation bewusst mit Gegensätzen. Er beruft sich auf das Konzept autonomer Bildung, die sich individuell vollzieht und keine Standards nötig hat. In der deutschen Philosophie steht dafür der Begriff „Subjekt" zur Verfügung. Das Subjekt wird als autonom verstanden, es bildet sich ausschließlich selbst, es ist nicht verfügbar und vor allem kein Produkt. Die Wortfügung „Bildungs-Standards" wäre so ein Widerspruch in sich selbst. *Standards* würden nur das mit sich bringen, was in der deutschen Umgangssprache „Nullachtfünfzehn" bedeutet, nämlich etwas so Gewöhnliches, dass es nicht unterscheidbar ist. „Nullachtfünfzehn" erinnert an die Originalität der Industrienorm[20] und des Kasernenhofs.[21]

---

[19] Das deutsche Maschinengewehr (MG) „08" ist im Jahre 1908 entwickelt worden. Die Variante „15" stammt aus dem Kriegsjahr 1915. Sie diente hauptsächlich zur Verteidigung der Schützengräben.

[20] International festgelegt durch ISO: *International Organization for Standardization* mit Sitz in Genf. ISO ist der Dachverband von 157 Organisationen verschiedener Nationen. Die Produkte von ISO beziehen sich nicht mehr nur auf die Industrie, sondern auf Wirtschaft, Regierung und Gesellschaft. Standards werden auf der Homepage von ISO allgemein so definiert: „Standards ensure desirable characteristics of products and services such as quality, environmental friendliness, safety, reliability, efficiency and interchangeability – and at an economical cost" [vgl. www.iso.org/iso/about/discover-iso_why-standards-matter.htm; recherchiert am 04.02.2009).

[21] Kirst, H.-H. 1952/53: 08/15. Band 1: In der Kaserne. Band 2: Im Krieg. Band 3: Bis zum Ende. München.

Aber auch in der Lehrerschaft lassen sich Skepsis und Vorbehalte gegenüber Bildungsstandards feststellen. Besonders in Gymnasialkollegien stößt der Ausdruck „Bildungsstandards" auf Kritik und Abwehr. Bildung kann man nicht messen, und die amerikanische Herkunft von Bildungsstandards zeigt nur eines, nämlich die Absicht einer „McDonaldisierung" des Bildungswesens. Schulen der Industrienorm unterwerfen zu wollen, wird als gefährlicher Irrweg bezeichnet, da Unterricht nicht anders als individuell gegeben werden könne. Ziel und Zweck von Schule dürften nicht „Produkte" sein, schon gar nicht irgendwie genormte Produkte, sondern Schülerinnen und Schüler, die gelernt haben, anspruchsvoll und selbstständig zu arbeiten.

Alle diese Einwände treffen zu, allerdings nur intuitiv und mit Bezug auf die Wahl des Terminus. Der sprachliche Ausdruck „Standard" ist tatsächlich mit der Industrienorm besetzt. Das erklärt, warum die Polemik einer „Nullachtfünfzehn"-Lösung so überzeugend wirken kann. Es ist eine Polemik gegen eine *Wortwahl*, die gerade im deutschen Sprachraum unmittelbar Technokratieverdacht hervorrufen und Kulturkritik auslösen kann. Ein Beispiel mit ähnlicher Stoßrichtung ist die sogenannte „Frankfurter Erklärung" (s. Dokument 37: *Frankfurter Erklärung*) verschiedener deutscher Erziehungswissenschaftler, die am 5. Oktober 2005 veröffentlicht wurde. Die Erklärung wendet sich vehement gegen Bildungsstandards in Verbindung mit Leistungstests, spricht von einer „technokratischen Umsteuerung" des Bildungssystems und nennt diese Umsteuerung einen „erpressten Reformismus", der die wirklichen Probleme nicht löst (Frankfurter Erklärung 2006).

Die ideologischen Voraussetzungen der Kontroverse treten in der Tatsache zutage, dass die Kritik im deutschen Sprachraum (noch) auf gar keine unmittelbar vorhandene Praxis rekurrieren kann, sondern lediglich deren Ankündigung betrifft, im obigen Zusammenhang durch die zwei Jahre zuvor veröffentlichte Expertise *Zur Entwicklung nationaler Bildungsstandards* (Klieme u. a. 2003). Aus deren Beschreibung geht aber nicht hervor, was Standards in der Schule tatsächlich bewirken oder auch nicht bewirken werden. Die „Erklärung" bezieht sich auf keine Studien, sondern ist als Alarmierung der Öffentlichkeit zu verstehen. Gewarnt wird vor einer „Ökonomisierung" des Bildungswesens, ohne dass aber eine solche, verstanden im Sinne eines Mehr an Wettbewerb und Konkurrenz, vorgesehen wäre. Stattdessen geht es um neue Modelle der Systemsteuerung im staatlichen Bildungswesen (vgl. Kap. 3.3), die von den Gegnern als „technokratisch" desavouiert werden, ohne zu fragen, warum diese Modelle entwickelt wurden und ob mit ihnen nicht möglicherweise auch Vorteile verbunden sind.

Vergleiche von Bildungsstandards mit Industrienormen zielen darauf ab, Abwehr auszulösen. Diesem Zweck dient in den meisten Fällen auch die Bezugnahme auf Erfahrungen in den USA. Nicht nur erfolgt die Zitation meist sehr selektiv, unter Bevorzugung negativer Beispiele und Nebenwirkungen, außer Acht gelassen wird gewöhnlich auch die Tatsache, dass Erfahrungen mit Bildungsstandards aus anderen Ländern vorliegen, mit denen sich ein Vergleich je nach Fragestellung stärker aufdrängt und unter Umständen unmittelbarer ziehen ließe. Die Resultate sind aber in keinem Fall so, dass sie den Verdacht erhärten könnten, es finde eine Nivellierung auf ein „Nullachtfünfzehn"-Niveau statt. Ein solcher Befund würde denn auch quer stehen zur bekannten Problematik von Schule, über das Leistungsprinzip Unterschiede zu verstärken.

Der Vergleich mit industrieller Normierung ist in erster Linie mit Vorbehalten gegen Leistungsmessung besetzt. Tatsächlich kann man „Bildung" nicht messen, sondern nur die Fortschritte oder Rückschritte im Leistungsverhalten. Tests beschreiben die Reaktionen der Schülerinnen und Schüler auf Aufgaben zu einem bestimmten Zeitpunkt ihrer Lernkarriere, nicht den Grad persönlicher Kultiviertheit, den wir im deutschen Sprachraum „Bildung" nennen. Insofern geht ein Teil der Kritik am Problem vorbei. Bildungsstandards schreiben nicht vor, welche Bücher man lesen und welche Musik man hören soll. Es sind einfach curriculare Ziele des schulischen Unterrichts, die auf verschiedenen Stufen erreicht werden können. Sie bedrohen nicht das „Subjekt" der deutschen Bildungstheorie.

Blickt man auf die internationalen Erfahrungen, die insbesondere seit den 1990er-Jahren mit Bildungsstandards gemacht worden sind, findet man diese überall von ähnlichen Kontroversen begleitet, wie sie sich auch in den deutschsprachigen Ländern abzuzeichnen begonnen haben. Im Gegensatz zur für den deutschsprachigen Raum angeführten *kulturkritischen* Variante ist eine Vielzahl der Kritiken *politischer* Art, wobei sich vor allem in der angelsächsischen Pädagogik unversöhnliche Lager gegenüberstehen. Konservative sind für, Progressive sind gegen Bildungsstandards. Im Hintergrund steht der seit mehr als hundert Jahren ungelöste Grundsatzstreit, ob im Mittelpunkt der öffentlichen Schule das (normativ die herrschende Kultur widerspiegelnde) Curriculum oder das (sich individuell entwickelnde) Kind stehen soll. Die Entscheidung für die eine Variante löst konservative Reflexe aus, die für die andere progressiv-reformpädagogische.

Ein weiterer Teil der Kritik ist *technischer* Natur und bezieht sich auf die Qualität von Instrumenten der Leistungsmessung und Verfahren der Schulevaluation. Andere Kritiken betreffen den Kern des neuen Steuerungsmodells, also die Entwicklung des Bildungssystems vom Output, d.h. von den Ergebnissen her (vgl. Kap. 3.3). Die Vorteile dieses Modells werden von den Gegnern bestritten und als illusorisch angesehen. Dass Steuerung mittels Daten, Tests und Rückmeldungen möglich sei, halten sie für illusorisch oder gehen davon aus, dass die Praxis solche Steuerungsabsichten einfach unterlaufen werde.

Oft erweckt die Kritik den Anschein, dass es sich bei den Bildungsstandards um eine unnötige oder überflüssige Innovation handelt, die ein bewährtes System ruiniere. Dabei wird vergessen, dass Bildungsstandards, wenn auch dem Begriff nach neu, ein historisch erprobtes Konzept darstellen, das die pädagogische Welt keineswegs überraschen kann (vgl. Kap. 3.1). Die etablierte Notenskala stellt ebenso einen *Standard* dar wie der Gebrauch von Lehrmitteln oder die Jahrgangsklasse. Damit wird aber erkennbar, dass es sich bei „Standards" nicht einfach um von außen oktroyierte Normen handelt, sondern um dauerhafte Lösungen für Probleme der Schule und des Unterrichts, die durchaus deren Alltag erfassen (Oelkers 2004b). Standards sind im

Zusammenhang mit der Frage entwickelt worden, was öffentliche Schulen unter der Voraussetzung flächendeckender Verschulung leisten und wie dies überprüft werden kann. Diese Frage wird heute mit dem neuen Paradigma der *Outputorientierung* in Verbindung gebracht. Aber „neu" ist auch das Steuerungsmodell keineswegs. Blickt man auf seine Geschichte, lassen sich Reflexe und Reaktionen ausmachen, die man auch heute wieder finden kann und die es, vorausgesetzt, es gibt ein Lernen aus der Geschichte, zu umgehen gilt. Zugleich wird deutlich, dass die politischen und pädagogisch-ideologischen Fronten keinesfalls so eindeutig waren, wie sie heute erscheinen, und dem Modell also keineswegs inhärent sind.

> **A**
>
> **Aufgabe 25:** Diskutieren sie vor dem Hintergrund des gelesenen Abschnittes sowie nach der Lektüre der beiden Zeitungsartikel von Urs Haeberlin und Rolf Dubs die Argumente für und gegen die Einführung von Bildungsstandards. Gewichten Sie die Argumente. Zu welchen Schlüssen kommen Sie (s. Dokument 38: *Haeberlin*; s. Dokument 39: *Dubs*)?

7.2 Ursprünge outputorientierter Evaluation in den USA

Die Normalform der Kontrolle von Schulen bildeten im 19. Jahrhundert in ganz Europa Inspektorenberichte. Sie orientierten sich an staatlichen Zielvorgaben und beschrieben die Realität, soweit Schulbesuche sie erfassen konnten. Inspektoren arbeiteten im Auftrag kirchlicher und später staatlicher Behörden, sie waren also nicht unabhängig und sollten doch so berichten. Dieser Widerspruch ist früh gesehen worden und hat die Inspektoren immer wieder in Misskredit gebracht (Wilson 1996). Sie sollten mehr sein als die Kommissare des Staates und wurden doch oft genau so wahrgenommen, und dies umso mehr, je weniger klar war, nach welchen Maßstäben sie urteilten.

Die erste größere externe Evaluation des Bildungswesens ist aus den USA bekannt; ihr Initiant war der Kinderarzt Joseph Mayer Rice (1857–1934). Rice hatte einige Jahre in New York praktiziert. 1888 gab er seine Praxis auf und ging nach Europa. Er studierte zwei Jahre lang Psychologie und Pädagogik an den Universitäten Jena und Leipzig. Sein Ziel war die Fundierung einer Erziehung im Prinzip der Induktion, wobei das Lernen der Kinder im Mittelpunkt stehen sollte. Nach seinem Studium in Deutschland untersuchte Rice im großen Stil den Zustand und so die Qualität der öffentlichen Schulen in den Vereinigten Staaten. Rice wird heute Vater der Evaluation genannt, weil durch ihn erstmalig die Schulen mit einem Blick von außen und vergleichend untersucht worden sind (Houston 1965).

Rice war kein Inspektor, sondern ein unabhängiger Beobachter, der für seine erste Studie sechs Monate in Schulen verbrachte, den Unterricht beobachtete und dann seine Notizen auswertete. Er handelte im Auftrag der Publikumszeitschrift *The Forum* und besuchte 1892 insgesamt 36 Schuldistrikte in verschiedenen Bundesstaaten, dabei sechs bis acht Elementarschulen in jeder einzelnen Stadt. 1893 veröffentlichte er auf der Basis seiner Evaluationen ein einflussreiches Buch, das den Titel trug: *The Public School System of the United States* (1893a; online unter http://www.archive.org/download/publicschoolsys00riceuoft/publicschoolsys00riceuoft.pdf [recherchiert am 17.03.2009]). Rice beschreibt sich darin als Anwalt des Kindes (1893a, S. 4) und nicht der Schule. Er wollte nicht wissen, welche guten Absichten die Lehrkräfte oder die Schulbehörden verfolgen, sondern wie die Schülerinnen und Schüler tatsächlich lernen. Absichten waren für ihn Hypothesen, die über den tatsächlichen Effekt des Unterrichts nichts aussagen. Genau das liegt der Idee der Outputsteuerung zugrunde: Wer mehr wissen will, als Absichten auszusagen vermögen, muss Daten erzeugen.

Von Oktober 1892 bis Juni 1893 schrieb Rice eine Serie von neun Artikeln für *The Forum* (1893b), die ihn über Nacht berühmt machten. Die Artikel bildeten die Grundlage für das spätere Buch. Das durchgehende Thema der Artikel waren die Übel der amerikanischen Großstadtschulen. Der generelle Befund ging dahin, dass an den öffentlichen Schulen Chaos herrsche, weil es keinen Konsens über die Standards gäbe. Die Bandbreite der Meinungen von Lehrkräften und Schulleitungen reichten von der Vorstellung, Unterricht könne gar nichts anderes sein als ein mechanischer Prozess des Auswendiglernens, bis hin zu der Idee, die Schule müsse der Ort sein, an dem sich die Kinder glücklich fühlen.

Der Bericht von Rice basierte auf präzisen Beurteilungskriterien. Die Praxis wurde mit folgenden Parametern beschrieben:
- das Erscheinungsbild der Klassenzimmer,
- die Haltung der Lehrkräfte gegenüber den Kindern,
- die Praxis des Rezitierens,
- die Art der Beschäftigung der Schülerinnen und Schüler,
- Antworten der Lehrkräfte auf zwölf allgemeine Fragen,
- Teilnahme an Versammlungen der Lehrerinnen und Lehrer, Anstrengungen der Lehrkräfte zur eigenen Fortbildung (Rice 1893a, S. 5).

Das Buch war ein Erfolg, weil es nicht beschönigte, sondern schonungslos die Missstände beschrieb, also: inadäquate Methoden des Unterrichts, Apathie der Schülerinnen und Schüler, Inkompetenz der Lehrkräfte, politische Patronage bei der Besetzung der Ämter sowie zahlreiche Fälle von Korruption.

Es gab noch weitere Resultate: Die schlechtesten Lehrkräfte wurden gewöhnlich in den unteren Klassen eingesetzt, weil die Schulen davon ausgingen, dass die jüngeren Schüler weniger Aufwand und so geringere Kompetenz erforderten als die älteren. Durchgehend beschrieb Rice die Praxis des *Rote-Learnings*, also des ständigen Wiederholens und Nachsprechens von Mustersätzen, die die Schülerinnen und Schüler auswendig lernen mussten. Üblich war auch die Methode der *Group-Recitations*, also des Nachsprechens der ganzen Klasse: Auf ein Signal der Lehrkraft musste die Klasse

Merksätze wiederholen, so lange, bis sie perfekt beherrscht wurden. Das Speichern von Sätzen war wichtig, nicht das Verstehen. Diese Praxis war weit verbreitet, vor den Studien von Rice aber kaum Gegenstand öffentlicher Diskussionen.

Von den 36 Distrikten, die Rice besuchte, wurden nur vier als positiv und fortschrittlich beurteilt. Vor allem dieser Befund löste einen Schock aus, weil das System der amerikanischen Schulen insgesamt als dringend reformbedürftig hingestellt wurde, wogegen die Lehrkräfte Sturm liefen. Die größere Öffentlichkeit allerdings akzeptierte die Einschätzung, die sich mit den Erfahrungen der Eltern deckte und so alles andere als unglaubwürdig war. Rice zog sich den Zorn der Lehrkräfte zu, die ihm Auskunft gegeben und ihre Klassenzimmer für seine Untersuchung geöffnet hatten. Andere Lehrkräfte befürchteten, von ihm besucht zu werden. Aber das Prinzip des unabhängigen Blicks von außen war damit etabliert.

Nicht wenige Autoren sehen heute gerade in diesen Evaluationen der schulischen Praxis den Beginn der progressiven Pädagogik, schließlich lieferte Rice mittels Erhebung empirischer Daten die handfeste Basis für die Kritik an der überkommenen Praxis des Unterrichts. Rice war ein einflussreicher Publizist. Seine zahlreichen Beiträge in der Zeitschrift *The Forum* prägten den Erziehungsdiskurs in den Vereinigten Staaten am Ende des 19. Jahrhunderts nachhaltig. Das gilt auch für die grundlegenden Dualismen. Rice unterschied deutlich zwischen der „alten" und der „neuen" Erziehung (1893a, S. 19 ff.). Auch seine Bezeichnung des schulischen Duals bürgerte sich schnell ein; der „progressiven" steht die „mechanische" Schule gegenüber, die eine dient – und darin stimmt die Unterscheidung mit der deutschsprachigen Reformpädagogik überein – dem Kind, die andere sich selbst (1893a, S. 23 f.). Diese rhetorischen Figuren der „neuen Erziehung" sind in der Folgezeit stets in scharfem Kontrast zu konservativen Erziehungsvorstellungen kommuniziert worden (Marshall 1995).

Seitdem ist die amerikanische Welt der Pädagogik zweigeteilt, und dies unversöhnlich bis in die Gegenwart hinein, wie nicht zuletzt der andauernde Streit um Bildungsstandards zeigt. Rice selbst vertrat allerdings nicht einfach einen „kindzentrierten" Unterricht, der auf Projekte abgestellt ist und dabei praktisches Handeln und Selbsttätigkeit in den Mittelpunkt stellt. Rice ging von gemeinsamen Leistungsanforderungen für alle Schulen aus, also von *educational standards* (Rice, 1892, S. 147), plädierte für ein wissenschaftliches Management der öffentlichen Bildung einschließlich externe Evaluationen (Rice 1912) und führte auch standardisierte Tests ein, was heute gerade von der progressiven amerikanischen Pädagogik bekämpft wird. Dabei benutzte Rice den Ausdruck *educational standards* wohl als einer der ersten Autoren im Sinne einer Einheit für Schulevaluation und Leistungsmessung.

Rices Erhebungen hatten Vorbildcharakter für weitere Evaluationen und Publikationen, die den Schluss nahelegten, das öffentliche Schulwesen müsse dringend einer Reform unterzogen werden. In diese Reihe lässt sich das bis heute einflussreiche Buch *Schools of To-Morrow* (Dewey/Dewey 1985) stellen, das John Dewey zusammen mit seiner Tochter Evelyn 1915 geschrieben hat. Dieses Buch unterschied sich von anderen Studien insofern, als es nicht einfach eine datengestützte Anklage war. *Schools of*

To-Morrow beschrieb die Alternativen, die positiven Beispiele progressiver Schulen, die Beispielcharakter annehmen sollten. Mehr als zwanzig Jahre nach der Epoche machenden Studie von Rice beeinflusste vor allem dieses Buch die Diskussion, wenngleich es eine Feldstudie mit Fallbeispielen und nicht eine vergleichende Evaluation war. Aber es hatte den Vorteil, nicht nur Kritik zu üben, sondern zugleich anhand konkreter Beispiele zu sagen, wie man es besser machen kann.

Rice war der Auslöser der Evaluations-Bewegung, die eine Sicht von außen anlegen will, um die Qualität von Schulen besser einschätzen zu können. Das von ihm entwickelte Verfahren war nicht nur bei den Lehrkräften umstritten, sondern vor allem auch bei den Vertretern der Schulaufsicht, die seine Daten und Befunde nicht zur Kenntnis nehmen wollten. Vor allem weigerten sie sich einzusehen, dass das mechanische Auswendiglernen die Ursache der Misere war. Was sie bei ihren Visitationen die Übung der Kräfte des Kindes nannten, war nach Rice genau das, was das Lernen behinderte und die schlechten Resultate hervorbrachte. Aber dieses Ergebnis wurde von der Schulaufsicht massiv bestritten. Sie glaubte ihren Hypothesen und nicht den Daten. Es dauerte bis 1915, bevor sich das Prinzip der wissenschaftlichen Evaluation in der amerikanischen Schulaufsicht durchsetzte.

1912 publizierte dann der amerikanische Pädagoge und Statistiker Leonard Porter Ayres (1879–1946) in der *School Review* einen programmatischen Aufsatz, mit dem er begründete, warum Bildungsprozesse durch Resultate gesteuert werden sollten. Im gleichen Jahr wurden auf der jährlichen Versammlung der Schulaufseher (Superintendenten) fast 50 Anträge gestellt, die die Einführung von Tests und andere Maßnahmen zur Sicherung von Schulqualität betrafen. Die Vorschläge waren noch hochgradig umstritten und lösten kontroverse Diskussionen aus. Drei Jahre später beschloss die gleiche Versammlung, den Weg freizugeben für die Einführung von Tests und Evaluationen, die die amerikanische Schule seitdem mehr kennzeichnen als alle Methoden der progressiven Erziehung.

Aber wie erwähnt: Auch die progressive Bewegung, die ihren Höhepunkt in den Zwanziger und Dreißiger Jahren erlebte, war keineswegs in toto gegen Leistungstests und Schulevaluationen eingestellt. Im Gegenteil sind in der Folge gerade auch in diesem Kontext Leistungstests und externe Evaluationen verwendet worden, um so die tatsächlich erreichte Qualität bestimmen und strittige Fragen klären zu können (Oelkers 2008). Eine generelle Phobie und strikte Parteiung gab es nicht, auch weil sich anders als mittels empirischer Befunde progressive Lernmethoden in den staatlichen Schulen kaum hätten etablieren können. Daran lässt sich auch zeigen, wie gerade Leistungsmessungen und Evaluationen das Lernverhalten der Schulen in fortschrittlicher Weise beeinflusst haben. Aufsagen im Klassenverband (*Group Recitation*) gibt es nicht mehr. In diesem Sinne war die Outputsteuerung erfolgreich, bevor das Wort erfunden war, und zwar trotz anfänglicher Skepsis, Ängste und Abwehr.

7.3 Grundlinien der Kritik an Bildungsstandards

Gilt es, kritische Aspekte und unerwünschte Begleiteffekte der Einführung von Bildungsstandards zu betrachten und handlungsleitende Lehren zu ziehen, dann bietet sich der Blick auf die US-amerikanische Debatte, aber auch auf England wegen der relativ langen Erfahrungen im Umgang mit diesem Instrument an. Beide Staaten können nicht nur auf eine weit zurückreichende Diskussion blicken; im Zuge der Umsetzung hat die Bildungspolitik auch in verschiedenen Phasen immer wieder auf unterschiedliche Problemlagen und Kritiken an einer an Standards und Rechenschaftslegung orientierten Steuerungspolitik zu reagieren versucht. Den Diskussionen liegen also tatsächliche Erfahrungen und Entwicklungen zugrunde, die gerade in der Kritik im deutschsprachigen Raum immer wieder angerufen und vorweggenommen werden. Wie im Folgenden sichtbar wird, lassen sich unter den verschiedenen Ursprüngen und Stoßrichtungen der Kritik solche unterscheiden, die generell ablehnender Natur sind, und solche, die sich in stärkerem Maß an konkreten (und grundsätzlich behebbaren) Mängeln orientieren, ohne den Nutzen von Bildungsstandards und einer Output-orientierten Steuerung grundsätzlich zu negieren.

7.3.1 Bildungsstandards: Slogan statt Problemlösung

„Standards" sind kein Wundermittel. Zwischen der politischen Rhetorik und den tatsächlichen Möglichkeiten der Leistungsmessung ist schon früh ein Missverhältnis konstatiert worden (McInerney u. a. 2007, S. 36 ff.; Shavelson 1992). Die Idee der Bildungsstandards ist in den Vereinigten Staaten von einer regelrechten Bewegung befördert worden, die allerdings – anders als in England – keine nationalen Standards durchsetzen konnte. Die linke Kritik am Standard-Movement geht davon aus, dass eine der Hauptpromotorinnen, Diane Ravitch (1995; vgl. auch Kap. 2), lediglich einem Begriff zum Durchbruch verholfen hat, der von den eigentlichen Problemen ablenkt; konkret sind „Bildungsstandards" in dieser Sichtweise der Slogan einer Politik, mit der verdeckt werde, was die Praxis vieler Schulen ausmacht, nämlich zunehmende Ungleichheit, finanzielle Unterversorgung und wachsende Armut in vielen Schulbezirken, vor allem der Großstädte.

Der amerikanische Schulpädagoge Michael Apple hat diese These 1992 in seiner Analyse der curricularen Vorschläge des NTMC (1989, vgl. Kap. 2) entwickelt. Er kritisiert die Vorschläge, obwohl er drei der allgemeinen Ziele in den verschiedenen Expertisen des nationalen Mathematikrates durchaus teilt. Apple unterstützt erstens das Vorhaben, ein nichtelitäres Curriculum in Mathematik zu entwickeln, das nicht von Begabungen ausgeht, sondern für alle Schülerinnen und Schüler geeignet ist. Zweitens wird der Ansatz positiv hervorgehoben, mathematisches Lernen von *real-world problems* ausgehen zu lassen. Und drittens wird die Bindung der Leistungsmessung an das Curriculum und die örtlichen Ressourcen begrüßt. Nur so sei Fairness gegenüber den ganz unterschiedlichen Lernvoraussetzungen möglich (Apple 1992, S. 412f.).

Apples Skepsis bezieht sich auf die Frage, wie die rhetorische Funktion der Bildungsstandards zu verstehen ist. Er hat diesen Aspekt mit einem Analyseinstrument untersucht, das die beiden Philosophen Paul Komisar und James McClellan (1961) entwickelt hatten. Das Instrument beschreibt die Rolle von „Slogans" in Erziehungsdiskursen. Slogans dienen dazu, für bestimmte Bewegungen Anhänger zu rekrutieren. Sie müssen attraktiv formuliert werden und den Kern der Bewegung in einem treffenden Ausdruck zusammenfassen, wie es etwa dem Ausdruck „Pädagogik vom Kinde aus" des frühen 20. Jahrhunderts gelungen ist, der gleichermaßen Programm wie Schlachtruf einer sehr heterogenen „Bewegung" war. In einer ganz kurzen Botschaft muss alles gesagt sein, was zur Formung einer Überzeugung und so zur Anhängerschaft nötig ist.

Apple überträgt diese Erfahrung der Reformpädagogik auf die sich formierende *Standards-Bewegung*, die erneut sehr verschiedene Gruppen und Interessen umfasst und doch wie eine Einheit erscheinen kann. Neu ist, dass der Slogan einer, wie Apple später schrieb, „neo-konservativen" Reformbewegung zuzurechnen ist (Apple 2005). Pädagogische Bewegungen wurden bis dahin immer von progressiven Kräften getragen, also von den Demokraten und nicht von den Republikanern. Nunmehr habe sich die politische Grundrichtung der Bewegung fundamental geändert, während die Mechanismen von Kommunikation und Rekrutierung gleich geblieben seien.

Slogans können nur dann erfolgreich sein, wenn sie bestimmte Bedingungen erfüllen. Zum einen müssen Slogans große Innovationen versprechen, dabei aber hinreichend vage sein, sodass verschiedene Gruppen sich hinter das Konzept stellen können, die ansonsten nicht zueinander finden würden. Gleichzeitig darf die Vagheit nicht übertrieben werden. Das Slogansystem funktioniert nur, wenn es hinreichend spezifiziert ist, um auch für Praktiker interessant zu sein. Drittens muss das System attraktiv sein, „Charme entfalten", wie Apple sagt. Der Stil muss ad hoc überzeugen und die Botschaft muss zum Handeln auffordern. „It offers us a sense of imaginative possibility and in doing so generates a call, and a claim for action" (Apple 1992, S. 413f.).

Es spricht einiges für diesen kritischen Ansatz, den man etwa auch in einem Beitrag von Eva L. Baker mit dem bezeichnenden Titel *Reforming Education Through Policy Metaphors* (2004b) wiederfindet – und so weckt schließlich auch ein Schulkonkordat, das zur „Harmonisierung" der obligatorischen Schulen in der Schweiz beiträgt, positivere Assoziationen, als wenn es sich dem Namen nach beispielsweise zum Ziel setzen würde, Schulen zu „uniformieren". Im Hintergrund von Bakers Artikel steht die wohlklingende neueste Version des US-amerikanischen Bildungsgesetzes unter dem Titel *No Child Left Behind* (2002). Denn wenn damit in der amerikanischen Administration behauptet wird, es sei möglich, die öffentliche Bildung so auszurichten und zu reformieren, dass „kein Kind zurückbleibt", so ist zunächst nicht mehr erfasst als die Kommunikation eines politischen Slogans. In der Praxis erreichen nie alle Kinder gleiche Ziele, schon weil die Schule soziale Nachteile nur begrenzt ausgleichen kann (Meier/Wood 2004). Vom Titel des Gesetzes kann nicht auf das geschlossen werden, was in den Schulhäusern tatsächlich geschieht (Perlstein 2007), aber fast immer wird der Slogan so verstanden, d. h. als Eröffnung von Möglichkeiten, die erreichbar scheinen, aber praktisch ausgeschlossen sind.

 Aufgabe 26: Nehmen Sie Stellung zur These, dass *Bildungsstandards* der Slogan einer bestimmten Ausrichtung der Bildungspolitik sei.

7.3.2 Bildungsstandards – wessen Standards?

Bildungsstandards führen dazu, dass gewisse Fächer – diejenigen, zu denen Standards vorliegen und die getestet werden – auf Kosten der übrigen an Status gewinnen. Auf der anderen Seite sind es die ohnehin als bedeutsam eingeschätzten sogenannten Leistungsfächer (im Allgemeinen Mathematik, Sprachen und Naturwissenschaften), denen am meisten Aufmerksamkeit und Ressourcen bei der Entwicklung von Bildungsstandards und Tests zukommt. Abgesichert durch Standards, so eine weitere Kritik, wird dann aber kaum mehr darüber nachgedacht, warum dies so ist oder „whose knowledge and whose problems" eigentlich gelernt werden (Apple 1992, S. 422).

Damit verbindet sich der Verdacht der progressiven Pädagogik, dass die Standardsbewegung zu einer Schule zurückführt, die sich ganz traditionell an Fächern und nicht an Schülerinnen und Schülern orientiert (Sizer 2004). Es ist tatsächlich verblüffend, wie stark in der Standardskonzeption von Ravitch (1995; vgl. Kap. 2.3), aber auch in der deutschen Expertise (Klieme u. a. 2003), die *Fachlichkeit* des Lernens im Vordergrund steht. Im Fall der USA dürfte der Krisenreport *A Nation at Risk* aus dem Jahr 1983 (National Commission on Excellence in Education 1983) für diese Tendenz mit verantwortlich sein. Der Report malte den nationalen Stand und die Ambitionen bezüglich schulischer Bildungsleistungen sowie die gesellschaftlichen und wirtschaftlichen Folgen in düsteren Farben. Die Hebung fachlicher Standards, insbesondere in den „harten" Fächern, stieg zum Hauptziel der anschließenden Bildungsreformen auf. Diese Bewegung kann leicht als konservative Zementierung der alten Ordnung verstanden werden (Sizer 2004, S. 56f.). Allerdings ist die „Grammatik" der Schule (Tyack/Tobin 1994) nicht beliebig austauschbar. Zu berücksichtigen gilt es dabei, dass die traditionelle Steuerung und Gliederung von Unterricht über ein Bündel von Pflichtfächern in den USA weniger ausgebildet ist als in den (west-)europäischen Bildungssystemen. Schon deshalb kennt man dort ein „Standardproblem", und entsprechend hat die Standardsbewegung ihren Ausgang an diesem curricularen Steuerungsdefizit genommen.

Die von Apple provokativ gestellte Frage, wessen Wissen und wessen Probleme eigentlich Gegenstand öffentlichen Unterrichts seien, spielt als Frage nach der demokratischen Legitimation von schulischen Bildungspräferenzen in einer pluralen Gesellschaft auch in England eine Rolle. England verfügt über ein „standardisiertes", stark differenziertes und präskriptives nationales Curriculum. Mit der Zentrierung des Wissens auf einen Fachlehrplan, der sich fast ausschließlich an den Wissenschaften orientiert, verbindet sich jedoch die Gefahr, dass große Teile der Bevölkerung, die mit dieser Art Bildung wenig anfangen können, marginalisiert werden. Kritiker stellen den gesellschaftlichen Nutzwert, der aus einer Fokussierung auf *Academic Excellence* und damit auf ganz bestimmte schulische Fächer entsteht, infrage. Insgesamt repräsentiere das Curriculum einseitig die *though world* des pädagogischen Establishments und müsse als reine Expertenkonstruktion angesehen werden, die keinen öffentlichen Konsens voraussetzt (Woodhead 2004, S. 55).

Selbst Eltern kritisierten an der hoch standardisierten ersten Fassung des *National Curriculum*, es fokussiere zu stark das Fachwissen und sei zu leistungsbetont. Teile der Eltern- und Lehrerschaft empfanden die Anforderungen als zu abstrakt und zu hoch. Letztere befürchteten zudem, dass mit der Leistungs- und Zielbetonung Kreativität und Professionalität der Lehrerinnen und Lehrer eingeschränkt und ihr Status entwertet würde. Mit der starken Betonung der akademischen Fächer verbindet sich die Befürchtung, dass den Bedürfnissen von Schülerinnen und Schülern, die in diesen Fächern schwache Leistungen zeigen, nicht mehr Rechnung getragen werden kann.

Curriculare Standards sind fachliche Normen, sie kalkulieren nicht das reale Verhalten von Lehrkräften; so stellt sich denn auch die Frage, ob die besonderen Problemgruppen wirklich so gefördert werden, dass sie die geforderten Standards auch tatsächlich erreichen können, oder ob die Lehrpersonen gezielt auf die Förderung der besseren Schüler setzen, weil es beim Leistungsvergleich auch um das Rating der Schule insgesamt geht. Mit Bezug auf Kinder mit besonderen Bedürfnissen stellen sich spezielle Probleme im Hinblick auf die Leistungsbewertung. Deren Leistungen müssten nach anderen Maßstäben bewertet werden, als sie das *National Curriculum* sehr präzise vorschreibt. Solche Alternativen sind bislang jedoch nicht wirklich entwickelt worden (Marshall 2008).

7.3.3 Bildungsstandards und die Frage der Chancen(un)gleichheit

Im Sinne der für erfolgreiche Slogans genannten Kriterien war die politische Rhetorik über Bildungsstandards gemäß Apple sehr erfolgreich. Der Slogan habe sich als politischer Wunsch durchgesetzt, aber der Erfolg verdecke die Probleme. Gegenüber der Art und Weise, wie die Gesellschaft Ungleichheit produziere, seien die Bildungsstandards „relativ naiv" (Apple 1992, S. 418). Nachteile durch soziale Herkunft, Rasse oder Geschlecht werden inzwischen in zahlreichen Entwürfen für alle Fächer des schulischen Curriculums wohl berücksichtigt, aber dies könne die vorherrschende Einstellung der Gesellschaft zur Bildung – etwa zur „natürlichen" Begabung oder zur Gewichtung der Unterrichtsfächer – kaum sehr weit korrigieren (Apple 1992, S. 419). In diesem Sinne erweist sich die Gesellschaft stärker als Bildungsreformpläne.

Geht es um die Frage der Chancengleichheit, gilt es ein Paradox zu berücksichtigen, auf das der amerikanische Erziehungsphilosoph Thomas Green (1980) verwiesen hat. Moderne demokratische Bildungssysteme wie das amerikanische verfolgen immer zwei Ziele zugleich, die eigentlich unvereinbar sind: Sie sollen für Chancengleichheit sorgen und zugleich den individuellen Bedürfnissen der Lernenden gerecht werden. Im ersten Fall werden (Minimal-)Standards gesetzt, die für alle gelten und die möglichst alle erreichen sollten. Im zweiten Fall werden Standards vermieden, damit nach individuellen Bedürfnissen gelernt werden kann. Das erste Ziel gilt aus der Sicht der zweiten Präferenz als Bürokratisierung, das zweite erscheint aus der Sicht der anderen als undemokratisch. Alle großen Ideologien im Bildungssystem erwachsen aus diesem Gegensatz, der bislang unaufgelöst ist. Kritiken an Standards auf dieser Linie sind hundertfach nachzuweisen.

Dabei sollte das egalitäre Gebot der Chancengleichheit nicht naiv verstanden werden. Chancengleichheit kann man nicht durch irgendwelche Maßnahmen „herstellen", man kann aber Nachteile bearbeiten, die sich im Hinblick auf die Erreichung gegebener Standards ergeben, eine These, die James Coleman vor mehr als 30 Jahren vertreten hat (Coleman 1975). Auch die heutige Theorie der *equal opportunities* sieht nicht gleiche Resultate vor, sondern nur Fairness der Zugänge und der Folgenbearbeitung (Jacobs 2004). Nicht alle erreichen die gleichen Ziele, vielmehr fordert das Gebot der Chancengleichheit die Beseitigung von Hindernissen, die bei der Wahrnehmung der Chancen im Wege stehen. Über die Chancennutzung ist damit nichts ausgesagt.

Chancengleichheit kann als unaufgelöster Widerspruch der öffentlichen Schule bezeichnet werden (so schon Komisar 1966), als prägende Zielformel, die angestrebt wird und doch nicht erreichbar ist. Egalitäre Argumente werden dadurch keineswegs unattraktiv, denn sie verweisen auf ein moralisches Gebot, wonach schulische Bildung allen zugute kommen muss. Auf der anderen Seite können individualistische Ansätze als schulfern oder gar schulfeindlich hingestellt werden, sofern die Schule einem mehr oder weniger verbindlichen Curriculum folgen soll, ohne dass dadurch das Argument der Kindzentrierung außer Kraft gesetzt würde. Kritikern wie Apple gehen die gewöhnlichen egalitären Ansätze nicht weit genug, für konservative Kritiker sind sie an sich schon eine Zumutung.

7.3.4 Teaching to the Test

Mit dem Begriff *Teaching to the Test* ist wohl das am besten bekannte, da von Kritikern an Bildungsstandards auch hierzulande meist reflexartig angeführte Phänomen benannt. Er steht für die Gefahr, bei hohen Investitionen in die Beschreibung der Ergebnisse die Inhalte zu vernachlässigen und die Prozesse des Lernens einzig auf das Ergebnis zuzuschneiden.

> *„It is no surprise that attaching high stakes to the test results in an accountability system leads to a narrowing of the instructional focus of teachers and principals. There is considerable evidence that teachers place greater evidence on material that is covered on a high-stakes test than they do on other material."* (Linn 2003, S. 4)

Beachtet werden nur noch Testresultate, einschließlich der dazu nötigen Motivierungstechniken. Damit werden kurzfristige Erfolge gesucht und der langfristige Aufbau der Kompetenz in schulischen Lernbereichen vernachlässigt. Je mehr man auf diese Weise testet, desto weniger stabil sind die Resultate. Das wäre das Gegenteil von dem, was mit Bildungsstandards eigentlich beabsichtigt wird. Und es ist dann nur der Test, der die Schul- und Unterrichtsentwicklung vorantreibt (Lee 2007). Mit den negativen Folgen verbinden sich ursächlich allerdings oft schlechte oder schlecht eingesetzte Tests. Mindestens übersieht die Kritik häufig die positiven Möglichkeiten der Überprüfung des Unterrichts mithilfe von Evaluationen und Rückmeldesystemen (Evers/Walberg 2004).

Häufige Tests, die dann den Unterricht steuern, führen außerdem zu einer Gewöhnung der Schülerinnen und Schüler an das Absolvieren von Tests. Die Lehrkräfte und die Schüler richten sich kognitiv und vor allem motivational darauf ein, dass und wie getestet wird (O'Neil u. a. 2004). Tests sind nicht einfach nur Leistungsmessungen, sondern auch selbst Lernobjekt, das von den Schülern mehr oder weniger ernst genommen wird. Sie lernen, sich regelmäßig auf Tests einzustellen – entwickeln so genannte Test-taking Skills –, so wie sie gelernt haben, regelmäßig Klassenarbeiten zu schreiben und am Ende eine Durchschnittsnote entgegenzunehmen (Firestone u. a. 2004). Tests unterscheiden sich je in Bedeutung und Konsequenzen; am Ende sind dann aus Sicht der Schüler nur noch wenige Tests wirklich ernst zu nehmen und entsprechend vorzubereiten.

Technisch hoch entwickelte Tests vorausgesetzt, die zudem nicht lediglich auf sogenannte *Lower Order Skills* ausgerichtet sind, weist die Konzentration der Unterrichtsinhalte auf die Anforderungen von Tests sowohl positive als auch negative Aspekte auf (Berner/Stolz 2006). Marzano u. a. (2000) fassen die Vor- und Nachteile des *Teaching to the Test* wie folgt zusammen:

For	Against
Teaching to the test and teaching the test are two different things. If a teacher is teaching to the test and doing good teaching that enhances learning, what's wrong with that?	In response to high-stakes tests, many schools substitute test-prep materials for the regular curriculum – mostly in minority students' classroom. These test-prep materials have little, if any, value beyond practicing for the tests. Scores go up, but the quality of education goes down

If the test measures what students are supposed to learn, then teaching to the test is the best thing to do.	Accountability is based on multiple-choice, standardized testing that require memorization and regurgitation. These tests do not cover large chunks of state standards, and things that aren't tested probably aren't taught.
Teaching to the test is fine, as long as students are learning good, valuable skills and important content knowledge.	Many states use "off-the-shelf" tests to hold schools accountable without considering whether the test measures the state's most important academic standards.
Teachers should be teaching to the test if the test requires students to use higher-order thinking skills and problem solving.	Teaching to the test throttles teacher creativity and encourages cheating.

Tabelle 5: Vor- und Nachteile eines Teaching to the Test (Quelle: Marzano u. a. 2000)

Aufgabe 27: Diskutieren Sie die aufgeführten Argumente pro und kontra eines an Tests orientierten Unterrichts vor dem Hintergrund Ihrer eigenen Schulpraxis.

7.3.5 Die Testqualität

Wer das Erreichen von Standards messen will, muss sie, wie immer sie konzipiert sind, präzise und akkurat formulieren, sie mit den richtigen Lernmitteln und Mitteln der Überprüfung versehen und auf verschiedene Typen von Lernern ausrichten. Erfahrungen zeigen, dass viele Lehrmittel und nicht wenige Tests entweder auf die besten oder die durchschnittlichen Schülerinnen und Schüler ausgerichtet sind. Auf die schwierigste Gruppe, die leistungsschwachen Schülerinnen und Schüler, sind die Tests oft nur unzureichend eingestellt. Schwache Schülerinnen und Schüler wechseln in den Vereinigten Staaten oft die Schule, haben begrenzte Kenntnisse der Unterrichtssprache, erhalten vielfach schlechtere Lehrerinnen und Lehrer und werden mit geringerem Kostenaufwand unterrichtet. Wer das Schulsystem ernsthaft von den Resultaten aus entwickeln will und zugleich Förderabsichten vertritt, muss dieses Problem lösen können.

Rigide Testprogramme können die soziale Ungleichheit verstärken und die ohnehin gegebene Benachteiligung bestimmter Gruppen erhöhen; gute Testprogramme müssen aufwändig entwickelt werden, die interne Kommunikation der Resultate ist ein andauerndes Problem (Orfield/Kornhaber 2001, S. 149 f.; vgl. auch Kap. 5.1.5), und der Aufwand macht nur Sinn, wenn er bei den politischen Entscheidungsprozessen auch genutzt wird. Datenbezogene Bildungspolitik ist aber immer noch die Ausnahme (Orfield/Kornhaber 2001, S. 155). Letztlich stellt also diese Art von Qualitätssicherung selbst ein Qualitätsproblem dar. Man versteht dann, warum die Leistungstests als der *Evil Twin* der Standards-Bewegung dargestellt worden sind (Thompson 2001).

Wenn regelmäßige Tests die Entwicklung steuern sollen, dann müssen sie mit klaren inhaltlichen Anforderungen verknüpft sein, kognitive Ansprüche stellen und sich auf Leistungen beziehen (vgl. Kap. 5.1). Das verlangt:

- *„Sensibilität für den tatsächlich geleisteten Unterricht: Der Test muss erfassen, dass der gute Unterricht den Unterschied macht;*
- *hohe Qualität der technischen Seite des Testens;*
- *langfristige Anlage der Tests;*
- *klare und exklusive Ziele/Standards, keine vagen Additionen;*
- *Evidenz, dass der Test für verschiedene Zwecke und jede Subgruppe von Schülerinnen und Schüler geeignet ist."* (Baker 2004a, S. 162)

Ohne Berücksichtigung des sozialen und kulturellen Hintergrunds der Schülerinnen und Schüler geht die Testkonstruktion an den Realitäten vorbei (so schon Porter 1993). Nicht selten werden Tests verwendet, die gleich hohe Maßstäbe für alle anlegen, statt hohe, aber differenzierte Standards zu testen (Linn 2000, 2003). Die Prämisse in der Anlage vieler Tests ist nicht, dass es individuelle Unterschiede im Entwicklungsstand der Lernenden gibt, sondern dass sie alle das gleiche Ziel hätten erreichen können, was nicht der Fall ist und sein kann (Lam 2004, S. 141). Daher ist *Fairness* des Vergleichs eine zentrale Anforderung an alle Leistungstests (Nachtigall/Kröhne 2006).

7.3.6 High-Stakes-Tests

Im Zusammenhang mit Testfragen und häufig in Verbindung mit der Frage der Testqualität sowie dem Phänomen des *Teaching to the Test* taucht in der kritischen Literatur der Begriff „High-stakes" auf. Mit *High-stakes Testing* sind gewisse Konsequenzen verbunden, die z. B. im Fall des vom *No Child Left Behind*-Gesetz von den Schulen geforderten jährlichen Leistungszuwachses (*Adequaet Yearly Progress*) folgendermaßen aussehen: Für die Schülerinnen und Schüler verknüpfen sich mit den Testergebnissen bedeutende Entscheidungen wie Versetzung oder Wiederholung eines Schuljahres, Zugang zu bestimmten Programmen oder die Qualifikation für ein *High School Diploma*. *High-stakes Testing* auf der Ebene der *Schulen* und/oder *Distrikte* legt fest, wer für hohe Leistungen belohnt wird oder wer aufgrund einer zu geringen Punktzahl (*Low Score*) zusätzliche Unterstützung beanspruchen kann bzw. mit Interventionen rechnen muss. Als weitreichende Konsequenzen können *Low-Score*-Schulen ihre Zulassung verlieren oder sogar geschlossen werden.

Die Eigenschaften von *High-Stakes-Assessment* wurden u. a. wie folgt zusammengefasst:

> - *„allgemeine Prüfung von individuell feststellbaren Testergebnissen;*
> - *finanzielle und/oder materielle Zugewinne für positive Assessment-Ergebnisse;*
> - *es wird ein erheblicher Druck aufgebaut bezüglich guter Leistungen und hoher Punktzahlen der Individuen und Institutionen;*
> - *es besteht die Auffassung, dass bedeutende Entscheidungen über die Zukunft von Individuen und Institutionen auf der Grundlage von ungenügenden Daten („imperfect piece of data") getroffen werden können;*
> - *komplexe und aufwändige Sicherheitsverfahren sind notwendig, um allen ein möglichst hohes Maß an Fairness zu garantieren."* (Phillips 1993)

Der Terminus „High-Stakes-Test" leitet sich also von den mit den Resultaten verbundenen Konsequenzen her. Der amerikanische Ausdruck „stake" lässt sich mit dem deutschen Wort „Grenzpfahl" zusammenbringen, aber auch mit der Idee des Spiel- oder Wetteinsatzes. Dass *High-Stakes-Tests* besonders ernsthafte Konsequenzen mit sich führen, macht sie einerseits besonders anfällig für *Teaching to the Test*-Mechanismen und macht andererseits die Fragen der Testvalidität zu einer besonders vordringlichen.

Alle *High-stakes-Tests*, und damit wäre auf die Grundkritik an dieser Assessment-Form verwiesen, dienen nicht primär der Förderung, sondern der Zu- und Abweisung innerhalb eines selektiven Systems. Das lässt sich zum Beispiel auch mit Lohnfolgen für Lehrkräfte verbinden. Es gibt amerikanische Schuldistrikte, in denen die Lehrkräfte umso mehr verdienen, je besser ihre Schülerinnen und Schüler in den Tests abschneiden. Diese Art des *Performance Pay* – Bezahlung nach Leistung – ist naturgemäß sehr umstritten, wobei selbst die amerikanischen Lehrerverbände nicht unisono dagegen sind. Zumeist wird die Fairness des Verfahrens, nicht die Unterschiede in den Leistungen der Lehrkräfte bezweifelt oder die Idee der Belohnung besonderer Leistungen abgewiesen.

7.3.7 Accountability: Rechenschaftslegung in der Audit Society?

Abschließend und an die Kritik am *High-Stakes-Testing* anschließend sei auf einen weiteren Kritikpunkt hingewiesen, der vor allem auch mit Bezug auf England formuliert wird und in dessen Hintergrund die Notwendigkeit zur Rechenschaftslegung im Output-orientierten Bildungssystem steht. Kritiker des englischen Testsystems betonen immer wieder, dass objektive Messungen bzw. die Vergleichbarkeit von Schulleistungen über die Zeit nicht möglich seien, weil Standards letztlich immer sozial konstruiert sind und sich im Zuge des gesellschaftlichen Wandels verändern. Ein Problem wird aber auch in der Häufigkeit der flächendeckenden Tests gesehen, die in England tatsächlich vergleichsweise sehr hoch ist und entsprechende Kosten verursacht. Lehrpersonen verweisen auf die Stressbelastung für die Schülerinnen und Schüler, aber auch auf den zeitlichen Umfang, den die Vorbereitung auf die Tests in Anspruch nimmt, worunter andere Fächer, aber auch die persönlichen Beziehungen zu den Schülern leiden.

Das wirft die Frage auf, wie die auf Kosten dieser Aspekte erzeugten Datenströme koordiniert werden können und was mit der Inflation der Informationen angefangen werden soll. Schließlich zeigen neuere Interviewstudien, dass eine immense Gefahr darin besteht, mit den neuen Regeln und Ansprüchen der Qualitätssicherung nur den Aufwand zu erhöhen. Es droht eine neue Bürokratie zu entstehen, die nur Papiere produziert, die aber nicht wirklich der Schule zugute kommt (Travers 2007). Eine scharfe Kritik am englischen System geht dahin, dass die neuen Formen des Managements nur Rhetorik seien und *School Improvement* wiederum nur auf dem Papier stehe (Thrupp 2005).

Der Aufbau von Testsystemen, die Akteure und Institutionen zur Rechenschaft verpflichten und unter Umständen je nach Leistung bestrafen oder belohnen, wird damit in erster Linie als bedrohlicher Ausbau staatlicher Kontrollmechanismen gesehen, der nicht zuletzt auf Kosten professioneller Autonomien geht. Staatliche Bildungspolitik reglementiert so die Praxis zunehmend mit Gesetzen und so mit Macht, ohne dass für die Akteure immer klar wäre, was gemessen wird oder was mit den Daten angefangen werden soll. Auf der anderen Seite ist es die Gesellschaft, die unter diesen Vorzeichen ständig auf allen Ebenen Rechenschaft („audit") verlangt, unter Umständen ohne davon besonders viel Nutzen zu ziehen (Apple 2005; Power 1997). Rechenschaft verkommt dann zum Ritual, einfach weil die Umwelten der Organisationen darauf eingerichtet sind und formal Bilanzierungen abverlangen, die intern leerlaufen und keine Folgen haben: „Audits work because organisations have literally been made auditable" (Power 1997, S. 91). Dabei sei es fraglich, so die Kritik, ob das grundsätzliche Versprechen, die Dinge „besser" oder „effizienter" zu machen, mithilfe von Standards und Evaluationen eingelöst werden kann. Die ökonomische Rhetorik löse den Verdacht aus, es handle sich dabei lediglich um *a messianic belief* (Wolf 2000, S. 29), mit dem letztlich nur Unheil angerichtet werde. In dieser Drastik deckt sich dieser Befund aus England allerdings nicht mit den Erfahrungen und stellt keine Erfassung der komplexen Wirklichkeit dar, die eben keineswegs nur negativ ist.[22]

---

[22] Hinweise auf eine reelle Qualitätssteigerung finden sich in: Arbeitsgruppe Internationale Vergleichsstudie, 2003, S. 167 ff.

7.4 Ausblick

Der Überblick zu den Diskussionen über Probleme und Gefahren der Einführung von Bildungsstandards in Ländern, die bereits auf längere Erfahrungen zurückblicken können, hat gezeigt, dass in vielen Beiträgen nicht grundsätzlich die Hinwendung zu Ergebnissen („output") von Schule und Unterricht infrage gestellt wird; vielmehr ist es die damit verbundene politökonomische Rhetorik, inklusive Machbarkeitsmetaphorik, oder sind es die technischen wie politischen Probleme des Testens, die im Zentrum der Erörterungen stehen. Vor allem in den Vereinigten Staaten ist auf die zunehmende Tendenz zu einem *Teaching to the Test* verwiesen worden, mit der die Gefahr einer Verengung des Curriculums verbunden ist. Studien haben gezeigt, dass Verbesserungen der Schülerleistungen in gewissen Fällen auch darauf zurückzuführen sind, dass Lehrpersonen und Schulen den Unterricht einfach nur auf die Anforderungen eines Tests fokussiert haben. Schülerinnen und Schüler können sich auf spezifische Tests einstellen, sich die entsprechenden *Test-Taking-Skills* aneignen und bessere Leistungen zeigen, ohne im Ganzen gesehen wirklich mehr zu können oder zu wissen.

Aus der Kritik folgt, die Entwicklung sehr genau zu beobachten und tatsächlich von den Ergebnissen auszugehen, in deren Licht sich bestimmte Zielsetzungen beibehalten oder auch korrigieren lassen. Auch legen die Erfahrungen nahe, die Bildungsreform als anhaltenden Prozess des Systemumbaus zu betrachten, der sich nicht linear vollzieht und in dessen Verlauf eine hohe Fehlersensibilität entwickelt werden muss. Kritik ist dabei unverzichtbar. Zudem sollte klar sein, dass bestimmte Probleme des jeweiligen Bildungssystems auch nach der Einführung von Bildungsstandards und Leistungstests bestehen bleiben. Und die Politik muss schließlich sehr genau bestimmen, was mit Bildungsstandards erreicht werden soll und wie sich die Ergebnisse von Leitungstests verwenden lassen.

Entscheidend für den Erfolg des Reformprojektes wird sein, wie die Lehrkräfte dieses wahrnehmen und beurteilen. Bildungsstandards werden sich am konkreten Nutzen für die Entwicklung von Schule und Unterricht beweisen müssen (vgl. die Kap. 5 und 6). Blickt man auf den Umgang der englischen Lehrkräfte mit den im *National Curriculum* festgelegten Standards, so zeigt sich eine differenzierte Haltung jenseits bloßer Ablehnung oder vorbehaltloser Zustimmung. Im Kern kritisieren die Lehrkräfte bestimmte Aspekte der Reform, heben andere positiv hervor, aber wollen nicht zum alten Zustand zurück. Das gilt allerdings nicht für die Leistungstests und das Schulranking, beides wird mehrheitlich abgelehnt. Was die Auswirkungen der Standardsreform auf den Unterricht betrifft, werten Lehrpersonen die früheren Formen keineswegs als die positiveren (ATL 2006: *ATL Teachers Work*; online unter http://www.atl.org.uk/images/coming%20full%20circle.pdf [recherchiert am 08.12.2008]). Die Veränderungen auf Klassenebene werden dabei folgendermaßen beschrieben: Grundsätzlich wird ein Wandel von dem früheren themenzentrierten Unterricht, der am reformpädagogischen Konzept des aktiven Lernens orientiert war, zum zielgesteuerten Fachunterricht festgestellt. Der Unterricht in der gesamten Klasse im Unterschied zur

Gruppen-, Partner- oder Einzelarbeit habe dramatisch zugenommen. Die Lektionen werden von den Lehrkräften eingeleitet und zusammengefasst. Die Lehrerinnen und Lehrer führen den Unterricht und kontrollieren seinen Fortgang weit stärker als früher. Offene Formen des Unterrichts werden von den Lehrkräften mit Reformvorstößen der 1960er-Jahre assoziiert und als Vergangenheit betrachtet. Die Schülerinnen und Schüler sitzen weit mehr in Reihen hintereinander als in Gruppen an Tischen. ICT-Lernformen werden sowohl für den Klassenunterricht als auch für andere Formen genutzt. Sehr negativ gesehen werden hingegen der zusätzliche Planungsaufwand und das viele *Paperwork for Accountability*. Der Wechsel vom Themen- zum Fachunterricht im Zuge der Umstellung der 1990er-Jahre war mit einem hohen Aufwand für die Anpassung des eigenen Repertoires verbunden. Nunmehr befürchten manche Lehrkräfte, dass es einen erneuten Politikwechsel zurück zum themenzentrierten Unterricht geben könnte. Sie sprechen in Interviews vom *Coming full Circle*, geben aber zugleich an, dass in ihrem Erfahrungsbereich der Fachunterricht nach wie vor dominiere. Noch ein Ergebnis der zitierten ATL-Studie ist relevant: Entgegen den Befürchtungen vieler Pädagogen, dass die zentralen Vorschriften, besonders im Blick auf die Methoden des Unterrichts, zu einer Deprofessionalisierung und zu einem „Deskilling" der Lehrkräfte führen, erleben die Lehrerinnen und Lehrer selbst eher einen Zuwachs ihrer Professionalität.

Die Geschichte zeigt, dass die Idee der Ergebniskontrolle zumindest im US-amerikanischen Raum bereits eine längere Tradition hat. Interessanterweise erwuchs die Idee einem Anliegen, das später von der progressiven Bewegung aufgenommen worden ist, während *Education Standards* und *Accountability* heute in den USA und England eher mit konservativen Interessen identifiziert werden. Auch daraus folgt, dass die entsprechenden Konzepte nicht vorschnell einer Großideologie zugeordnet werden sollten, sondern sehr genau – auch kritisch – die damit verbundenen politischen Zielsetzungen zu beobachten sind. In dem Sinn gilt: „Educational standards in themselves are not bad. However, educational standards may be poorly constructed, propagated, implemented, supported and utilized" (McInerney u. a. 2007, S. 10).

Weiterführende Literatur
Oelkers, J. 2004: Zum Problem von Standards aus historischer Sicht. In: Neue Sammlung 44. S. 179–200
Schweizerische Gesellschaft für Bildungsforschung (Hg.) 2008: Bildungsstandards kontrovers. In: Schweizerische Zeitschrift für Bildungswissenschaften, 30. H. 1 (s. Dokument 29: *Kritik Schweiz*)

8. Bildungsstandards – zwischen hohen bildungspolitischen Erwartungen und pädagogischer Fundamentalkritik

Die Einführung von Bildungsstandards in den deutschsprachigen Ländern ist mit hohen Erwartungen und gleichzeitig mit grundlegender Kritik verbunden worden. Die einen sehen darin ein Instrument, das die Dauerbeobachtung des Bildungssystems und darauf aufbauend entsprechende Qualitätsverbesserungen erst ermöglicht, für die anderen bedrohen Standards die individuelle Bildung und stehen damit in grundlegendem Widerspruch zum pädagogischen Grundauftrag. In den vorangehenden Kapiteln stand eine nüchterne Analyse der Konzepte und Entwicklungen, aber auch der Kritik im Vordergrund, ausgehend von der Überzeugung, dass weder die hochfliegenden „Heilserwartungen" noch die Fundamentalkritik zur konstruktiven Weiterentwicklung von Schule und Unterricht wirklich beitragen können.

Einigkeit besteht in der Annahme, dass Schule und Unterricht verbessert werden können und müssen und dass dazu guter Unterricht notwendig ist, der den Schülerinnen und Schülern und der Schule, aber auch den Lehrerinnen und Lehrern nützt. Denn deren Berufszufriedenheit steigt mit dem Erfolg im „Kerngeschäft". Unterricht ist aber nicht einfach die persönliche Angelegenheit von Lehrerinnen und Lehrern. In einer demokratischen Gesellschaft haben die Bürgerinnen und Bürger ein Anrecht darauf zu wissen, wie die Qualität der Schulen beschaffen ist und wie sich die Leistungen der Kinder entwickeln. Die öffentlichen Schulen werden mit Steuergeldern finanziert und der Schulbesuch ist für alle Kinder obligatorisch. Im Gegenzug muss die Schule höchstmögliche Transparenz bieten. Entsprechend muss sich die traditionelle Mentalität der Lehrerinnen und Lehrer und aller am System beteiligten Gruppen ändern, was auch den Verzicht auf historisch lieb gewordene Freiheiten impliziert. Anders gesagt: Mit der genauer wahrzunehmenden Verantwortung der Schule in öffentlicher Trägerschaft wachsen gleichermaßen Autonomie *und* Kontrolle. Öffentliche Schulen in demokratischen Staaten sind der Öffentlichkeit rechenschaftspflichtig, Evaluationen – in welcher Form auch immer – sind deshalb unumgänglich.

Eine in der Diskussion wenig beachtete Funktion von Bildungsstandards ist, dass sie auch ein Instrument sein sollen, die Intransparenz des schulischen Geschehens zu überwinden. In diesem Sinne sind sie ein Beitrag zu mehr Gerechtigkeit (*Equity*) im Schulsystem. Denn von der Leistungsbeurteilung bis zu den Kriterien des guten Unterrichts ist im Schulalltag zu vieles undurchsichtig und nur weniges wirklich explizit, also für Eltern, Schülerinnen und Schüler sowie Kolleginnen und Kollegen nachvollziehbar. Die tatsächlichen Kriterien der Notengebung zum Beispiel sind oft nur den Lehrpersonen bekannt, während Schülerinnen und Schüler hier nicht selten dramatische Schicksale erleben, die auf ihre Schulkarriere nachhaltigen Einfluss ausüben. Soll sich das ändern, muss Transparenz zur Grundregel werden, und zwar nach innen und außen gleichermaßen.

Transparenz setzt zweierlei voraus: klare Ziele und durchschaubare Kriterien. Bislang erheben Schulen über sich kaum Daten. Der wesentliche Grund besteht darin, dass sie nicht auf Ziele ausgerichtet sind, die in regelmäßigen Abständen bilanziert werden müssen. Die Entwicklung von Schulen kann aber nicht einfach darin bestehen, in „Leitbildern" oder „Schulprofilen" wohlmeinende Absichten zu formulieren. Vielmehr müssen sie sich auf echte, nämlich erreichbare Ziele beziehen, auf die ihre Entwicklung innerhalb eines bestimmten Zeitraums ausgerichtet wird. Und sie müssen von dem lernen, was sie erreichen – oder auch nicht erreichen. Dies müssen sie aber irgendwie feststellen können – irgendwelche Standards sind dazu unerlässlich.

Allein aus diesem Grunde ist die Umstellung der Systementwicklung von guter Absicht auf beschreibbaren Ertrag notwendig. Die Leistungen, Einstellungen und Verhaltensweisen der Schülerinnen und Schüler werden auf sehr unterschiedliche Weise beeinflusst. Wenn die Erträge des Unterrichts kontrolliert werden sollen, sind Vergleiche unerlässlich; am Ende jeder größeren Zeiteinheit müssen Bilanzen gezogen werden, interne wie externe. Dafür sind Standards nötig, faire Verfahren und transparente Formen der Kommunikation. Nur so ist mehr Sicherheit über das, was Schulen und Unterricht leisten, jenseits von Selbstüberzeugungen und Absichtserklärungen, möglich.

Erst dann kann wirklich von „Qualität" der Schule gesprochen werden, und erst dann ist guter Unterricht das Markenzeichen der Schule, wenn diese Qualität auch unter Beweis gestellt werden kann und nicht nur behauptet wird. Die Güte des Unterrichts kann nicht lediglich auf Selbstzuschreibungen oder gutnachbarlichen Beobachtungen basieren, sondern verlangt auch externe Daten. In Zukunft werden das auch – aber selbstverständlich nicht nur – Daten aus Leistungstests und Schulevaluationen sein. Zur Unterrichtsqualität gehört dann auch, dass Lehrerinnen und Lehrer wissen, wie sie produktiv mit den Daten umgehen und sie für die Verbesserung von Schule und Unterricht nutzen können (vgl. Kap. 5.1.5).

Wenn Schule und Unterricht ihre Leistungen transparenter gegenüber Eltern und Öffentlichkeit kommunizieren sollen, ist das in verschiedener Hinsicht voraussetzungsreich, und Bildungsstandards sind nur ein mögliches Instrument, um die Transparenz im System zu erhöhen. Der vorliegende Band hat in verschiedener Hinsicht gezeigt, dass die Einführung von Bildungsstandards ein komplexes Unterfangen ist, das mit den bildungspolitischen Entscheiden noch längst nicht die Akzeptanz in den Schulen gefunden hat, in dem mit der Definition von Bildungsstandards zwar ein schwieriges Stück Arbeit bereits geleistet, aber der aufwändigste Teil der Arbeiten eigentlich erst noch bevorsteht: die Implementierung über Lehrpläne und Lehrmittel, die Kommunikation über Weiterbildung, die Verankerung im alltäglichen Unterricht – unter anderem durch eine elaborierte Rückmeldekultur. Die Einführung von Bildungsstandards erzielt erst Effekte, wenn dadurch auch Unterricht positiv verändert wird. Ob da nicht die *Grammar of Schooling* (Tyack/Tobin 1994) stärker ist als der Reformimpetus, muss sich erst noch zeigen.

Im Folgenden werden anstelle einer Zusammenfassung drei Grundfragen noch einmal thematisiert: erstens die Frage nach der Varianz dessen, was mit Bildungsstandards bezeichnet wird, in Verbindung mit der Frage nach nationalen und regionalen

Kontexten der Einführung von Bildungsstandards; zweitens die Frage, ob Bildungsstandards neu sind bzw. was an ihnen neu ist; drittens die Frage, weshalb die Einführung von Bildungsstandards eine bestimmte Art von Fundamentalkritik erzeugt. Abschließend wird der Streit um Bildungsstandards zwischen Befürwortern und Gegnern an einem historischen Beispiel noch einmal verdeutlicht und auf zwei Grundpositionen zurückgeführt, die mit zwei unterschiedlichen Vorstellungen des Hauptauftrages von Schule verbunden sind: der Ausbildung in den „akademischen" Fächern einerseits, der Persönlichkeitsbildung andererseits.

Standards haben eine wichtige Voraussetzung: Sie bedeuten gegenüber heutigen Zielkatalogen und pädagogischen Leitideen nur dann einen Fortschritt, wenn sie tatsächlich Festlegungen sind, also wie immer befristete, so doch getroffene Entscheide auch darüber, was ausgeschlossen wird. Heutige Lehrpläne sind zumeist Beispielsammlungen, die der Logik des Additiven folgen, es ist immer noch mehr möglich und ausgeschlossen wird nichts. Standards sind demgegenüber Festlegungen, sie geben an, was nirgendwo fehlen darf, wenn eine bestimmte Qualität erreicht werden soll. Es gibt aber nicht ein bestes Konzept von Bildungsstandards, das sich einfach aus dem Ausland importieren ließe. Dies widerspricht nicht der Tatsache, aus den Erfahrungen anderer lernen zu können.

Gleichzeitig können Standards nur immer in engem Bezug zu je spezifischen nationalen Kontexten von Bildungssystemen mit ihren Traditionen und kulturellen Normen festgelegt werden. Auch wenn bei der Einführung von Bildungsstandards globalere Reformkonzepte wie etwa die Outputsteuerung die Entwicklungsrichtung mitbestimmt haben, sind doch die wesentlichen Rahmenbedingungen für die Einführung von Bildungsstandards in den deutschsprachigen Ländern je nationalstaatlich festgelegt worden, unter Berücksichtigung vorgegebener bildungspolitischer Traditionen, Strukturen und Prozesse. So war und ist das Tempo der Entwicklung und der Implementierung von Bildungsstandards in Deutschland, Österreich und der Schweiz sehr unterschiedlich. Zwar wird überall mit demselben Begriff operiert, aber was unter Bildungsstandards verstanden werden soll, ist insgesamt doch stark variabel – was erst in einer vergleichenden Darstellung wie derjenigen in Kapitel 4 zum Ausdruck kommt (vgl. insbesondere Tabelle 4). Soll die Einführung von Bildungsstandards erfolgreich sein, sind sie bei Konzeption und Implementierung eng auf die nationalen und regionalen Bildungssysteme abzustimmen. *Borrowing and lending* (Steiner-Khamsi 2004) im Sinne der einfachen Übernahme einzelner Konzeptteile aus andern Ländern hat enge Grenzen.

Auch in Ländern wie Deutschland, Österreich oder der Schweiz haben Standards bisher nicht einfach gefehlt. Eher waren sie bislang unverbindlich und unpräzise formuliert und kaum einer Kontrolle unterworfen. Maßstab für das tatsächlich Erreichte ist ein Notensystem, das ohne Bezugsnormen außerhalb der Schulklasse auskommt. An Standards knüpfen sich dagegen drei zentrale Forderungen: Sie müssen *erfüllbar* sein, *beschränkt werden* können und *überprüfbar* sein (vgl. Kap. 2). Man muss sie innerhalb einer bestimmten Zeit lernen können, was voraussetzt, dass sie nach Prioritäten geordnet sind. Auf diese Weise muss das meiste von dem, was auch noch möglich wäre, ausgeschlossen werden können. Standards beziehen sich auf Lernzeit, die in jedem Fall begrenzt ist. Am Ende muss das Ergebnis überprüft werden können.

Seit Schule für alle sich durchgesetzt hat, sind diejenigen, die für die Schule Verantwortung tragen, bemüht, die Qualität der Schule zu verbessern. Für die öffentlichen Schulen haben die staatlichen Träger immer schon den Anspruch formuliert, hohe Qualität nicht nur in einigen, sondern in *allen* Schulen zu garantieren, und haben deshalb versucht, Standards zu definieren und – zum Teil mit Zwangsmaßnahmen – durchzusetzen (vgl. Kap. 3). Aber auch Bildungsstandards im engeren Sinne stellen keine neue Erfahrung dar (vgl. Kap. 7). Im internationalen Vergleich reicht die Entwicklung und so auch die Kritik weit zurück, was in der heutigen Auseinandersetzung fast immer übersehen wird. Gerade in der angelsächsischen Diskussion stehen sich seit Beginn des 20. Jahrhunderts Positionen gegenüber, die sich deutlich und wiederholt *für* oder *gegen* Standards ausgesprochen haben, wobei sich Standards im Allgemeinen auf akademische Leistungserwartungen, auf Schulleistungen in bestimmten Schulfächern, beziehen.

Neu ist, dass Standards erst heute wirklich überprüfbar sind – dank verbesserter Testdiagnostik. Dafür steht der Ausdruck *Outputorientierung*. Dieses Konzept hat seit seiner Einführung (in England etwa mit der *Education Reform Act* von 1988, vgl. Kap. 2 und 3.3) mit Widerstand zu kämpfen. Die Objektivierung der Leistungen durch Tests scheint ebenso „unpädagogisch" zu sein wie die Überprüfung der Schulqualität durch externe Evaluationen.

Als curriculare Standards sind Standards keineswegs neu, sondern zunächst einfach Lerninhalte, wie sie in Lehrmitteln und Lehrplänen vorhanden sind. Sie wurden in den letzten Jahren von fachdidaktischen Konsortien zusammen mit den Lehrkräften so präzisiert, dass sie getestet werden können (vgl. Kap. 2 und 4). Das Neue an der Entwicklung ist also die Testreife bestimmter Aufgaben sowie in der Schweiz die nationale Harmonisierung, wobei auch gesagt werden muss, dass viele curriculare Gehalte bereits heute zwischen Kantonen oder Bundesländern angenähert sind.

Ausgangspunkt für die Forderung nach mehr Qualität in den Schulen und damit verbunden nach verbindlicheren Standards sind oft Krisenvermutungen, die die Öffentlichkeit alarmieren. Standards sind deshalb auch ein Vorschlag zur Krisenbewältigung. Bildungsstandards waren die Reaktion der USA auf die Feststellung im Bericht *A Nation at Risk* (National Commission on Excellence in Education, 1983), dass die Mängel des Bildungssystems die Konkurrenzfähigkeit der amerikanischen Volkswirtschaft bedrohten. Ganz ähnlich war dies im deutschen Sprachraum nach der ersten PISA-Studie (2001) der Fall (vgl. Kap. 4). Standards im Sinne solcher Alarmierungen setzen voraus, dass die Verschulung nicht zu den gewünschten Ergebnissen führt. Die Antwort darauf ist eine präzisere Festlegung der Leistungserwartungen und eine bessere Kontrolle der Ergebnisse. Allerdings stößt genau das auf heftige Kritik.

Die entschiedenste Kritik gegen die Einführung von Bildungsstandards stammt von den Anhängern der „kindzentrierten" Reformpädagogik (Kohn 2000 und zahllose andere), die unter der *Leitidee* der „Pädagogik vom Kinde aus" schon vor dem Ersten Weltkrieg begründet wurde und vor allem in den angelsächsischen Ländern bis heute Resonanz findet. Die *Outputorientierung* der heutigen Bildungspolitik, die sich in Form von Standards in Verbindung mit Leistungstests äußert, scheint der Idee der Kindzentrierung diametral entgegenzustehen und gilt deshalb als nicht „kindgemäß" (Crain 2003, 2004).

- Die Lehrerinnen und Lehrer hören den Ausdruck „Standardisierung" nicht gern, weil er sie an die Industrienorm erinnert. Doch kein Unterricht lässt sich mit einem Fließband vergleichen. Zwar ist die Schulorganisation konsekutiv, das Lernen jedoch nicht oder nicht in gleicher Weise. Lernen durch Unterricht führt nicht zu einem Kompetenzzuwachs linear zur eingesetzten Lernzeit. Und ob sie konstant bleiben, sinken oder steigen: Die Leistungen der Schülerinnen und Schüler haben immer unterschiedliche Ursachen. Unterricht ist im Blick auf die Schulfächer eine wichtige Einflussgröße, aber nicht die einzige; was also *Steuerung* im Bildungswesen genannt wird, lässt sich nicht einfach auf akademische Standards reduzieren.
- Aber Bildungsstandards werden als konkrete Zielgrößen und verbindliche Leistungserwartungen kommuniziert. „Verbindlich" darf allerdings tatsächlich nicht im Sinne einer Industrienorm verstanden werden. Unterricht ist keine Fließbandarbeit und der Zeittakt der Schule ist keine Gewähr für eine effiziente Nutzung der Ressourcen. Am Ende der Schule steht auch kein „Produkt", schon gar nicht ein irgendwie gleiches, sondern Schülerinnen und Schüler, die im Erfolgsfalle gelernt haben, anspruchsvoll und selbstständig zu arbeiten. Der Fachunterricht muss sich dabei als nützlich erweisen, er ist kein Selbstzweck. Die Nützlichkeit erweist sich an den Kompetenzen der Allgemeinbildung.

Standards sind verbunden mit Leistungstests. Es sind vor allem diese Tests, an denen sich die Kritik entzündet. Dabei ist eine entscheidende Frage, wie die Lehrkräfte mit den Tests umgehen, ob sie die Daten für den Unterricht nutzen und welche Maßnahmen sie damit verbinden (vgl. Kap. 5.1.5 und 7.3). Es gibt inzwischen einige Hinweise, die auf eine aktive Nutzung schließen lassen, sofern sich damit für die Lehrerinnen und Lehrer Vorteile verbinden, etwa im Blick auf die Verbesserung der Notengebung, die Kommunikation mit den Eltern oder die gezielte Beeinflussung der Leistungsentwicklung. Der Vergleich mit anderen, die es möglicherweise besser machen, kann ein starker Lernanreiz sein, sofern sich damit keine negativen Folgen verbinden (Tresch 2007). Bedeutsam erscheint, dass die Leistungstests mit einer intelligenten Rückmeldekultur einhergehen (vgl. Kap. 5.1, insbesondere 5.1.5).

Der Einstieg in die Testkultur hat eine Reihe von Vorteilen, aber auch Risiken, die deutlich benannt sein wollen. Der zentrale Vorteil ist die Entwicklung einer Förderkultur, die datenbasiert ist. Ein zentrales Ergebnis der drei PISA-Studien geht dahin, dass Länder besser dastehen, die ihre Schülerinnen und Schüler gezielt fördern können. „Gezielt" meint, die Förderung kann sich auf mehr beziehen als die Einschätzung der je beteiligten Lehrkräfte. Wenn die Testergebnisse vorliegen, wird sichtbar, wo genau der Förderungsbedarf liegt. „Fordern" und „fördern" kann man nur im Blick auf *gemeinsame Ziele* oder *Standards*. Heute wird diese These oft mit der Erwartung verbunden, dass damit die Chancengerechtigkeit (*Equity*) verbessert wird, weil alle Schulen einem gemeinsamen Maßstab unterliegen.

Die Gefahr besteht darin, den Unterricht ganz oder weitgehend auf Tests einzustellen. Ein *Teaching to the Test*, wie dies in manchen amerikanischen Bundesstaaten üblich ist (vgl. Kap. 7), muss vermieden werden. Aber das transparente Überprüfen von Leistungen ist keine Bedrohung, sondern es gehört zur Professionalität von Lehrkräften, sich in die Karten schauen zu lassen. Je objektiver dies geschieht, desto fairer wird das Ergebnis sein. Objektivierte, transparente Verfahren der Leistungsmessung sind keine Horrorerfahrungen, sondern wirksame Instrumente, sofern sich die Daten ins Feld rückübersetzen lassen und die Lehrkräfte erreichen. Die Steuerung durch Daten auf der Ebene von Schule und Unterricht stößt auf hohe Zustimmung – auch bei Eltern sowie bei den Schülerinnen und Schülern. Sie zeigen sich von kritischen Expertendiskursen weitgehend unbeeindruckt.

Worauf aber sind die beiden unterschiedlichen Grundhaltungen gegenüber Bildungsstandards von Befürwortenden und Ablehnenden zurückzuführen? Ein historisches Beispiel kann vielleicht einige Hinweise geben:

Die *New Education Fellowship* war die erste internationale Organisation, die eine kindzentrierte Pädagogik auf ihre Fahnen schrieb und die vor allem Pädagoginnen und Pädagogen ansprach, welche eine Pädagogik vertraten, in der – bei allen Unterschieden – Bildungsstandards im heutigen Sinne keinen Platz gefunden hätten. Diese Organisation gründete 1921 eine Zeitschrift mit dem programmatischen Titel *The New Era in Home and School*, in der nach ihrer Gründung in der Ausgabe Mai 1953 ein Artikel mit dem Titel *Standards for our Time* (Hemming 1953a) publiziert wurde, der heftige Diskussionen auslöste. Dessen Verfasser war James Hemming (1909–2007). Anlass des Artikels waren verschiedene Krisenberichte über sinkende Schulleistungen. Beklagt wurden die „Poor Standards" der öffentlichen Schulen, große Wissenslücken bei den Schülerinnen und Schülern trotz eines ordnungsgemäßen Schulabschlusses, fehlende praktische Kompetenzen, generell schlechte Allgemeinbildung und mangelnde Teamfähigkeit.

Darauf, so Hemming (1953a, S. 82), könne es nur eine vernünftige Antwort geben, „to think a new about educational aims and to reassess standards in terms of prevailing realities". Aber was genau sind „Standards"? Vielfach werde angenommen, so Hemming, darunter seien feste didaktische Jahresprogramme für einzelne Schulfächer zu verstehen, aber das sei ebenso irreführend wie die Gleichsetzung von Standards mit dem Erreichen von Leistungszielen im Durchschnitt pro Klasse. Solche falschen Verwendungen dürften jedoch nicht dazu führen, das Wort „Standards" aus der pädagogischen Sprache zu verbannen (Hemming 1953a, S. 82). Um das Festlegen von Zielen und die Frage, wie sie erreicht werden, werde auch die reformpädagogische Schule nicht herumkommen. Das wird allgemein so begründet:

> „We need to reach certain standards of literacy and aesthetic sensitivity if we are to maintain our level of culture; certain standards of specialist knowledge if we are to remain preeminent in

professional skill, science, invention and technology; certain standards of general education if we are to be a coherent community; certain standards of emotional maturity if society is to be mentally and morally healthy, and so on." (Hemming 1953a, S. 82)

Dafür wird ein „New Outlook of Standards" vorgeschlagen, der sich nicht auf das Erreichen von rigiden Zielen in Jahrgangsklassen bezieht, sondern sich ausrichtet an einem ganzheitlichen *Assessment* der Anforderungen sowie der Leistungen. Eine entsprechende Beschreibung des *Outcome* habe, so Hemming, die britische Sektion der *New Education Fellowship* vorgeschlagen. Hier würden vier Gruppen von Leistungserwartungen unterschieden:

- *„Group 1. Academic: The Three R's, general knowledge, specialist knowledge;*
- *Group 2. Creative and Expressive: art, music, dramatics, etc.; manual crafts and domestic science; physical education (including hygiene);*
- *Group 3. Primarily Personal qualities: clear thinking, zest for life and work, application to tasks, willingness to learn, breadth of interest, initiative, self-reliance, awareness; self-discipline, sense of values, a philosophy of life (moral development); emotional maturity;*
- *Group 4. Primarily Social qualities: fluency in communication, a sense of responsibility, sound attitudes to others, including those in authority; social discipline; social skills (courtesy, etc.); co-operativeness"* (Hemming 1953a, S. 83).

Wer in allen diesen Bereichen die Standards erfüllt, sei gut gerüstet für das Leben in modernen Gesellschaften. Aber dies gelte nur dann, wenn die „Balance" gewahrt bleibe und nicht eine der vier Gruppen zuungunsten der anderen überbetont würde. „Educational standards cannot be considered good if a too intense concentration upon a too narrow field produces high subject standards at the cost of personal development" (Hemming 1953a, S. 84). Auch das Umgekehrte ist schädlich, wenn nämlich zu viel Gewicht gelegt wird auf den Selbstausdruck (*Self-Expression*) der Kinder und die akademischen Fächer zu kurz kommen. Ist das Curriculum in diesem Sinne im Ungleichgewicht, kann das oberste Bildungsziel nicht erreicht werden, das Hemming als „Wholeness" bezeichnet (Hemming 1953a, S. 84).

Hemming bezeichnet seinen Beitrag am Ende als „Preliminary Article" für eine Folgediskussion (Hemming 1953a, S. 85), die auch tatsächlich stattgefunden hat. Die dabei vorgebrachten Argumente sind in gewisser Weise selbst *Standards*; sie können in jeder neuen Situation weitgehend unverändert abgerufen werden. Das lässt sich an drei der Beiträge zeigen: Die Psychologin und Fachdidaktikerin E.M. Churchill (1953) vom Training College der Stadt Leeds brachte den verbreiteten Wunsch nach „Standards and Yard Sticks" mit dem tief sitzenden Leistungsdenken der Lehrkräfte in Verbindung und befürchtete, dass sich die „Standards of Attainment" nur auf das curriculare Wissen beziehen und die Persönlichkeitsentwicklung oder die sozialen Fähigkeiten vernachlässigt werden. „Leistung" wäre dann nur das, was unterrichtet, abgefragt und benotet werden kann.

Jessie Horsbrugh (1953), Rektorin einer Primarschule in Surrey, plädierte für die Verbesserung der „Basic Skills" und in diesem Sinne für Standards, aber verwahrte sich entschieden gegen die Rückkehr zu den alten Drillmethoden. Die Begründung bezieht sich auf die Nicht-Standardisierbarkeit der pädagogischen Situation: „Children are individuals and vary greatly in the pace in which they learn" (Horsbrugh 1953, S. 93). George Layward (1894–1973), ein Jugendtherapeut, verwies schließlich darauf, dass starre Lehrpläne, Inspektorate und die fachlichen Ansprüche des Unterrichts zurücktreten müssen gegenüber den persönlichen und sozialen Qualitäten des Lernens. Von Hemmings vier Gruppen von Standards seien eigentlich nur die letzten beiden von pädagogischer Bedeutung (Layward 1953, S. 122).

Vorausgegangen war eine Debatte über das Verhältnis von „Autorität" und „Freiheit" in der Erziehung, die G.H. Bantock (1914–1997) 1952 angestoßen hatte, der damals als „Reader in Education" am University College der Stadt Leicester tätig war. Sein Buch kritisierte die progressiven Methoden der *Self-Expression* und *Group Activity* zugunsten eines Unterrichts, der sich am kulturellen Kanon orientiert, zu geistiger Bildung führt und die Autorität des Fachlehrers voraussetzt. Die reformpädagogischen Ansätze des freien und selbsttätigen Lernens wurden verworfen und die damit verbundene Psychologie des Lernens unter Anklage gestellt. Entsprechend scharf war die Kritik (Barnes 1952; Hemming 1953b; Ottaway 1953).

Bantock verlangte, schulische Bildung mit „a sense of purpose" zu versehen, also die Pädagogik vom Kinde aus zu beenden und von klaren fachlichen Zielsetzungen auszugehen, die sich auch wirklich erreichen lassen. *Ziele* sollten sich auf akademische Standards, nicht auf solche der Persönlichkeitsentwicklung oder der sozialen Kompetenz beziehen. Genau das wiederholte sich in der amerikanischen Standardsbewegung dreißig Jahre später. Auch hier wurde der Fachbezug gestärkt und die psychologischen Anliegen nachgeordnet.

An der englischen Diskussion vor mehr als fünfzig Jahren lässt sich ablesen, dass das Thema *Bildungsstandards* über die Zeit einen sehr ähnlichen Austausch von Argumenten oder Polemiken erzeugt. Neu ist zunächst nur, dass der Ausdruck „Standards" jetzt auch im deutschen Sprachraum Verwendung gefunden hat (vgl. Kap. 2 und 3).

Aber die Lage zwischen „konservativen" und „progressiven" Kräften ist in theoretischer Hinsicht weitgehend unverändert. Das lässt sich mit der Herkunft der Konzepte erklären: Bantocks Theorie der akademischen Bildung stammt aus der englischen *Grammar School* (Jonathan 1986) und hat ihr Pendant im deutschen Gymnasium. Schule zielt demnach auf Wissen und Kompetenzen in Schulfächern. Deren Resultat (Output) ist in Tests messbar. Die „progressive" Pädagogik stammt aus der Elementarbildung des ausgehenden 19. und frühen 20. Jahrhunderts: Ziel von Schule in reformpädagogischer Sicht sollte zunächst die Herausbildung einer individuellen Persönlichkeit sein, die weder messbar noch vergleichbar ist. Zahlreiche Diskussionen über die Richtung der Schule sind von diesen beiden Positionen aus geführt worden, ohne den grundlegenden Streit zu beenden. Er basiert auf Philosophien, die unvereinbar sind. Erstaunlich ist allerdings, dass heute in der deutschsprachigen Diskussion auch Gymnasiallehrerinnen und Gymnasiallehrer dazu neigen, Bildungsstandards abzulehnen.

In England war James Hemming (1980) einer der schärfsten Kritiker der Outputorientierung. Er sah den „Verrat an der Jugend" kommen, wenn schulische Bildung nur noch zu messbaren Resultaten führen soll. Auf der anderen Seite standen in den 1980er-Jahren die Befürworter einer rigorosen Ergebnisorientierung, die den „Verrat" eher in den weichen und zu nachsichtigen Methoden der Progressiven sahen. Das ist im deutschen Sprachraum ähnlich: Als Standards nach der ersten PISA-Studie zu einem Konzept der Bildungspolitik wurden, war damit sogleich Widerspruch und Streit verbunden. Die Kritik sprach etwa von einer „Instandardsetzung" des Bildungswesens (Schlömerkemper 2004), was nicht unbedingt freundlich gemeint war.

In einer ideologisch festgefahrenen Situation hilft nur der Blick in die Praxis. Viele Befürchtungen haben lediglich die Diskurse, das Reden über Standards vor Augen, ohne auf die Entwicklung in den Schulen zu achten. Oft wird auch von der Rhetorik der Politik auf mögliche Wirkungen geschlossen, die dann aber gar nicht eintreten. Die Praxis lässt sich aber nicht einfach „standardisieren", selbst wenn dies die politische Absicht sein sollte. Genauso wenig kann von einer „standardisierten Kindheit" (Fuller 2007) gesprochen werden, was die Macht der Erziehung weit überschätzt. In der Praxis geht es wesentlich pragmatischer zu, als die ständige Alarmierung durchscheinen lässt.

Hemmings ursprüngliche Idee, zwischen verschiedenen Gruppen von Standards zu unterscheiden und eine mittlere Linie zu finden, hat sich insofern durchgesetzt, als heute zumeist „fachliche" und „überfachliche" Standards die Schulentwicklung prägen sollen. Der Vorrang einzig der akademischen Fächer bestimmt nicht die Wirklichkeit von Schule und Unterricht. Allerdings haben diese Fächer durch den verstärkten Einsatz von Leistungstests in manchen Ländern wie in den Vereinigten Staaten an Gewicht im Curriculum gewonnen. Aber das ist ein nationales Steuerungsproblem und kein grundsätzlicher Einwand gegen Bildungsstandards.

Zum Schluss noch ein Wort zu den Erfolgsaussichten: Die zahlreichen internationalen Studien zur Implementierung von Bildungsreformen (für einen Überblick: Oelkers/Reusser 2008) ergeben ein klares Bild: Reformen, die die verschiedenen Ebenen der Implementierung nicht beachten, sind wirkungslos. Die zentrale Ebene ist die der Akteure an der Systembasis; was hier nicht ankommt, geht verloren. Das entscheidende Problem ist deshalb die Abstimmung zwischen den Ebenen. Reformen werden nicht, wie es im „Behördendeutsch" heißt, „umgesetzt", sondern müssen aufwändig kommuniziert werden und Akzeptanz finden. Mit der Reform müssen sich für die Akteure Vorteile verbinden, die zusätzlichen Belastungen müssen Sinn machen und nach einer Weile müssen sich auch Erfolge einstellen. Anders sind Bildungsreformen nicht durchzuführen – auch die Einführung von *Bildungsstandards* nicht.

Abkürzungen

AHS	Allgemeinbildende Höhere Schulen (Österreich)
ATL	Association of Teachers und Lecturers (UK)
Bifie	Bundesinstitut für Bildungsforschung, Innovation und Entwicklung des Bildungswesens (Österreich)
BLK	Bund-Länder-Kommission für Bildungsplanung und Forschungsförderung (Deutschland)
BMBF	Bundesministerium für Bildung und Forschung (Deutschland)
BMBWK	Bundesministerium für Bildung, Wissenschaft und Kultur (Österreich, bis April 2007)
BMUKK	Bundesministerium für Unterricht, Kunst und Kultur (Österreich; seit Mai 2007)
CE	Communautés Européennes
DIN	Deutsches Institut für Normung
EDK	Schweizerische Konferenz der kantonalen Erziehungsdirektoren
FSC	Forest Stewardship Council
GCSE	General Certificate of Secondary Education (UK)
GER	Gemeinsamer Europäischer Referenzrahmen für Sprachen
HarmoS	Interkantonale Vereinbarung über die Harmonisierung der obligatorischen Schule (Schweiz)
IASA	Improving America's Schools Act (USA)
IEA	International Association for the Evaluation of Educational Achievement
IGLU	Internationale Grundschul-Lese-Untersuchung
IGLU-E	Deutscher Bundesländer-Vergleich der IGLU-Ergebnisse
IQB	Institut für Qualitätsentwicklung im Bildungswesen (Deutschland)
ISO	International Organization for Standardization
KMK	Ständige Konferenz der Kultusminister der Länder in der Bundesrepublik Deutschland
LISUM	Landesinstitut für Schule und Medien, Berlin-Brandenburg
NAEP	National Assessment of Educational Progress (USA)
NCEST	National Council on Education Standards and Testing (USA)
NCTM	National Council of Teachers of Mathematics (USA)
NWEDK	Nordwestschweizerische Erziehungsdirektorenkonferenz
OECD	Organisation for Economic Cooperation and Development
OFSTED	Office for Standards in Education (UK)
PIRLS	Progress in International Reading Literacy Study
PISA	Programme for International Student Assessment
PISA-E	Deutscher Bundesländer-Vergleich der PISA-Ergebnisse
PLG	professionelle Lerngemeinschaften von Lehrerinnen und Lehrern
SAT	Scholastic Assessment Tests (USA)

SINUS   Steigerung der Effizienz des mathematisch-naturwissenschaftlichen Unterrichts
SKBF   Schweizerische Koordinationsstelle für Bildungsforschung
TIMSS   Trends in International Mathematics and Science Study (früher: Third International Mathematics and Science Study)

Verzeichnis der Tabellen und Abbildungen

Tabelle 1	Struktur der Entwicklungsphasen im englischen *National Curriculum* und Nationale Tests	S. 21
Tabelle 2	Resultate der Pädagogischen Rekrutenprüfungen in der Schweiz; Ranglisten und Notendurchschnitte nach Kantonen	S. 55
Tabelle 3	Kernfragen der Entwicklung von Curricula und Bildungsstandards	S. 62
Tabelle 4	Überblick über die Einführung von Bildungsstandards in Deutschland, Österreich und der Schweiz	S. 100
Tabelle 5	Vor- und Nachteile eines Teaching to the Test	S. 162

Abbildung 1	Normalverteilung	S. 30
Abbildung 2	Kompetenzmodell Mathematik Sekundarstufe I in Österreich	S. 37
Abbildung 3	Testversionen mit unterschiedlichen Anforderungsbereichen	S. 40
Abbildung 4	Aufgabe, die nicht kultur-fair ist	S. 45
Abbildung 5	Schulformen und Schulstufen im deutschen Bildungssystem	S. 69
Abbildung 6	Dimensionen des Kompetenzmodells Mathematik für Deutschland	S. 74
Abbildung 7	Schultypen und Schulstufen im österreichischen Bildungssystem	S. 78
Abbildung 8	„Handlungsbereiche und Reformmaßnahmen" der österreichischen Zukunftskommission	S. 80
Abbildung 9	Projektmanagement des Bildungsstandards-Projektes in Österreich	S. 86
Abbildung 10	Steuerungsprozess in Österreich	S. 88
Abbildung 11	Schulstufen und Schulformen im schweizerischen Bildungssystem	S. 90
Abbildung 12	Bildungsstandards in der Schweiz: Kompetenzmodell Mathematik	S. 94
Abbildung 13	Projektetappen des HarmoS-Projektes in der Schweiz	S. 96

Abbildung 14   HarmoS – ein einheitlicher Bezugsrahmen für Evaluation   S. 97
                und Entwicklungsarbeit
Abbildung 15   Einfaches Modell der Funktionsweise von Bildungssyste-   S.106
                men
Abbildung 16   Bildungsstandards im Gesamtzusammenhang   S.119
Abbildung 17   Artikulation einer konstruktivistischen Unterrichtskultur S.132

Literatur

Achtenhagen, F./Meyer, H.L. (Hg.) 1971: Curriculumrevision. Möglichkeiten und Grenzen. München

Ackeren, I. van 2002: Zentrale Tests und Prüfungen im Dienste schulischer Entwicklung. In: Bildung und Erziehung. 1. S. 59-85

Ackeren, I. van/Bellenberg, G. 2004: Parallelarbeiten, Vergleichsarbeiten und Zentrale Abschlussprüfungen. In H.G. Holtapples u. a. (Hg.): Jahrbuch der Schulentwicklung. S. 125-159. Weinheim u. a.

Aebli, H. 1961: Grundformen des Lehrens. Ein Beitrag zur psychologischen Grundlegung der Unterrichtsmethode. Stuttgart

Aldrich, R. 2000: Educational Standards in Historical Perspective. In H. Goldstein/A. Heath (Eds.): Educational Standards. S. 39-67. (Proceedings of the British Academy No. 102) Oxford

Alter, P. 1985: Nationalismus. Frankfurt a. M.

Altrichter, H./Posch, P. 1998: Lehrer erforschen ihren Unterricht. Eine Einführung in die Methode der Aktionsforschung. Bad Heilbrunn

- 2007: Analyse erster Erfahrungen mit der Implementation von Bildungsstandards. In: Erziehung und Unterricht. 7-8. S. 654-671

Apple, M.W. 1992: Do the Standards Go Far Enough? Power, Policy, and Practice in Mathematics Education. In: Journal of Research in Mathematics Education. 23. H. 5. S. 412-431

- 2005: Education, Markets, and Audit-Culture. In: Critical Quarterly. 47. H. 1-2. S. 11-29

Arbeitsgruppe Internationale Vergleichsstudie 2003: Vertiefender Vergleich der Schulsysteme ausgewählter PISA-Teilnehmerstaaten. Berlin

ATL [Association of Teachers and Lecturers] 2006: Coming Full Circle. The Impact of New Labour's Education Policies in Primary School Teachers Work. London. [http://www.atl.org.uk/Images/Coming%20full%20circle.pdf; recherchiert am 08.12.2008]

Autorengruppe Bildungsberichterstattung (Hg.) 2008: Bildung in Deutschland 2008. Ein indikatorengestützter Bericht mit einer Analyse zu Übergängen im Anschluss an den Sekundarbereich I. Im Auftrag der Ständigen Konferenz der Kultusminister, der Länder in der Bundesrepublik Deutschland und des Bundesministeriums für Bildung und Forschung. Bielefeld [http://www.bildungsbericht.de/daten2008/bb_2008.pdf; recherchiert am 03.02.2009]

Ayres, L.P. 1912: Measuring Educational Processes through Educational Results. In: School Review. 20. S. 300-309

Baker, E.L. 2004a: Aligning Curriculum, Standards, and Assessments: Fulfilling the Promise of School Reform. [CSE Report 645. Los Angeles]

- 2004b: Reforming Education Through Policy Metaphors. In T. Fitzner (Hg.): Bildungsstandards. Internationale Erfahrungen – Schulentwicklung – Bildungsreform. S. 150-163. Bad Boll

Bantock, G.H. 1952: Freedom and Authority in Education: A Criticism of Modern Cultural and Educational and Cultural Assumptions. London

Barnes, K. 1952: Review of G.H. Bantock: Freedom and Authority in Education. The New Era in Home and School. London

Bastian, J. 2007: Einführung in die Unterrichtsentwicklung. Weinheim

Baumert, J. 2001: Vergleichende Leistungsmessung im Bildungsbereich. In: Zeitschrift für Pädagogik. 43. Beiheft. S 13-36

Becker, G. u.a. (Hg.) 2005: Standards. Unterrichten zwischen Kompetenzen, zentralen Prüfungen und Vergleichsarbeiten. (Friedrich Jahresheft XXIII) Seelze

Literatur

Beer, R. 2007: Bildungsstandards. Einstellungen von Lehrerinnen und Lehrern. Münster

Benner, D. 2005: Schulische Allgemeinbildung versus allgemeine Menschenbildung? In: Zeitschrift für Erziehungswissenschaft. 8. H.4. S. 563–575

Berner, E./Stolz, S. 2006: Literaturanalyse zu Entwicklung, Anwendung und insbesondere Implementation von Standards in Schulsystemen: Nordamerika. [http://www.edk.ch/PDF_Downloads/Harmos/Literaturanalyse_3.pdf; recherchiert am 01.09.2008]

BfS [Bundesamt für Statistik]/ EDK [Schweizerische Konferenz der kantonalen Erziehungsdirektoren] (Hg.) 2002: Für das Leben gerüstet? Die Grundkompetenzen der Jugendlichen – Nationaler Bericht der Erhebung PISA 2000. Neuchâtel

BLK-Programm SINUS-Transfer 2006: Das modulare Konzept [http://sinus-transfer.uni-bayreuth.de/module/ueberblick.html; recherchiert am 02.12.2008]

Bloom, B.S. u. a. 1972: Taxonomie von Lernzielen im kognitiven Bereich. (engl. Original: 1956) Weinheim u. a.

Blum, W. u. a. 2006: Bildungsstandards Mathematik: konkret. Sekundarstufe I: Aufgabenbeispiele, Unterrichtsanregungen, Fortbildungsideen. Berlin

BMBWK [Bundesministerium für Bildung, Wissenschaft und Kultur] in Zusammenarbeit mit der Zukunftskommission 2003: Standards für Mathematik am Ende der Sekundarstufe I. Version 2.1 (Korrigierte Fassung) [http://www.land.salzburg.at/landesschulrat/service/standards/STA-MA-Vers-2-1-korr.pdf; recherchiert am 26.11.2008]

BMUKK 2004: Bildungsstandards in Österreich. In: Austrian Education News. 38. S. 1–5 [http://www.bmukk.gv.at/medienpool/11664/aen38.pdf; recherchiert am 04.02.2009]

Boekaerts, M. 1999: Self-regulated learning: Where we are today. In: International Journal of Educational Research. 31. S. 445–457

Bonsen, M./Rolff, H.-G. 2006: Professionelle Lerngemeinschaften von Lehrerinnen und Lehrern. In: Zeitschrift für Pädagogik. 52. H. 2. S. 167–184

Bos, W./Postlethwaite, T.N. 2000: Möglichkeiten, Grenzen und Perspektiven internationaler Schulleistungsforschung. In H.-G. Rolff u. a. (Hg.): Jahrbuch der Schulentwicklung. Bd. 11. S. 365–386. Weinheim

Böttcher, W. 2003: Bildung, Standards, Kerncurricula. Ein Versuch, einige Missverständnisse auszuräumen. In: Die Deutsche Schule. 95. H. 2. S. 152–164

Braun, D. 2003: Dezentraler und unitarischer Föderalismus. Die Schweiz und Deutschland im Vergleich. In A. Vatter/S. Wälti (Hg.): Schweizer Föderalismus in vergleichender Perspektive. S. 57–89. Zürich u. a.

Brockhaus 2005/07: Die Enzyklopädie. In 30 Bänden. 21., neu bearbeitete Auflage. Online-Ausgabe. Leipzig u. a.

Bromme, R. u. a. 2006: Die Erziehenden und Lehrenden. In A. Krapp/B. Weidenmann (Hg.): Pädagogische Psychologie. S. 271–355. Weinheim u. a.

Bundesverfassung 1874. [Schweizerische] Bundesverfassung vom 29. Mai 1874. In H. Nabholz/P. Kläui (Hg.): Quellenbuch zur Verfassungsgeschichte. S. 326–352. Aarau

Bundschuh, K. 1999: Einführung in die sonderpädagogische Diagnostik. 5. neubearb. u. erw. Aufl. München u. a.

Burkhard, Ch./Orth, G. 2005: Standardsetzung und Standardüberprüfung in Nordrhein-Westfalen. In J. Rekus (Hg.): Bildungsstandards, Kerncurriculum und die Aufgabe der Schule. S. 136–148. (Münstersche Gespräche zur Pädagogik, Band 21) Münster

Buschor, E. 1995: WiF! Und Szenario 95: Schritt zur Ablösung der „klassischen" Verwaltungsführung durch das New Public Management. Zürich

- 2005: Potenziale von New Public Management (NPM) für Bildung und Wissenschaft. In R. Fisch u. a. (Hg.): Neue Steuerung von Bildung und Wissenschaft. Schule – Hochschule – Forschung: S. 25–35. Bonn
California State Board of Education 2000: History-Social Science Content Standards for California Public Schools. Kindergarten Through Grade Twelve. Adopted by the California State Board of Education on October 9. 1998. California [http://www.cde.ca.gov/be/st/ss/documents/histsocscistnd.pdf; recherchiert am 13.06.2008]
Churchill, E.M. 1953: Standards for Children or for Teachers? In: The New Era in Home and School. 34. H. 5. S. 90–93
Clausen, M. 2002: Unterrichtsqualität: Eine Frage der Perspektive? Münster
Coleman, J.S. 1975: What is Meant by 'an Equal Educational Opportunity'? In: Oxford Review of Education. 1. H.1. S. 27–29
Collins, A. u. a. 1989: Cognitive Apprenticeship: Teaching the Craft of Reading, Writing and Mathematics. In L.B. Resnick (Ed.): Cognition and Instruction: Issues and Agendas. S. 453–494. Hillsdale u. a.
- 2003: The Standards-Movement: A Child-Centered Response. In: Montessori Life 15. H. 3. S. 8–13
Crain, W. 2004: Reclaiming Childhood: Letting Children be Children in our Achievement-Oriented Society. New York
Criblez, L. 1996: Schulreform durch New Public Management? In: Schweizer Schule. 11. S. 3–22
- 2007a: Bildungsföderalismus und Schulkoordination: konfligierende Prinzipien der Schulpolitik der Schweiz. In R. Casale/R. Horlacher (Hg.): Bildung und Öffentlichkeit. Jürgen Oelkers zum 60. Geburtstag. S. 262–276. Weinheim u. a.
- 2007b: Switzerland. In W. Hörner u. a. (Eds.): The Education Systems of Europe. pp. 758–782. Dordrecht
- 2008: Bildungsraum Schweiz. Historische Entwicklungen und aktuelle Herausforderungen. Bern
Criblez, L./Huber, Ch. 2008: Die Bildungsartikel der Bundesverfassung von 1874 und die Diskussion über den eidgenössischen „Schulvogt". In L. Criblez (Hg.): Bildungsraum Schweiz. Historische Entwicklungen und aktuelle Herausforderungen. S. 87–129. Bern
Crotti, C. 2008: Pädagogische Rekrutenprüfungen. Bildungspolitische Steuerungsversuche zwischen 1875 und 1931. In L. Criblez (Hg.): Bildungsraum Schweiz. Historische Entwicklungen und aktuelle Herausforderungen. S. 131–154. Bern
Dahrendorf, R. 1965: Bildung ist Bürgerrecht. Plädoyer für eine aktive Bildungspolitik. Hamburg
Dann, H.-D. 1983: Subjektive Theorien: Irrweg oder Forschungsprogramm? Zwischenbilanz eines kognitiven Konstrukts. In L. Montada u. a. (Hg.): Kognition und Handeln. S. 77–92. Stuttgart
- 1994: Pädagogisches Verstehen: Subjektive Theorien und erfolgreiches Handeln von Lehrkräften. In K. Reusser/M. Reusser-Weyeneth (Hg.): Verstehen. S. 163–182. Bern
Darling-Hammond, L. 1994: Performance-Based Assessment and Educational Equity. In: Harvard Educational Review. 64. S. 5–30
Daschner, P. u. a. (Hg.) 1995: Schulautonomie – Chancen und Grenzen. Impulse für die Schulentwicklung. Weinheim
Department for Education and Employment / Qualifications and Curriculum Authority 1999: The National Curriculum for England. History. Key Stages 1–3. London [http://curriculum.qca.org.uk/uploads/History%201999%20programme%20of%20study_tcm8-12056.pdf?return=/key-stages-1-and-2/subjects/history/keystage1/index.aspx%3Freturn%3D/key-stages-1-and-2/subjects/history/index.aspx; recherchiert am 04.02.2009]

Literatur

Deutsches PISA-Konsortium (Hg.) 2001: PISA 2000. Basiskompetenzen von Schülerinnen und Schülern im internationalen Vergleich. Opladen
- 2004: PISA 2003. Der Bildungsstand der Jugendlichen in Deutschland – Ergebnisse des zweiten internationalen Vergleichs. Münster

Dewey, J./Dewey, E. 1985: Schools of To-Morrow. In J.A. Boydston (Ed.)/S. Hook (Intr.)/J. Dewey: The Middle Works, 1899–1924. Vol. 8: Essays on Politics and Education 1915. S. 205–404. Carbondale/Edwardsville

DIN [Deutsches Institut für Normung e.V.] 2008: Erfolg durch Normung. Berlin [http://www.din.de/cmd?level=tpl-bereich&menuid=47388&cmsareaid=47388&languageid=de; recherchiert am 06.06.2008]

Döbert, H. 2004: Deutschland. In H. Döbert u. a. (Hg.): Die Schulsysteme Europas. S. 92–114. Hohengehren
- u. a. (Eds.) 2004: Conditions of School Performance in Seven Countries. A Quest for Understanding the International Variation of PISA Results. Münster
- 2007: Germany. In H. Döbert u. a. (Eds.): The Education Systems of Europe. pp. 299–325. Dordrecht

Döbert, H./Fuchs, H.-W. (Hg.) 2005: Leistungsmessungen und Innovationsstrategien in Schulsystemen. Münster

Dubs, R. 1996a: Schule und New Public Management. In: Beiträge zur Lehrerbildung. 14. H.3. S. 33–337
- 1996b: Schule, Schulentwicklung und New Public Management. St. Gallen

Eder, F./Thonhauser, J. 2004: Österreich. In H. Döbert u.a (Hg.): Die Schulsysteme Europas. S. 373–391. Hohengehren

Eder, F. u. a. 2007: Austria. In H. Döbert u. a. (Eds.): The Education Systems of Europe. pp. 52–76. Dordrecht

EDK [Schweizerische Konferenz der kantonalen Erziehungsdirektoren] 2004: HARMOS. Zielsetzungen und Konzeption. Juni 2004. Bern [http://www.edudoc.ch/static/web/arbeiten/harmos/weissbuch_d.pdf; recherchiert am 03.02.2009]
- 2007: Interkantonale Vereinbarung über die Harmonisierung der obligatorischen Schule vom 14. Juni 2007. Bern [http://edudoc.ch/getfile.py?docid=5663&name=HarmoS_d&format=pdf&version=1; recherchiert am 03.02.2009]
- s.d.: HarmoS – Harmonisierung der obligatorischen Schule Schweiz. Kurz-Information. Bern [http://www.edudoc.ch/static/web/arbeiten/harmos/kurz_info_d.pdf; recherchiert am 03.02.2009]
- 2008: Bildungsstandards. Bern. [http://www.edk.ch/dyn/12930.php; recherchiert am 18.06.2008]

Eggenberger, K./Staub, F.C. 2001: Gesichtspunkte und Strategien zur Gestaltung von Unterrichtsnachbesprechungen: Eine Fallstudie. In: Beiträge zur Lehrerbildung. 19. H. 2. S. 199–216

Einsiedler, W. 1997: Unterrichtsqualität und Leistungsentwicklung. Literaturüberblick. In F.E. Weinert/A. Helmke (Hg.): Entwicklung im Grundschulalter. S. 223–240. Weinheim

Engelbrecht, H. 1979: J.I. Felbiger und die Vereinheitlichung des Primarschulwesens in Österreich. Bemerkungen zur pädagogischen Schrift „Kern des Methodenbuches, besonders für die Landschulmeister in den kaiserlich-königlichen Staaten" (1777). (= Beilage zu Felbiger, 1777/1979) Wien

Erziehungsdirektion des Kantons Bern 1995: Lehrplan Volksschule. Primarstufe und Sekundarstufe I. Bern [http://www.erz.be.ch/site/fb-volksschule-lehrplaene-lp-volksschule.pdf; recherchiert am 28.11.2008]

Evers, W./Walberg, H. (Eds.) 2004: Testing Student Learning, Evaluation Teaching Effectiveness. Stanford CA

Felbiger, J.I. 1892: Methodenbuch für Lehrer der deutschen Schulen in den kaiserlich-königlichen Erblanden, darinn ausführlich gewiesen wird, wie die in der Schulordnung bestimmte Lehrart nicht allein überhaupt, sondern auch ins besondere, bey jedem Gegenstande, der zu lehren befohlen ist, soll beschaffen seyn. Nebst der genauen Bestimmung, wie sich Lehrer der Schulen in allen Theilen ihres Amtes, imgleichen die Direktoren, Aufseher und Oberaufseher zu bezeigen haben, um der Schulordnung das gehörige Genüge zu leisten. Wien 1775. Neu herausgegeben von Johann Panholzer. Freiburg
- 1979: Kern des Methodenbuches, besonders für die Landschulmeister in den kaiserlich-königlichen Staaten. Wien 1777. Reprint der Originalausgabe. Wien

Fend, H. 1986. „Gute Schulen – schlechte Schulen". Die einzelne Schule als pädagogische Handlungseinheit. In: Die Deutsche Schule 78. H. 3, S. 275–293.

Fend, H. 1998: Qualität im Bildungswesen. Schulforschung zu Systembedingungen, Schulprofilen und Lehrerleistung. Weinheim
- 2000: Qualität und Qualitätssicherung im Bildungswesen. In: Zeitschrift für Pädagogik. 41. Beiheft. S. 55–72
- 2006: Neue Theorie der Schule. Einführung in das Verstehen von Bildungssystemen. Wiesbaden
- 2008: Schule gestalten. Systemsteuerung, Schulentwicklung und Unterrichtsqualität. Wiesbaden

Firestone, W.A. u. a. (Eds.) 2004: The Ambiguity of Teaching to the Test. Standards, Assessment, and Educational, Reform. Philadelphia PA

Fisher-Hoch, H./Hughes, S. 1996: What Makes Mathematics Exam Questions Difficult? Paper presented at BERA conference, September 1996. [http://www.cambridgeassessment.org.uk/ca/collection1/digitalAssets/113963_What_Makes_Mathematics_Examination_Questions_Difficult.pdf; recherchiert am 28.11.2008]

Frankfurter Erklärung (vom 10. Oktober 2005) 2006. In: Vierteljahrsschrift für Wissenschaftliche Pädagogik. 82. S. 16–18

Freudenthaler, H.H./Specht, W. 2005: Bildungsstandards aus Sicht der Anwender. Evaluation der Pilotphase I zur Umsetzung nationaler Bildungsstandards in der Sekundarstufe I. In: ZSE Report Nr. 69. Graz
- 2006: Bildungsstandards: Der Implementationsprozess aus der Sicht der Praxis. Ergebnisse einer Fragebogen-Studie nach dem ersten Jahr der Pilotphase II. In: ZSE Report Nr. 71. Graz

Frey, A./Ehmke, T. 2007: Hypothetischer Einsatz adaptiven Testens bei der Überprüfung von Bildungsstandards. In: Zeitschrift für Erziehungswissenschaft. Sonderheft 8–07. S. 169–184

Frey, K. (Hg.) 1975: Curriculum Handbuch. 3 Bde. München u. a.

Friedrich, H./Mandl, H. 1997: Analyse und Förderung selbstgesteuerten Lernens. In F.E. Weinert/H. Mandl (Hg.): Psychologie der Erwachsenenbildung. Enzyklopädie der Psychologie. Themenbereich D. Serie I. Bd. 4. S. 237–293. Göttingen

Fuller, B. 2007: Standardized Childhood. The Political and Cultural Struggle Over Early Education. Stanford CA

Furrer, H. 2000: Ressourcen – Kompetenzen – Performanz. Kompetenzmanagement für Fachleute der Erwachsenenbildung. Luzern u. a.

Gärtner, H. 2007: Unterrichtsmonitoring. Evaluation eines videobasierten Qualitätszirkels zur Unterrichtsentwicklung. Münster

Gasser, E. 2006: ... und plötzlich führen alle Wege nach Pisa! Bildungsstandards: curriculare Odyssee oder Leuchttürme im Meer der Bildung? Bern

Getzels, J.W./Jackson, P.W. 1970: Merkmale der Lehrerpersönlichkeit. In K. Ingenkamp (Hg.): Handbuch der Unterrichtsforschung. Bd. 2. S. 1353–1526. Weinheim

Giegler, H. 1992: Tests und Testtheorie. In R. Asanger/G.Wenninger (Hg.): Handwörterbuch der Psychologie. Vierte, völlig neubearbeitete und erweiterte Auflage. S. 782–789. Weinheim

Goodson, I. u. a. (Hg.) 1999: Das Schulfach als Handlungsrahmen. Vergleichende Untersuchungen zur Geschichte und Struktur der Schulfächer. Köln

Grabensberger, E. u. a. 2008: Bildungsstandards: Testungen und Ergebnisrückmeldungen auf der achten Schulstufe aus der Sicht der Praxis. Ergebnisse einer Befragung von Leiterinnen, Leitern und Lehrkräften der Pilotschulen. Graz

Gräsel, C./Parchmann, I. 2004: Implementationsforschung – oder der steinige Weg, Unterricht zu verändern. In: Unterrichtswissenschaft. 32. S. 196–214

Gräsel, C. u. a. 2006: Lehrkräfte zur Kooperation anregen – eine Aufgabe für Sisyphos? In: Zeitschrift für Pädagogik. 52. H. 2. S. 205–219

Green, N. 2003: Professional Learning Communities. [http://www.learn-line.nrw.de/angebote/greenline/lernen/downloads/profess.pdf; recherchiert am 19.8.2006]

Green, T.F. 1980: Predicting the Behavior of the Educational System. New York

Gretler, A. 2004: Schweiz. In H. Döbert u. a. (Hg.): Die Schulsysteme Europas. S. 477–493. Hohengehren

Grossenbacher, S. 2008: Messen um des Messens willen? Referat am Symposion Kompetenzen und Standards des Zentrums Lesen am 6. Juni 2008 in Aarau. [http://www.ndk-literacy.ch/docs/Silvia_Grossenbacher.pdf; rechechiert am 26.11.2008]

Gschwend, R./Claude, A. (Hg.) 2004: Unterrichtsentwicklung – zum Stand der Diskussion. Bern

Gudjons, H. 2006: Neue Unterrichtskultur – veränderte Lehrerrolle. Bad Heilbrunn

Hablützel, P. u. a. (Hg.) 1995: Umbruch in Politik und Verwaltung. Bern u. a.

Haenisch, H. 1989: Gute und schlechte Schulen im Spiegel der empirischen Schulforschung. In K.-J. Tillmann (Hg.): Was ist eine gute Schule? S. 32–46. Hamburg

Haft, H./Hopmann, St. 1987: Lehrplanarbeit in der Bundesrepublik Deutschland. Veränderungen zwischen 1970 und heute. In: Die Deutsche Schule 79. H. 4. S. 506–518

Haider, G. u. a. 2003: Zukunft Schule. Strategien und Maßnahmen zur Qualitätsentwicklung. Reformkonzept der österreichischen Zukunftskommission. Erstfassung vom 17. Oktober 2003. Wien. [http://www.klassezukunft.at/statisch/zukunft/de/zukunft_schule_zk_17_10_03.pdf; recherchiert am 16.11.2008]

Hard, F.X. 1974: Der eidgenössische Erziehungssekretär. Bestrebungen zu einer gesamtschweizerischen Schulkoordination im Jahre 1882. Zürich

Harsbrugh, J. 1953: Basic Skills and Much Besides. In: The New Era in Home and School. 34. H. 5. S. 93–96

Harvey, L./Green, D. 2000: Qualität definieren. Fünf unterschiedliche Ansätze. In: Zeitschrift für Pädagogik. 41. Beiheft. S. 17–40

Hattie, J. 2003: Teachers Make a Difference: What is the research evidence? Paper delivered at the 2003 ACER Conference „Building Teacher Quality", October 2003. [http://www.education.auckland.ac.nz/uoa/fms/default/education/staff/Prof.%20John%20Hattie/Documents/Presentations/influences/Teachers_make_a_difference_-_ACER_(2003).pdf; recherchiert am 04.02.2009]

Helmke, A. 2003: Unterrichtsqualität erfassen, bewerten, verbessern. Seelze

Helmke, A./Hosenfeld, I. 2003: VERgleichsArbeiten (VERA): eine Standortbestimmung zur Sicherung schulischer Kompetenzen. In: SchulVerwaltung Hessen, Rheinland-Pfalz, Saarland, H. 1. S. 10–13; H. 2. S. 41–43

Helmke, A./Weinert, F.E. 1997: Bedingungsfaktoren schulischer Leistung. In: F.E. Weinert (Hg.): Psychologie des Unterrichts und der Schule. Enzyklopädie der Psychologie. Themenbereich D. Serie I. Bd. 3. S. 71–152/153–176. Göttingen

Hemming, J. 1953a: Standards for our Time. In: The New Era in Home and School. 34. H. 5. S. 82–85
- 1953b: Some Confusions of Mr. Bantock. In: The New Era in Home and School. 34. H. 2. S. 32–36
- 1980: The Betrayal of Youth. Education Must Be Changed. London u. a.
Herman, J.L. 2004: The Effects of Testing on Instruction. In S.H. Fuhrman/R.F. Elmore (Eds.): Redesigning Accountability Systems for Education. pp. 141–166. New York u. a.
Herrmann, U. 1996: Die Schule – eine Herausforderung für das New Public Management (NPM). In: Beiträge zur Lehrerbildung. 14. H. 3. S. 314–329
Herzog, W. 2008a: Unterwegs zur 08/15-Schule? Wider die Instrumentalisierung der Erziehungswissenschaften durch die Bildungspolitik. In: Schweizerische Zeitschrift für Bildungswissenschaften. 30. H. 1. S. 13–31/33–52
- 2008b: Verändern Standards den Lehrerberuf? Referat an der PHZ Luzern vom 22. Januar 2008 in Luzern. [http://web.phz.ch/phz/wbza.luzern/seiten/dokumente/Input_Herzog.pdf; recherchiert am 06.11.2008]
Hopmann, St. 2000: Lehrplan des Abendlandes – Abschied von seiner Geschichte? Grundlinien der Entwicklung von Lehrplan und Lehrplanarbeit seit 1800. In R.W. Keck/Ch. Ritzi (Hg.): Geschichte und Gegenwart des Lehrplans. Josef Dolchs „Lehrplan des Abendlandes" als aktuelle Herausforderung. S. 377–400. Hohengehren.
Horsbrugh, J. 1953: Basic Skills and Much Besibes. In: The New Era in Home and School. 34. H. 5. S. 93–96
Houston, C.M. 1965: Joseph Mayer Rice, 1857–1934. Pioneer in Educational Research. Thesis Master of Science. Madison WI
Huber, A. 2005: Verbesserung der Unterrichtsqualität durch „Wechselseitiges Lehren und Lernen" (WELL). In S. Schnebel (Hg.): Schulentwicklung im Spannungsfeld von Bildungssystem und Unterricht. S. 7–14. Hohengehren
Huber, Ch. u. a. 2006: Bildungsstandards in Deutschland, Österreich, England, Australien, Neuseeland und Südostasien. Literaturbericht zu Entwicklung, Implementation und Gebrauch von Standards in nationalen Schulsystemen. Aarau [http://www.edudoc.ch/static/web/arbeiten/harmos/lit_analyse_1.pdf; recherchiert am 04.02.2009]
Hug, A. 1920: Die St. Urbaner Schulreform an der Wende des 18. Jahrhunderts. (Schweizer Studien zur Geschichtswissenschaft Bd. 12) Zürich
Humpert, W. u. a. 2006: Was (zukünftige) Lehrpersonen über wissenschaftliche Methoden und Statistik wissen sollen und wollen. In: Beiträge zur Lehrerbildung. 24. H. 2. S. 231–244
Ingenkamp, K. 1977: Die Fragwürdigkeit der Zensurengebung. Weinheim
ISO [International Organization for Standardization] 2008: Discover ISO. Why standards matter. Genf [http://www.iso.org/iso/about/discover-iso_why-standards-matter.htm; recherchiert am 06.11.2008]
Jacobs, L.A. 2004: Pursuing Equal Opportunities. The Theory and Practice of Egalitarian Justice. Cambridge
Jonathan, R. 1986: Cultural Elitism Explored: G.H. Bantock's Educational Theory. In: Journal of Philosophy of Education. 20. H. 2. S. 265–277
Kanton Bern 2006: Lehrpläne für den Kindergarten und die Volksschule. Bern. [http://www.erz.be.ch/site/index/fachportal-bildung/fb-kindergartenvolksschule-index/fb-volksschule-lehrplaene.htm; recherchiert am 27.11.2008]
Kanton Zürich 2007: Lehrplan Primar-/Sekundarstufe. Zürich [http://www.vsa.zh.ch/file_uploads/bibliothek/k_268_Lehrplan/4470_0_lehrplanfrdievolksschule.pdf; recherchiert am 27.11.2008]

Literatur

Kanton Zürich s. d.: Lernstandserhebungen an der Volksschule des Kantons Zürich. [http://www.bi.zh.ch/internet/bi/de/Direktion/planung/de/Projekte/Lernstand.html; rechechiert am 27.11.2008]

Kegelmann, J. 2007: New Public Management. Möglichkeiten und Grenzen des Neuen Steuerungsmodells. Wiesbaden

Kelchtermans, G. 2006: Teacher Collaboration and Collegiality as Workplace Conditions. A Review. In: Zeitschrift für Pädagogik. 52. H. 2. S. 220–237

Kirst, H.-H. 1952/1953: 08/15. Band 1: In der Kaserne. Band 2: Im Krieg. Band 3: Bis zum Ende. München

Klassencockpit s.d.: Ein Instrument zur Qualitätssicherung in der Volksschule. St. Gallen. [http://www.klassencockpit.ch/informationen/unterstufe.aspx; recherchiert am 27.11.2008]

Klieme, E. 2004a: Begründung, Implementation und Wirkung von Bildungsstandards: Aktuelle Diskussionslinien und empirische Befunde. Einführung in den Thementeil. In: Zeitschrift für Pädagogik. 50. H. 5. S. 625–634

- 2004b: Der Beitrag von Bildungsstandards zur Qualitätssicherung und Qualitätsentwicklung in Schulen. Referat an der KMK-Fachtagung „Implementation von Bildungsstandards", Berlin, 2. April 2004. [http://www.dipf.de/publikationen/volltexte/klieme_kmk_042004.pdf; recherchiert am 27.11.2008]

- 2004c: Was sind Kompetenzen und wie lassen sie sich messen? In: Pädagogik. 56. H. 6. S. 10–13

- u. a. 2003: Zur Entwicklung nationaler Bildungsstandards. Eine Expertise. Berlin [http://www.bmbf.de/pub/zur_entwicklung_nationaler_bildungsstandards.pdf; recherchiert am 27.11.2008]

-/Hartig, J. 2007: Kompetenzkonzepte in den Sozialwissenschaften und im erziehungswissenschaftlichen Diskurs. In: Zeitschrift für Erziehungswissenschaft. Sonderheft 8. S. 11–29

-/Reusser, K. 2003: Unterrichtsqualität und mathematisches Verständnis im internationalen Vergleich – Ein Forschungsprojekt und erste Schritte zur Realisierung. In: Unterrichtswissenschaft. 31. H. 3. S. 194–205

Klippert, H. 2004: Methodentraining. Übungsbausteine für den Unterricht. 14., überarb. Aufl. Weinheim u. a.

Kohn, A. 2000: The Case Against Standardized Testing. Raising the Scores, Ruining the Schools. Portsmouth NH

Köller, O. 2008: Bildungsstandards – Verfahren und Kriterien bei der Entwicklung von Messinstrumenten. In: Zeitschrift für Pädagogik. 54. S. 163–173

Komisar, B.P. 1966: The Paradox of Equality in Schooling. In: Teachers College Record. S. 251–254

Komisar, B.P./McClellan, J.E. 1961: The Logic of Slogans. In B.O. Smith/ R.H. Ennis (Eds.) 1968: Language and Concepts in Education. pp. 194–214. Chicago

Konsortium Bildungsberichterstattung (Hg.) 2006: Bildung in Deutschland. Ein indikatorengestützter Bericht mit einer Analyse zu Bildung und Migration. Im Auftrag der Ständigen Konferenz der Kultusminister, der Länder in der Bundesrepublik Deutschland und des Bundesministeriums für Bildung und Forschung. Bielefeld [http://www.bildungsbericht.de/daten/gesamtbericht.pdf; recherchiert am 03.02.2009]

Krammer, K./Hugener, I. 2005: Netzbasierte Reflexion von Unterrichtsvideos in der Ausbildung von Lehrpersonen – eine Explorationsstudie. In: Beiträge zur Lehrerbildung. 23. H. 1. S. 51–61

Krammer, K./Reusser, K. 2004: Unterrichtsvideos als Medium der Lehrerinnen- und Lehrerbildung. In: Seminar. H. 4. S. 80–101

- 2005: Unterrichtsvideos als Medium der Aus- und Weiterbildung von Lehrpersonen. In: Beiträge zur Lehrerbildung, 23. H. 1. S. 35–50

Kubinger, K.D. u. a. 2006: Standard-Tests zu den Bildungsstandards in Österreich. Wissenschaftlicher Hintergrund und Hinweise zur Interpretation der Ergebnisse der Standard-Tests (Version 1.1). Wien [http://www.gemeinsamlernen.at/siteVerwaltung/mOBibliothek/Bibliothek/ Standards%20Handbuch+Kubinger.pdf; recherchiert am 27.11.2008]

Kubinger, K.D. u. a. 2007: Large-Scale Assessment zu den Bildungsstandards in Österreich: Testkonzept, Testdurchführung und Ergebnisverwertung. In: Erziehung und Unterricht, H. 157, S. 588–599

Kultusministerkonferenz 2002: Bildungsstandards zur Sicherung von Qualität und Innovation im föderalen Wettbewerb der Länder. Beschluss der Kultusministerkonferenz vom 24.05.2002 [http://www.kmk.org/fileadmin/pdf/dokumentation/BeschlKMK/Vereinbarungen__Erklaerungen/D5.pdf; recherchiert am 03.02.2009]

- 2003: Bildungsstandards im Fach Deutsch für den Mittleren Schulabschluss (Jahrgangsstufe 10). Beschluss vom 04.12.2003. [http://www.kmk.org/schul/Bildungsstandards/bildungsstandards-neu.htm; recherchiert am 19.06.2008]

- 2005a: Bildungsstandards im Fach Deutsch für den Primarbereich. Beschluss vom 15.10.2004. München [http://www.kmk.org/fileadmin/pdf/PresseUndAktuelles/Beschluesse_Veroeffentlichungen/ allg_Schulwesen/Grundschule_Deutsch_BS_307KMK.pdf; recherchiert am 02.02.2009]

- 2005b: Bildungsstandards der Kultusministerkonferenz. Erläuterungen zur Konzeption und Entwicklung. München u. a. [http://www.kmk.org/fileadmin/doc/Bildung/IVA/IVA-Dokumente/Intern/ Argumentationspapier.pdf; recherchiert am 02.02.2009]

- 2008: Das Bildungswesen in der Bundesrepublik Deutschland 2007. Darstellung der Kompetenzen, Strukturen und bildungspolitischen Entwicklungen für den Informationsaustausch in Europa. Bonn u. a. [http://www.kmk.org/fileadmin/doc/Dokumentation/Bildungswesen_pdfs/ dossier_dt_ebook.pdf; recherchiert am 03.02.2009]

Kunz, A. u. a. 2005: „Problemlösekompetenz" in Zürcher Gymnasien. Kooperations-Level als Indikator für eine Lernende Schule. Referat gehalten am Kongress der Schweizerischen Gesellschaft für Bildungsforschung – SSRE. September 2005. Lugano

Lam, T.C.M. 2004: Issues and Strategies in Standards-Based School Reform: The Canadian Experience. In T. Fitzner (Hg.): Bildungsstandards. Internationale Erfahrungen – Schulentwicklung – Bildungsreform. S. 103–149. Bad Boll

Landert, Ch. u. a. 1998: Die Erprobungsfassung des Lehrplans für die Volksschule des Kantons Zürich. Bericht über die externe wissenschaftliche Evaluation im Auftrag der Bildungsdirektion des Kantons Zürich. Teil I: Synthese. Zürich

Landesinstitut für Schule/Qualitätsagentur (Hg.) 2006: Kompetenzorientierte Diagnose. Aufgaben für den Mathematikunterricht. Stuttgart

Lanfranchi, A. 1998: Immigranten. Lern- und Leistungsstörungen der Kinder, der Schule und der Heilpädagogik. In A. Lanfranchi/T. Hagmann (Hg.): Migrantenkinder. Plädoyer für eine Pädagogik der Vielfalt. S. 21–45. (= Schriftenreihe des Heilpädagogischen Seminars Zürich. Band 12). Luzern

Layward, G.A. 1953: A Comment on Standards: Particularly for Parents. In: The New Era in Home and School. 34. S. 119–122

Lee, J. 2007: The Testing Gap: Scientific Trials of Test-Driven School – Accountability Systems for Excellence and Equity. Charlotte NC

LessonLab Research Institute s. d.: Improving Teaching Through Research. [http://www.llri.org/; recherchiert am 11.11.2008]

Literatur

Lindauer, Th./Linneweber-Lammerskitten, H. 2008: Kompetenzen sichtbar machen. Referat am Symposion „Kompetenzen und Standards" des Zentrums Lesen in Aarau am 8. Juni 2008. [http://www.ndk-literacy.ch/docs/H_Linneweber-Th_Lindauer.pdf; recherchiert am 26.11.2008]

Lindauer, Th./Schneider, H. 2007: Lesekompetenz ermitteln: Aufgaben im Unterricht. In A. Bertschi-Kaufmann (Hg.): Lesekompetenz – Leseleistung – Leseförderung. Grundlagen, Modelle und Materialien. S. 109–125. Seelze u. a.

Linn, R.L. 2000: Assessments and Accountability. In: Educational Researcher. 29. H. 2. S. 4–16

- 2003: Accountability: Responsibility and Reasonable Expectations. In: Educational Researcher. 32. H. 7. S. 3–13

Linneweber-Lammerskitten, H./Wälti, B. 2006: Was macht das Schwierige schwierig? Überlegungen zu einem Kompetenzmodell im Fach Mathematik. In L. Criblez u. a. (Hg.): Lehrpläne und Bildungsstandards. Was Schülerinnen und Schüler lernen sollen. S. 197–227. Bern

LISUM [Landesinstitut für Schule und Medien Berlin-Brandenburg] u. a. (Hg.) 2008: Bildungsmonitoring, Vergleichsstudien und Innovationen. Von evidenzbasierter Steuerung zur Praxis. Berlin

Lucyshyn, J. 2006: Implementation von Bildungsstandards in Österreich. Arbeitsbericht. Salzburg [http://www.klassezukunft.at/statisch/zukunft/de/arbeitsbericht_bildungsstandards_14_02_2006.pdf; recherchiert am 03.02.2009]

- 2007: Bildungsstandards in Österreich – Entwicklung und Implementierung: Pilotphase 2 (2004-2007). In: Erziehung und Unterricht, H. 157, S. 588–599

Luhmann, N. 2002: Das Erziehungssystem der Gesellschaft. Frankfurt a. M.

Lustenberger, W. 1996: Pädagogische Rekrutenprüfungen. Ein Beitrag zur Schweizer Schulgeschichte. Chur u. a.

- 1999: Die pädagogischen Rekrutenprüfungen als Instrument der eidgenössischen Schulpolitik (1830–1885). In L. Criblez u. a. (Hg.), Eine Schule für die Demokratie. Zur Entwicklung der Volksschule in der Schweiz im 19. Jahrhundert. S. 363–376. Bern

Maag Merki, K. 2005: Wissen, worüber man spricht. Ein Glossar. Friedrich Jahresheft. S. 12–13

Mager, R.F. 1969: Lernziele und Programmierter Unterricht. 3., erweiterte Auflage. Weinheim

Maier, U. 2008: Rezeption und Nutzung von Vergleichsarbeiten aus der Perspektive von Lehrkräften. In: Zeitschrift für Pädagogik. 54. H. 1. S. 95–117

Marshall, Ch. 2008: Thirty-Five Years of School Inspection: Raising Educational Standards for Children with Additional Needs? In: British Journal of Special Education. 35. H. 2. S. 69–77

Marshall, M. 1995: Contesting Cultural Rhetorics. Public Discourse and Education, 1890–1900. Ann Arbor

Marzano, R.J. u. a. 2000: Research into Practice Series. Implementing Standards in the Classroom. Aurora CO

McGaw, B. 1994: Standards from a curriculum and assessment perspective. In: Queensland Researcher. 10. H. 2. S. 1–18. [http://education.curtin.edu.au/iier/qjer/qr10/mcgaw.html; recherchiert am 30.06.2008]

McInerney, D.M. u. a. (Eds.) 2007: Standards in Education. Charlotte NC

Meier, D./Wood, G. (Eds.) 2004: Many Children Left Behind: How the No Child Left Behind Education Act Is Damaging Our Children and Our Schools. Boston MA

Merkens, H. 2007: Rückmeldungen von Schülerleistungen als Instrument der Schulentwicklung und Unterrichtsverbesserung. In D. Benner (Hg.): Bildungsstandards. Chancen und Grenzen – Beispiele und Perspektiven. S. 83–101. Paderborn u. a.

Messner, H. 2006: Über das offene Verhältnis von Inhalten und Zielen in der Didaktik. Lehrstoffe – Lernziele – Bildungsstandards. In L. Criblez u. a. (Hg.): Lehrpläne und Bildungsstandards. Was Schülerinnen und Schüler lernen sollen. S. 229–240. Bern

Messner, R. 1972: Funktionen der Taxonomien für die Planung von Unterricht. In B.S. Bloom u. a.: Taxonomie von Lernzielen im kognitiven Bereich. S. 227-251. Weinheim u. a.

Meyer, H.L. 1971: Das ungelöste Deduktionsproblem in der Curriculumforschung. In F. Achtenhagen/H.L. Meyer (Hg.): Curriculumrevision. Möglichkeiten und Grenzen. S. 106-132. München

- 2004: Was ist guter Unterricht? Berlin

Ministerium für Schule und Weiterbildung des Landes Nordrhein-Westfalen 2008: Aufgabenentwicklung [http://www.standardsicherung.schulministerium.nrw.de/lernstand8/aufgabenentwicklung/aufgabenentwicklung.html; recherchiert am 30.06.2008]

Möhren, F. 2004: Auch Wörter sind Geschichte. [http://www.uni-heidelberg.de/presse/ruca/ruca04-02/lexiko.html; recherchiert am 06.06.2008]

Moser Opitz, E. 2006: Assessments, Förderplanung, Förderdiagnostik – messen und/oder fördern? In: Schweizerische Zeitschrift für Heilpädagogik. H. 9. S. 5-11

Moser, U. 2005: Von Bildungsstandards zu Leistungstests. Referat an der Themenkonferenz „Standards – Zaubermittel der Bildungspolitik?" vom 17. März 2005 in Aarau. [http://www.ibe.uzh.ch/downloads/vortraege/Bildungsstandards-Leistungstests.pdf; recherchiert am 30.06.2008]

Müller, H./Adamina, M. 2000: Lernwelten Natur-Mensch-Mitwelt. Grundlagenband. Bern

Nachtigall, Ch./Kröhne, U. 2006: Methodische Anforderungen an schulische Leistungsmessung – auf dem Weg zu fairen Vergleichen. In H. Kuper/J. Schneewind (Hg.): Rückmeldung und Rezeption von Forschungsergebnissen. Zur Verwendung wissenschaftlichen Wissens im Bildungsbereich. S. 59-74. Münster u. a.

National Commission on Excellence in Education 1983: A Nation at Risk: The Imperative for Educational Reform. A Report to the Nation and the secretary of Education, United States Department of Education. Washington, D.C. [http://www.ed.gov/pubs/NatAtRisk/index.html; recherchiert am 06.06.2008]

National Council of Teachers of Mathematics [NCTM] 1989: Curriculum and Evaluations Standards for Scholl Mathematics. Reston VA

National Council of Teachers of Mathematics [NCTM] 2000: Principles and Standards for School Mathematics. Reston, VA [http://standards.nctm.org/; recherchiert am 27.11.2008]

No Child Left Behind Act of 2001. 2002: Pub. L. No. 107-110, 115 Stat. 1425 [http://www.ed.gov/policy/elsec/leg/esea02/107-110.pdf; recherchiert am 06.09.2008]

Nordwestschweizerische Erziehungsdirektorenkonferenz (Hg.) 2008: Grundlagen zur Konzeption des Deutschschweizer Lehrplans. Kurzbericht zur Konsultation. Luzern

O'Neil, H.F u. a. 2004: Monetary Incentives for Low-Stakes Tests. In T. Fitzner (Hg.): Bildungsstandards. Internationale Erfahrungen – Schulentwicklung – Bildungsreform. S. 164-201. Bad Boll

OECD 1991: Reviews of national policies for education. Switzerland. Paris

- 1997: Wissensgrundlagen für die Bildungspolitik. Bern

-/CERI 2007: Evidence in Education. Linking Research and Policy. Paris

Oelkers, J. 2004a: Zum Problem von Standards aus historischer Sicht. In T. Fitzner (Hg.): Bildungsstandards. Internationale Erfahrungen – Schulentwicklung – Bildungsreform. S. 11-42. Bad Boll

- 2004b: Zum Problem von Standards aus historischer Sicht. In: Neue Sammlung. 44. S. 179-200

- 2008: Reformpädagogik als Schulentwicklung: Ein Blick in die Vereinigten Staaten. Vortrag gehalten am 28. März 2008 an der Pädagogischen Hochschule Zug [http://www.paed.unizh.ch/ap/downloads/odhers/Vortraege/315_ZugReformpaedagogikII.pdf; recherchiert am 17.08.2008]

Literatur

-/Reusser, K. 2008: Qualität entwickeln – Standards sichern – mit Differenz umgehen. Unter Mitarbeit von E. Berner, U. Halbheer, S. Stolz. Bonn u. a. [http://www.bmbf.de/pot/download. php/0+Qualit%E4t+entwickeln+%96+Standards+sichern+%96+mit+Differenz+umgehen/ ~DOM;/pub/bildungsforschung_band_siebenundzwanzig.pdf; recherchiert am 28.11.2008]

Orfield, G./Kornhaber, M.L. (Eds.) 2001: Raising Standards or Raising Barriers? Inequality and High-Stakes Testing in Public Education. New York

Ostermeier, C. 2004: Kooperative Qualitätsentwicklung in Schulnetzwerken. Münster

Ostermeier, u. a. 2004: Befragung zur Akzeptanz im BLK-Programm SINUS-Transfer. Erste Ergebnisse der Erhebung 2004 [http://sinus-transfer.uni-bayreuth.de/fileadmin/MaterialienIPN/Bericht_zur_Akzeptanzbefragung_2004.pdf; recherchiert am 28.11.2008]

Österreich neu regieren. Regierungsprogramm 2000. [http://www.austria.gv.at/2004/4/7/Regprogr. pdf; recherchiert am 16.07.2008]

Osterwalder, F. 1995: Die Methode – Ordnung, Wahrnehmung und moralische Subjektivität. In J. Oelkers/Ders. (Hg.): Pestalozzi – Umfeld und Rezeption. Studien zur Historisierung einer Legende. S. 165–206. Weinheim

- 1996: Pestalozzi – ein pädagogischer Kult. Weinheim

Ottaway, A.K.C. 1953: Authority in Education. In: The New Era in Home and School. 34. H. 1. S. 6–7

Peek, R./Dobbelstein, P. 2006: Benchmarks als Input für die Schulentwicklung. Das Beispiel der Lernstandserhebungen in Nordrhein-Westfalen. In H. Kuper/J. Schneewind (Hg.): Rückmeldung und Rezeption von Forschungsergebnissen. S. 41–58. Münster

Perlstein, L. 2007: Tested. One American School Struggle to Make the Grade. New York

Petko, D./Reusser, K. 2005: Praxisorientiertes E-Learning mit Video gestalten. In A. Hohenstein/K. Wilbers (Hg.):, Handbuch E-Learning. Expertenwissen aus Wissenschaft und Praxis. S. 1–22. Köln

Philips, D. 2004: England und Wales. In H. Döbert u. a. (Hg.): Die Schulsysteme Europas. S. 115–129. Hohengehren

Phillips, S.E. 1993: Legal implications of high-stakes assessment: What states should know. Oak Brook IL

Picht, G. 1964: Die deutsche Bildungskatastrophe. Olten u. a.

Pintrich, P.R. 2000: The Role of Goal Orientation in Self-Regulated Learning. In M. Boekaerts u. a. (Eds.): Handbook of Self-Regulation. pp. 451–502. San Diego

Porter, A.C. 1993: School Delivery Standards. In: Educational Researcher 22. H. 5. S. 24–30

Power, M. 1997: The Audit Society: Rituals of Verification. Oxford (UK)

Prenzel, M. 2000: Steigerung der Effizienz des mathematisch-naturwissenschaftlichen Unterrichts. Ein Modellversuchsprogramm von Bund und Ländern. In: Unterrichtswissenschaft. 28. S. 103–126

- 2005: Bildungsstandards und die Weiterentwicklung des Mathematikunterrichts. In H.-W. Henn/ G. Kaiser (Hg.): Mathematikunterricht im Spannungsfeld von Evolution und Evaluation. Festschrift für Werner Blum. S. 261–271. Hildesheim

- u. a. 2005: Wie schneiden SINUS-Schulen bei PISA ab? Ergebnisse der Evaluation eines Modellversuchsprogramms. In: Zeitschrift für Erziehungswissenschaft. 8. H. 4. S. 540–561

-/Allolio-Näcke, L. (Hg.) 2006: Untersuchungen zur Bildungsqualität von Schule. Münster

Rahm, S. 2005: Einführung in die Theorie der Schulentwicklung. Weinheim

Ramseier, E. u. a. 2002: Bern, St. Gallen, Zürich: Für das Leben gerüstet? Neuchâtel

Ratzka, N. u. a. 2005: Lernen mit Unterrichtsvideos – Ein Fortbildungskonzept zur Entwicklung von Unterrichtsqualität. In: Pädagogik. 5. H. 5. S. 30–33

Ravitch, D. 1995: National standards in American eduaction. A citizen's guide (Updated with a new introduction). Washington
- 2007: Challenges to Teacher Education. In: Journal of Teacher Education. 58. H. 4. S. 269–273
Regenbrecht, A. 2005: Sichern Bildungsstandards die Bildungsaufgabe der Schule? In J. Rekus (Hg.): Bildungsstandards, Kerncurriculum und die Aufgabe der Schule. S. 53–76. (= Münstersche Gespräche zur Pädagogik. Band 21) Münster
Reiss, K. 2004: Bildungsstandards und die Rolle der Fachdidaktik am Beispiel der Mathematik. In: Zeitschrift für Pädagogik. 50. H. 4. S. 635–649
Resnick, L.B./Hall, M.W. 2001: The Principles of Learning: Study tools for educators [Learning Research and Development Center. CD-ROM, version 2.0]. Pittsburgh
Reusser, K. 1999: „Und sie bewegt sich doch" – aber man behalte die Richtung im Auge! Zum Wandel der Schule und zum neu-alten pädagogischen Rollenverständnis von Lehrerinnen und Lehrern. In: Die neue Schulpraxis. 7/8. S. 11–15
- 2001: Unterricht zwischen Wissensvermittlung und Lernen lernen. Alte Sackgassen und neue Wege in der Bearbeitung eines pädagogischen Jahrhundertproblems. In C. Finkbeiner/G.W. Schnaitmann (Hg.): Lehren und Lernen im Kontext empirischer Forschung und Fachdidaktik. S. 106–140. Donauwörth
- 2005: Situiertes Lernen mit Unterrichtsvideos – Unterrichtsvideografie als Medium des situierten beruflichen Lernens. In: Journal für Lehrerinnen- und Lehrerbildung. 5. H. 2. S. 8–18
- 2006: Konstruktivismus – vom epistemologischen Leitbegriff zur Erneuerung der didaktischen Kultur. In M. Baer u. a. (Hg.): Didaktik auf psychologischer Grundlage. Von Hans Aeblis kognitionspsychologischer Didaktik zur modernen Lehr- und Lernforschung. S. 151–168. Bern
- 2008: Unterricht. In J. Oelkers u. a. (Hg.): Handwörterbuch Pädagogik. Weinheim
-/Pauli, C. 2003: Mathematikunterricht in der Schweiz und in weiteren sechs Ländern. Bericht über die Ergebnisse einer internationalen und schweizerischen Video-Unterrichtsstudie. Zürich [http://www.didac.uzh.ch/public/Publikationen/2003/Reusser_Pauli_2003_Videostudie.pdf; recherchiert am 04.02.2009]
Reynolds, D. 2005: School Effectiveness: Past, Present and Future Directions. In H.G. Holtappels/ K. Höhmann (Hg.): Schulentwicklung und Schulwirksamkeit. S. 11–26. Weinheim
Rheinberg, F. 2001: Bezugsnormen und schulische Leistungsmessung. In F.E. Weinert (Hg.): Leistungsmessungen in Schulen. S. 59–72. Weinheim
Rice, J.M. 1892: Our Public School System: Evils in Baltimore. In: The Forum. 14 (October). p. 147
- 1893a: The Public-School System of the United States. New York
- 1893b: Our Public School System of New York City. In: The Forum. 14 (January), p. 617
- 1912: Scientific Management in Education. New York
Robinsohn, S.B. 1969: Bildungsreform als Revision des Curriculum. 2. Aufl. (Erstauflage: 1967) Neuwied u. a.
Rolff, H.-G. 1984: Schule im Wandel. Kritische Analysen zur Schulentwicklung. Essen
- 1993: Wandel durch Selbstorganisation: Theoretische und praktische Hinweise für eine bessere Schule. Weinheim
- 1994: Schule als lernende Organisation. In Bund-Länder-Kommission für Bildungsplanung und Forschungsförderung Bonn u. a. (Hg.): Was können Schulen für die Schulentwicklung leisten? S. 95–115. Bonn
- 2007: Studien zu einer Theorie der Schulentwicklung. Weinheim
Roth, H. 1957: Pädagogische Psychologie des Lehrens und Lernens. Hannover

Rürup, M. 2008: Zum Wissen der Bildungsberichterstattung. Der deutsche Bildungsbericht als Beispiel und Erfolgsmodell. In Th. Brüsemeister/K.D. Eubel (Hg.): Evaluation, Wissen und Nichtwissen. S. 141–169. Wiesbaden

Rychen, D.S./Salganik, L.H. 2003: A holistic model of competence. In dies. (Eds.): Key Competencies for a Successful Life and Well-Functioning Society. pp. 41–62. Cambridge

Ryle, G. 1969: Der Begriff des Geistes. Stuttgart (engl. Original: 1949)

Sammons, P. u. a. 2004: England. In H. Döbert u. a. (Eds.): Conditions of School Performance in Seven Countries. A Quest for Understanding the International Variation of PISA Results. pp. 65–149. Münster

Schedler, K. 1995: Ansätze einer wirkungsorientierten Verwaltungsführung. Bern u. a.

Schley, W. 1998: Teamkooperation und Teamentwicklung in der Schule. In H. Altrichter u. a. (Hg.): Handbuch zur Schulentwicklung. S. 111–159. Innsbruck

Schlömerkemper, J. (Hg.) 2004: Bildung und Standards: Zur Kritik der „Instandardsetzung" des deutschen Bildungswesens. (= Die Deutsche Schule, 8. Beiheft). Weinheim

Schneewind, J. 2006: Gutachten zu Form und Einsatz von Ergebnisrückmeldungen für die Unterrichtsentwicklung. Die Instrumente Klassencockpit, Orientierungsarbeiten, Check 5. Berlin

Schneider, H./Lindauer, Th. 2007: Lesekompetenz ermitteln: Tests. In A. Bertschi-Kaufmann (Hg.): Lesekompetenz – Leseleistung – Leseförderung. Grundlagen, Modelle und Materialien. S. 126–139. Seelze u. a.

Schott, F./Azizi Ghanbari, S. 2008: Kompetenzdiagnostik, Kompetenzmodelle, kompetenzorientierter Unterricht. Zur Theorie und Praxis überprüfbarer Bildungsstandards. Münster

Schrader, F./Helmke, A. 2002: Alltägliche Leistungsbeurteilung durch Lehrer. In F.E. Weinert (Hg.): Leistungsmessungen in Schulen. S. 45–58. Weinheim

Schwippert, K. 2005: Tests. Oder: Wie man Äpfel mit Birnen vergleicht. In: Friedrich Jahresheft. Standards 1. S. 15–17

Schweizerische Gesellschaft für Bildungsforschung (Hg.) 2008: Bildungsstandards kontrovers. In: Schweizerische Zeitschrift für Bildungswissenschaften. 30. H. 1.

Sekretariat der ständigen Konferenz der Kultusminister der Länder in der Bundesrepublik Deutschland (Hg.) 2003: Vereinbarung über Bildungsstandards für den Mittleren Schulabschluss (Jahrgangsstufe 10) vom 04.12.2003 [http://www.kmk.org/schul/Bildungsstandards/bildungsstandards-neu.htm; recherchiert am 19.06.2008]

Shavelson, R.J. u. a. 1992: Performance Assessments. Political Rhetoric and Measurement Reality. In: Eductional Researcher. 21 H. 4. S. 22–27

Sherin, M.G./Han, S. Y. 2003: Teacher Learning in the Context of a Video Club. In: Teaching and Teacher Education. 20. S. 163–183

Shuell, T.J. 1996: Teaching and Learning in a Classroom Context. In D.C. Berliner/R. Calfee (Eds.): Handbook of Educational Psychology. pp. 726–764. New York

Shulman, L.S. 1986: Those who understand: Knowledge growth in teaching. In: Educational Researcher. 15 H. 2. S. 4–14

- 1987: Knowledge and teaching: Foundations of the new reform. In: Harvard Educational Review. 57. H. 1. S. 1–21

SINUS Schleswig-Holstein 2008: Aufgabensammlung: Biologie, Chemie, Mathematik, Physik [http://sinus.lernnetz.de/aufgaben1/; recherchiert am 17.06.2008]

SINUS-Transfer 2007: Startseite [http://sinus-transfer.uni-bayreuth.de/startseite.html; recherchiert am 17.06.2008]

Sizer, T.R. 2004: The Red Pencil. Convictions from Experience in Education. New Haven u. a.

SKBF [Schweizerische Koordinationsstelle für Bildungsforschung] 2006: Bildungsbericht Schweiz 2006. Aarau [http://www.skbf-csre.ch/bildungsmonitoring.0.html; recherchiert am 06. 08. 2008]
Specht, W./Freudenthaler, H. 2004: Bildungsstandards. Bedingungen ihrer Wirksamkeit. In: Erziehung und Unterricht. 154. S. 618–629
Staatsinstitut für Schulqualität und Bildungsforschung (ISB) 2006: Glossar. Begriffe im Kontext von Lehrplänen und Bildungsstandards. München [http://www.isb.bayern.de/isb/download. aspx?DownloadFileID=c22ffadf50911000cf1d618984e8c3ae; recherchiert am 06.06.2008]
Stadler, P. 1984: Der Kulturkampf in der Schweiz. Eidgenossenschaft und katholische Kirche im europäischen Umkreis 1848–1888. Frauenfeld u. a.
Staub, F.C. 2001: Fachspezifisch-pädagogisches Coaching: Förderung von Unterrichtsexpertise durch Unterrichtsentwicklung. In: Beiträge zur Lehrerbildung. 19. H. 2. S. 175–198
- 2004: Fachspezifisch-Pädagogisches Coaching: Ein Beispiel zur Entwicklung von Lehrerfortbildung und Unterrichtskompetenz als Kooperation. In: Zeitschrift für Erziehungswissenschaft. 7. Beiheft 3. S. 113–141
- 2005: Videos im Fachspezifisch-Pädagogischen Coaching. In: Journal für Lehrerinnen- und Lehrerbildung. H. 2. S. 26–30
- 2006: Wenn der Coach kommt... Diagnose und Unterrichtskompetenz stärken durch neue Beratungsformen. In: Friedrich Jahresheft XXIV. S. 138–140
Stäudel. L./Blum, W. 2005: Prozessqualität entwickeln. Impulse für Fachkollegien. In: Friedrich Jahresheft XXIV. S. 115–117
Steffens, B./Bargel, T. 1993: Erkundungen zur Qualität von Schule. Neuwied
Steiner-Khamsi, G. (Ed.) 2004: The Global Politics of Educational Borrowing and Lending. New York
Steinert, B./Klieme, E. 2003: Levels of Teacher Cooperation as Levels of School Development: A Criterion Referenced-Approach to School Evaluation. Paper presented at the European Conference on Educational Research. Hamburg
Steinert, B. u. a. 2006: Lehrerkooperation in der Schule: Konzeption, Erfassung, Ergebnisse. In: Zeitschrift für Pädagogik. 52. H. 2. S. 185–204
Tenorth, H.-E. 2004: Stichwort: „Grundbildung" und „Basiskompetenzen". Herkunft, Bedeutung und Probleme im Kontext allgemeiner Bildung. In: Zeitschrift für Erziehungswissenschaft. 7. H. 2. S. 169–182
Thies, E. 2005: Die Entwicklung von Bildungsstandards als länderübergreifendes bildungspolitisches Programm. In J. Rekus (Hg.): Bildungsstandards, Kerncurriculum und die Aufgabe der Schule. S. 8–16. Münster
Thompson, S. 2001: The Authentic Standards Movement and its Evil Twin. In: Phi Delta Kappan. 82. H. 5. S. 358–362
Thrupp, M. 2005: School Improvement: An Unofficial Approach. London
Tillmann, K.-J. u. a. 2008: PISA als bildungspolitisches Ereignis. Fallstudien in vier Bundesländern. Wiesbaden
Tochon, F.V. 1999: Video Study Groups for Education, Professional Development, and Change. Madison
Travers, M. 2007: The New Bureaucracy. Quality Assurance and its Critics. Bristol
Tremp, P./Reusser, K. 2007: Leistungsbeurteilung und Leistungsnachweise in Hochschule und Lehrerbildung – Trends und Diskussionsfelder. In: Beiträge zur Lehrerbildung. 25. H. 1. S. 5–13.
Tresch, S. 2007: Potenzial Leistungstest. Wie Lehrerinnen und Lehrer Ergebnisrückmeldungen zur Sicherung und Steigerung ihrer Unterrichtsqualität nutzen. Bern

Tyack, D./Tobin, W. 1994: The "grammar" of schooling. Why has it been so hard to change? In: American Educational Research Journal. 31. H. 3. S. 453–479

U.S. Department of Education, Office of Elementary and Secondary Education 2002: No Child Left Behind. A Desktop Reference. Washington D.C.

Ulich, E. u. a. 2002: Arbeitsbedingungen, Belastungen und Ressourcen der Lehrkräfte des Kantons Basel-Stadt. Ergebnisse der Analyse. Zürich

Walther, G. u. a. 2007: Bildungsstandards für die Grundschule: Mathematik konkret. Berlin

Wang, M.C u. a. 1993: Toward a knowledge base for school learning. In: Review of Educational Research. 63. S. 249–294

Weiland, D. 2003: Bildungsstandards – ein überschätzter Begriff? In: Die Deutsche Schule. 95. H. 4. S. 390–393

Weinert, F.E. 2001: Vergleichende Leistungsmessung in Schulen – eine umstrittene Selbstverständlichkeit. In: Ders. (Hg.): Leistungsmessungen in Schulen. S. 17–31. Weinheim u. a.

-/Schrader, F.W./Helmke, A. 1989: Quality of instruction and achievement outcomes. In: International Journal of Educational Research. 13. S. 895–914

West, L./Staub, F.C. 2003: Content-Focused Coaching: Transforming mathematics lesson. Portsmouth NH

Widmaier, P. 1966: Bildungsplanung. Ansätze zu einer rationalen Bildungspolitik. Stuttgart

Wilson, T.A. 1996: Reaching for a Better Standard English School Inspection and the Dilemma of Accountability for American Public Schools. New York u. a.

Winter, F. 2004: Leistungsbewertung. Eine neue Lernkultur braucht einen anderen Umgang mit den Schülerleistungen. Baltmannsweiler

Wolf, A. 2000: A Comparative Perspective on Educational Standards. In H. Goldstein/A. Heath (Eds.): Educational Standards. pp. 9–37. Oxford

Woodhead, Ch. 2004: How to Lower School Standards: Mike Tomlinson's Modest Proposals. London

Zahner Rossier, C. u. a. 2002: Für das Leben gerüstet? Die Grundkompetenzen der Jugendlichen – Nationaler Bericht der Erhebung PISA 2000. Neuchâtel u. a.

- 2004: PISA 2003: Kompetenzen für die Zukunft. Erster nationaler Bericht. Neuchâtel u. a.

Zimmermann, W. u. a. 1977: Von der Curriculumtheorie zur Unterrichtsplanung. Paderborn

Die Autorinnen und Autoren

Criblez, Lucien: Prof. Dr., Studium der Pädagogik, Psychologie, Germanistik und Geschichte an der Universität Bern; in Heimerziehung, Jugendarbeit, Lehrerinnen- und Lehrerbildung und in der Bildungsverwaltung tätig; Assistent und wissenschaftlicher Mitarbeiter an den Universitäten Bern, Zürich und Genf; 2003–2007 Professor für Pädagogik und Leiter des Instituts Forschung und Entwicklung an der Pädagogischen Hochschule der Fachhochschule Nordwestschweiz; seit 2008 Professor für Pädagogik mit Schwerpunkt Historische Bildungsforschung und Steuerung des Bildungssystems am Pädagogischen Institut der Universität Zürich
Forschungsschwerpunkte: Bildungspolitikanalysen, Schultheorie, Schul- und Bildungsgeschichte, Disziplinengeschichte der Erziehungswissenschaft
Kontaktadresse: Pädagogisches Institut Universität Zürich, Freiestrasse 36, 8032 Zürich; lcriblez@paed.uzh.ch

Oelkers, Jürgen: Prof. Dr., Studium der Erziehungswissenschaft, Germanistik und Geschichte an der Universität Hamburg; Wissenschaftlicher Assistent an der damaligen Pädagogischen Hochschule Rheinland/Abt. Köln (jetzt Universität zu Köln) am Lehrstuhl für Allgemeine Pädagogik (1976–1979), Professor (C4) für Allgemeine Pädagogik an der damaligen Hochschule (jetzt: Universität) Lüneburg (1979–1987), ordentlicher Professor für Allgemeine Pädagogik an der Universität Bern (1987–1999), seit 1999 ordentlicher Professor für Allgemeine Pädagogik an der Universität Zürich. Visiting Professor an der University of Hiroshima (2006)
Forschungsschwerpunkte: Historische Bildungsforschung, Reformpädagogik im internationalen Vergleich, Analytische Erziehungsphilosophie, Inhaltsanalysen öffentlicher Bildung, Bildungspolitik
Kontaktadresse: Pädagogisches Institut Universität Zürich, Freiestrasse 36, 8032 Zürich; oelkers@paed.uzh.ch

Reusser, Kurt: Prof. Dr., Studium der Pädagogik, Psychologie und Philosophie an der Universität Bern; als Oberstufenlehrer und als Seminarlehrer in der Lehrerbildung tätig; Wissenschaftlicher (Ober-)Assistent am Pädagogischen Institut der Universität Bern (1980–1984; 1986–1993); 1984–1986 Postdoctoral Research Associate, Institute of Cognitive Science, University of Colorado, Boulder, U.S.A; seit 1993 Professor für Pädagogik mit Berücksichtigung der Pädagogischen Psychologie und der Didaktik an der Universität Zürich
Forschungsschwerpunkte: Pädagogische Psychologie, Lehr-Lern-Forschung mit Schwerpunkt Mathematiklehren und -lernen, Allgemeine Didaktik und videobasierte Unterrichtsforschung, Entwicklungspsychologie mit Schwerpunkt kognitive Entwicklung, Lehrerinnen- und Lehrerbildung, Lehren und Lernen mit ICT

Kontaktadresse: Pädagogisches Institut Universität Zürich, Freiestrasse 36, 8032 Zürich; reusser@paed.uzh.ch

Berner, Esther: Dr. phil., Studium der Deutschen Sprach- und Literaturwissenschaft, Pädagogik und Philosophie an der Universität Zürich (1993–2000), seit 2000 Wissenschaftliche Assistentin am Pädagogischen Institut der Universität Zürich, seit 2004 Dozentin an der Pädagogischen Hochschule der Fachhochschule Nordwestschweiz
Forschungsschwerpunkte: Schulgeschichte des 18. und 19. Jahrhunderts, Volkserziehung im 18. und 19. Jahrhundert, Bildungsstandards, Bildungssysteme und ihre Steuerung im internationalen Vergleich
Kontaktadresse: Pädagogisches Institut Universität Zürich, Freiestrasse 36, 8032 Zürich; eberner@paed.uzh.ch

Halbheer, Ueli: Dr. des., Ausbildung zum Primarlehrer und Studium der Pädagogik, Sonderpädagogik und Psychopathologie des Kindes- und Jugendalters an der Universität Zürich; seit 2005 wissenschaftlicher Assistent am Pädagogischen Institut der Universität Zürich
Forschungsschwerpunkte: Lehr-Lern-Psychologie, Bildungsevaluation und -standards, Didaktik und Unterrichtsentwicklung
Kontaktadresse: Pädagogisches Institut Universität Zürich, Freiestrasse 36, 8032 Zürich; uhalbheer@paed.uzh.ch

Huber, Christina: lic. phil., Studium der Sonderpädagogik, Sozialpädagogik und Politikwissenschaften an der Universität Zürich; 2005–2008 wissenschaftliche Mitarbeiterin an der Pädagogischen Hochschule der Fachhochschule Nordwestschweiz, Institut Forschung und Entwicklung; seit 2007 Dozentin für Heilpädagogik an der Pädagogischen Hochschule Zentralschweiz, Luzern und seit 2008 wissenschaftliche Assistentin am Pädagogischen Institut der Universität Zürich
Forschungsschwerpunkte: Entwicklung von Bildungsstandards, Qualität von Maturaarbeiten sowie Lehrerinnen- und Lehrerbildung
Kontaktadresse: Pädagogisches Institut Universität Zürich, Freiestrasse 36, 8032 Zürich; chuber@paed.uzh.ch